W9-BEZ-902

Podróżuj z MasterCard®

Ważne telefony

Numer telefonu mojego banku

(ważne w razie zgubienia karty) — ....

Poland Direct – 00 800 0480 0480
  (rozmowa na koszt abonenta w Polsce)
Pomoc w nagłych wypadkach – 113
Pomoc drogowa – 116

Przed wyjazdem warto zapoznać się ze
stawkami opłat roamingowych u swojego
operatora sieci komórkowej.

Przydatne adresy

Ambasada RP w Rzymie
Via P.P. Rubens 20, Monti Parioli, 00197 Roma
centrala: tel. 0039/06/36204200
polish.embassy@agora.stm.it,
www.ambasciatapolonia.it

Godziny pracy

Banki pn.–pt. 8.30–13.00 i 15.00–16.00
Urzędy pocztowe pn.–pt. 8.00–18.00, sb. 8.00–12.00
Sklepy pn. 15.30/16.00–19.30/20.00, wt.–sb. 9.00–13.00 i 15.30/16.00–19.30/20.00

Czas

We Włoszech, tak samo jak w Polsce, obowiązuje czas środkowoeuropejski.

Adresy przyjaciół i znajomych

PRZEWODNIK ILUSTROWANY

Toskania i Umbria

Marcin Szyma
Bogusław Michalec
Joanna Wolak

Tytuł serii: Przewodnik MasterCard

Autorzy: **Marcin Szyma (s. 30-285), Bogusław Michalec (s. 7-29), Joanna Wolak (s. 17–22)**

Redaktor: **Magdalena Binkowska**

Korektor: **Jolanta Bąk**

Redaktor serii: **Joanna Socha**

Projekt i opracowanie graficzne: **Jarosław Hess**

Mapy: **Wydawnictwo Gauss**

Projekt okładki: **Marek Klimek**

Wykonanie okładki: **Aleksandra Zimoch**

Zdjęcia:
g – na górze, d - na dole, l – po lewej, p – po prawej
Marcin Szyma: ss. 1, 86, 88, 90, 95, 102–103, 104, 105, 108, 111, 112gp, 113, 120, 124, 139, 142, 145, 147–156, 164
(ś,d), 165, 176, 180–185, 188, 193, 194 (g,d), 200–204, 206–207, 225, 253, 254g, 257, 258, 260
corbis/zefa: ss.39, 45, 129, 163, 164gl, 168–171
Flash Press Media/Photodisc: ss. 32ś, 33, 40, 79, 112gl, 116–117, 121
Getty Images/Flash Press Media: ss. 217, 220, 222–223, 268, 96d,101, 132–133, 243–245
jupiterimages/medium: s. 45, 54–59, 62, 65–66, 81–82, 125–127
Images Copyright © 2000 Digitouch/Przemysław T. Nowak: ss. 60–61, 69, 76–77
Images Copyright, 2007 Used under license from Shutterstock.com: ss. 32gp, 51; Pkruger: s.18; Gordon Swanson: s. 16;
Keith Levit: s.22; Dan Clausen: s.29; 6015714281: ss. 5g, 96g, 98; Pavel K: ss. 30–31, 71; Joerg Humpe: s.32gl; Marc C.
Johnson: ss. 32d, 53; Borut Gorenjak: s. 36; Coia Hubert: ss. 37, 70, 118; Nicholas Peter Gavin Davies: s. 41; Jeremy R. Smith
Sr.: s. 47; WH Chow: s. 48; Danilo Ascione: ss. 49, 84, 119; Jarno Gonzalez Zarraonandia: s. 50; Timothy R. Nichols: s. 64;
Netea Mircea Valentin: s. 67; Chad Bontrage: ss. 72–73; Jozef Sedmak: s. 74–75; Danilo Ascione: s. 78; Philip Lange: s. 80;
Natalie Adamov: s. 99; Morozova Oksana: s. 107; CHUA KOK BENG MARCUS: ss. 112ś, 122–123; jbor: ss. 112d, 186; Bertrand
Collet: s. 130; Claudio Giovanni Colombo: ss. 134, 205, 214d, 243, 244, 264, 265, 273; Jörg Jahn: s. 137; Danilo Ascione:
s.138; luri: s. 140; Herbert Eisengruber: s. 144; Ho Philip: ss. 172–173; Hisom Silviu: s. 174; Viktor Pryymachuk: ss. 194ś,
198–199; Kim Sayer: s. 195; John Heseltine: s. 196; Ivonne Wierink: ss. 212–213, 231, 239; Anthony Ricci: ss. 214g, 215,
218–219; Peter Clark: ss. 214ś, 232; Lago_Trasimeno Iuri: s. 226; Bruce Shippee: s. 227; Michelle Brown: s. 233; silvano
audisio: s. 236–237, 242, 247, 254ś, 262–263; Christina Richards: s. 240; myrthe krook: s. 254d; Gianni Fantauzzi: s. 255;
Adrian Starmer: s. 261; Christian Scaraglino: s. 270, 274

Zdjęcia na okładce:
przód: corbis/zefa
tył: Flash Press Media/Photodisc; image copyright Dan Clausen 2007 Used under license Shutterstock.com; Marcin Szyma
Image Copyright, 2006 Used under license from Shutterstock, Inc.: Peter Clark, Sybille Yates, Mark Bond (tył)

Wydawnictwo Pascal sp. z o.o.
43-300 Bielsko-Biała, ul. Kazimierza Wielkiego 26
tel. 0338282828, fax 0338282829, pascal@pascal.pl, www.pascal.pl

Bielsko-Biała, 2008

ISBN 978-83-7513-261-8

Podróżuj z MasterCard®

Komfort, funkcjonalność, oszczędność czasu. Dziś trudno wyobrazić sobie życie bez kart płatniczych. Niepotrzebne stają się wizyty w banku czy na poczcie. Zyskaliśmy swobodę decydowania o zakupach, ponieważ nie musimy mieć gotówki, w kasie wystarczy podać kartę. Za to, aby wypełnić portfel banknotami, udajemy się na spacer do najbliższego bankomatu (których zresztą z roku na rok przybywa). Mamy większe poczucie bezpieczeństwa, dlatego że do zatwierdzenia transakcji niezbędne jest podanie PIN-u, co w przypadku zgubienia lub kradzieży karty prawie całkowicie uniemożliwia dostęp osób trzecich do środków na naszym koncie.

Karta powszechnie akceptowana

Karty MasterCard są powszechnie akceptowane na całym świecie. Możemy płacić nimi w milionach miejsc – od nowoczesnych supermarketów w dużych miastach, po kafejki w małych nadmorskich kurortach. Ich zalety szybko docenia się zwłaszcza podczas zagranicznych wojaży – nie tracimy czasu na porównywanie kursów i szukanie kantorów, nie musimy również pamiętać o posiadaniu większych sum gotówki. W każdej restauracji, w każdym hotelu i na każdej stacji benzynowej, gdzie na drzwiach widnieje znak MasterCard – by zapłacić, wystarczy mieć kartę. Podobnie w przypadku bankomatów – wkładamy kartę,

wstukujemy PIN i dostajemy gotówkę. Nie ma znaczenia, że nasze konto w banku prowadzone jest w złotówkach. W obu przypadkach kwota do zapłaty zostanie automatycznie przeliczona z waluty kraju, w którym jesteśmy. To naprawdę bardzo duże ułatwienie. Zazwyczaj prowizje pobierane w przypadku transakcji dokonywanych przy użyciu kart płatniczych (zarówno w punktach sprzedaży, jak i bankomatach) są niższe od prowizji pobieranych za wymianę gotówki w kantorach.

Najczęściej nie myślimy o tym, że możemy stracić kartę. Warto o to zadbać i przed wyjazdem przygotować sobie kartkę z informacjami potrzebnymi do zastrzeżenia naszej karty.
Pamiętajmy, że pod numery bezpłatne i ulgowe, w tym: 0-800 i 0-801, często wykorzystywane przez banki dla wygody klientów, nie można dodzwonić się z zagranicy, dlatego należy zapisać sobie tradycyjne numery telefonów stacjonarnych.

Niezależnie od tego, z usług jakiego banku korzystasz, w razie potrzeby zastrzeżenia karty po jej zaginięciu możesz 24 godziny na dobę, 365 dni w roku zadzwonić pod numer pomocy MasterCard:
• 0 0800 111 1211 – jeżeli dzwonisz z Polski,
• +1 636 722 7111 – jeżeli dzwonisz z innych krajów Europy; możliwa jest pomoc konsultanta w języku polskim.

Spis treści

Toskania i Umbria
w pigułce

Historia

Najstarsze ślady człowieka pochodzą sprzed ok. 4 tys. lat i zostały odkryte w Alpach. Pozostawiło je prawdopodobnie prehistoryczne plemię Camunów. W latach 2000–1000 p.n.e. wiele plemion z Europy i Azji dotarło do północnej Italii. Należeli do nich Ligurowie, którzy zasiedlali zachodnią część północnej Italii od mniej więcej 1000 r. p.n.e., natomiast na wschodzie osiedlili się Wenetowie. Od 900 r. p.n.e. z południa przybyli Etruskowie.

Etruskowie dotarli aż do obszaru dzisiejszej Mantui. Ich miasta, m.in. Felsina (dziś Bolonia), Melpum, późniejsze Mediolanum (dziś Mediolan), Perugia i Volsini (Orvieto) rozwinęły się w potężne miasta-państwa, które ok. 600 r. połączyły się w polis – wzorowany na jońskich związek miast. Począwszy od IV w. p.n.e. północna Italia została zalana przez Celtów napływających z północy. Etruskowie zostali zepchnięci za Apeniny na południe, a Ligurowie w Alpy. Celtyckiej fali podbojów przeciwstawiła się rzymska armia, która podbiła niemal cały włoski półwysep. Po pokonaniu Kartaginy w II wojnie punickiej (218–201 p.n.e.) Rzymianie podporządkowali sobie północną część Italii i zrobili z niej prowincję Galia Cisalpina. Aby zabezpieczyć swoje panowanie w regionie, założyli port Arminium (Rimini) i zbudowali sieć dróg, m.in. Via Flaminię z Rzymu do Rimini i jej dalszy odcinek, Via Emilię, do Piacenzy. Pierwotnie były to trakty przemarszu wojsk i stanowiska wojskowe, oddalone od siebie mniej więcej o dzień marszu, które szybko rozwinęły się w kwitnące osady – m.in. Pawię (Tivinum), Como (Novum Comum), Lodi Vecchio (Laus Pompeia), Cremonę, Mantuę i Brescię (Brixia). Po fali brutalnych prześladowań, edyktem mediolańskim z 313 r. chrześcijaństwo zostało uznane za równoprawną religię, a od 391 r. stało się religią państwową. We wszystkich większych miastach zaczęły powstawać biskupstwa. W 330 r. cesarz Konstantyn przeniósł stolicę do starego Bizancjum, którego nazwa oficjalnie została przemianowana na Nova Roma (Nowy Rzym), a nieoficjalnie – na Konstantynopol. Podczas wędrówek ludów od początku III w., a przede wszystkim w okresie V–IX w., coraz częściej obce plemiona przekraczały Alpy i docierały na północ Italii. Mocarstwo rzymskie, od 395 r. podzielone na wschodnie cesarstwo ze stolicą w Konstantynopolu i zachodnie cesarstwo ze stolicą w Rzymie, coraz mniej było w stanie bronić się przed intruzami. W 404 r. położenie Rzymu było już tak niepewne, że cesarz przeniósł się do Rawenny. Wreszcie w 476 r. książę germański Odoaker usunął z tronu ostatniego zachodniorzymskiego cesarza i ogłosił się królem Italii, kładąc tym samym kres rzymskiemu mocarstwu i jedności Italii.

Państwo Longobardów

Pierwsze państwo Longobardów zostało założone nad Dunajem (Panonia). Barbarzyński pochód stale posuwał się na południe i w 568 r. Longobardowie założyli w Italii swoją drugą siedzibę. W roku 572 udało im się zdobyć Pawię. Osiedli wówczas na Nizinie Padańskiej, na północy Toskanii, w Umbrii, Spoleto i Benewencie. Podbój zakończył się w połowie VII w. Obok królestwa, którego stolicą była Pawia, istniały cieszące się niezależnością monarchie longobardzkie: Trydent, Friuli, Spoleto, Toskania i Benewent. Bizancjum utrzymało władzę w Rawennie, Istrii, księstwach Rzymu i Neapolu, a także na południowych krańcach półwyspu i na Sycylii.

Italia została podzielona na dwie strefy: pierwszą były tereny longobardzkie, drugą terytorium bizantyńskie. Po pozbawieniu praw Rzymian i zniesieniu rzymskiej administracji Longobardowie stworzyli państwo germańskie. W latach 584–590 państwo longobardzkie dostało się pod wpływy Franków i musiało im płacić coroczny trybut.

Szczyt potęgi Longobardów to dziesięciolecie 661–671. W tym czasie Grimuald I połączył królestwo z księstwem Benewentu. Po jego śmierci rozpoczęły się walki o tron, a rzeczywistą władzę zaczęła sprawować arystokracja.

Próbę zjednoczenia całej Italii pod swoim panowaniem podjął król Liutprand. Udało mu się podporządkować księstwo Spoleto, walczył również o Rzym i Rawennę. To ostatnie miasto zdobył ostatecznie w roku 751 Aistulf, kładąc tym samym kres panowaniu Bizancjum w środku półwyspu.

Ostatnim królem Longobardów był Dezyderiusz, książę Toskanii panujący w latach 756–774. Jego rządy zakończyła abdykacja – w latach 773–774 Karol Wielki podbił jego królestwo i zajął Pawię. Państwo Longobardów zostało połączone z państwem frankijskim, a niezależność udało się utrzymać jedynie Benewentowi.

W latach 774–887 Italia pozostawała pod władaniem Karolingów. Choć cesarstwo rzymskie poniosło klęskę, a miejsce imperialnego ładu zajęły barbarzyńskie porządki, sama idea przetrwała i miała się całkiem dobrze. Najazdy obcych plemion i płynące z nich konsekwencje wywoływały tęsknotę za *Pax Romana*, idealizującą nieco historię. Tradycja, odwołująca się do jednolitego antycznego świata, była kusząca. Rzym przestał być miejscem na mapie, a stał się pojęciem uosabiającym spokój, dobrobyt i równowagę sił. W Boże Narodzenie 800 r. papież Leon koronował Karola Wielkiego na cesarza Świętego Cesarstwa Rzymskiego.

Na południu półwyspu pojawiło się nowe zagrożenie: Arabowie. Najazd Saracenów na Sycylię w 827 r. na 250 lat oddał wyspę w ręce arabskie.

Papieskie i cesarskie

Początek XI stulecia zaznaczył się przybyciem Normanów. Przybysze z czasem zyskali przychylność papiestwa – w połowie wieku Robert Guiscard opanował Kalabrię, a papież Mikołaj II koronował go na króla.

Przez wieki narastał konflikt między tiarą a koroną – cesarze chcieli sami wysuwać kandydatów na urząd papieski. Spór ze szczególną mocą wybuchł w 1072 r., gdy cesarz Henryk IV obsadził swojego kandydata na urzędzie biskupim w Mediolanie. Tego już było za wiele: papież Grzegorz VII rzucił na cesarza ekskomunikę – a ten nie miał wyboru: pokornie ruszył do Canossy, by ukorzyć się przed tronem papieskim i błagać o wybaczenie. Henryk dostał odpuszczenie grzechu nieposłuszeństwa, ale już wkrótce o tym zapomniał: wybuchła wojna, w której zwolennicy papieża zostali pokonani; Grzegorza VII zabito po przewiezieniu go do Salerno. Ostatecznie w 1122 r. władza cesarska uznała prawa papieża. Spór o inwestyturę został zakończony.

Tymczasem w samej Italii rosły w siłę miasta--państwa: ze względu na pozycję w kraju, odrębność i silne poczucie własnej tożsamości. Najlepiej rozwijały się ośrodki przy szlakach handlowych: lądowych i morskich. Wśród najsilniejszych znalazły się: Wenecja, Piza, Genua, a także Mediolan, Werona, Bolonia i Florencja.

W XII w. wygasły spór papieża z cesarzem zaczął palić się nowym płomieniem. Tym razem do walki stanęli Fryderyk II i Grzegorz IX. Obaj byli silnymi osobowościami, obaj mieli również ambicje polityczne. Stawką w tej grze było stworzenie pod własnym berłem silnego państwa, a wpływy i władza nad włoskimi państewkami były warte zachodu. Starły się wówczas dwie siły: gibelini, stronnicy cesarstwa, i gwelfowie, stojący po stronie papieskiego tronu. Na tle tego największego konfliktu rozgrywały się mniejsze zatargi i rywalizacje o przejęcie władzy w miastach.

Zwyciężyła koncepcja gwelfów, choć w niedługim czasie miało dojść do ostrej konfrontacji wyłonionych z ich szeregów frakcji: Białych i Czarnych. W tej rywalizacji chodziło o konkurowanie szlacheckich rodów z kupcami.

Szansa na spokojny rozwój

Wiek XIV przyniósł Italii szansę na spokojny rozwój. Włoskie miasta mogły się bogacić, kupcy – chcąc sprostać wymogom nowoczesnych interesów – musieli się kształcić, i to już nie tylko w rachunkach.

Czuć było oddech nowych czasów: znakomicie rozwijała się nauka i sztuka. Tę optymistyczną wizję przyszłości zaciemniało jedno tylko, za to bardzo przerażające widmo. Wielką klęską epoki była zbierająca co jakiś czas śmiertelne żniwo epidemia dżumy. W roku 1347, w ciągu zaledwie kilkudziesięciu dni, część włoskich miast straciła ponad 60% obywateli. Mimo tych mrocznych chwil życie kulturalne Italii kwitło. Odkrywano na nowo starożytnych filozofów, sięgano po zdobycze antycznej kultury, nauki i prawodawstwa.

Ówcześni mieszkańcy Półwyspu Apenińskiego byli silnie związani z miastem, w którym żyli – często zdarzało się, że poszczególne ośrodki pozostawały ze sobą w stanie wojny: do idei zjednoczenia droga była jeszcze bardzo daleka. Ponieważ Italia nie była scalona w jeden organizm państwowy, władza w kraju była mocno rozdrobniona: można więc mówić o rządzeniu jednym czy drugim księstwem, takim czy innym miastem, lecz nie ma mowy o władzy centralnej.

Częstym zjawiskiem było przechodzenie władzy z rąk urzędów republikańskich w ręce ambitnych jednostek o zapędach dyktatorskich. Ale było też tak, że ośrodki z silnym stanem kupieckim stawiały opór wszystkim, którzy odważyli się wprowadzić w ich mieście coś na kształt dyktatury. Przykładem mogą być: Piza, Lukka, Siena czy Wenecja.

Florencja, w XI stuleciu jeszcze niewielkie miasteczko, swój silny rozwój zawdzięczała handlowi wełną. Produkt ten kupowano w północnej Europie, po czym używano go do tkania materiałów rozprowadzanych później w krajach śródziemnomorskich. Począwszy od XIII stulecia kupcy z Florencji stali się bogatym źródłem pożyczek. Rozwój tej, jakbyśmy dziś powiedzieli, bankowości wywindował miasto na pozycję europejskiego centrum finansów.

Rok 1434 przyniósł Florencji wybór władcy, którym został Cosimo de Medici. Ten bankier dał początek świetnej linii władców, którzy na trwałe wpisali się do historii, także historii sztuki.

Do połowy XV w. włoskie państwa były pochłonięte rozszerzaniem swoich wpływów i dokonywaniem ekspansji terytorialnej. Druga połowa stulecia przyniosła pokój, który zapewnił dogodny rozwój przedsięwzięć artystycznych.

Wojny stworzyły nową profesję – zawód najemnika walczącego po stronie tego, kto zgodzi się zapłacić więcej. Tak kondotiera Guida Riccio da Fogliana, przedstawionego na słynnym fresku Simone Martiniego z 1329 r., opisuje Zbigniew Herbert w Barbarzyńcy w ogrodzie:

„Przez nagą, płową ziemię jedzie na koniu mężczyzna w sile wieku, krępy, o pospolitej twarzy i zaciśniętych energicznie rękach. Na zbroję naciągnięty ma surdut ciemnobeżowy z motywem brązowych trójkątów. Taki sam czaprak okrywa masywnego konia. Jeździec i zwierzę tworzą jedno ciało i, choć jadą stępa, wieje od nich niepospolita siła i energia. Nawet gdyby kroniki milczały o okrucieństwach kondotierów, ten portret byłby wiarygodnym dokumentem. Pejzaż jest suchy jak klepisko. Żadnego drzewa, żadnej trawki, tylko nagie patyki zasieków i wątłe kwiaty znaków wojennych. Po lewej i prawej stronie fresku na szczytach dwu wzgórz chuda architektura zamków. Ten na lewo to Monte Massi, którego kasztelan zbuntował się przeciwko Sienie. Nie ma wątpliwości, Guido Riccio zgruchocze te mury i rozkruszy wieże".

Kondotierem był również Francesco Sforza, późniejszy książę Mediolanu, nie tylko wybitny żołnierz, ale także bardzo sprawny polityk. Jego zabiegi dyplomatyczne doprowadziły do podpisania traktatu w Lodi – skutkiem tego było powstanie Ligi Włoskiej, paktu zawartego przez Wenecję, Mediolan i Florencję. Miasta zobowiązały się do zbrojnej pomocy w przypadku obcej agresji, a także ograniczały możliwość bogacenia się, jeśli miałoby to wykorzystywać słabość sąsiada.

Florencja pod rządami Medyceuszy przeżywała złoty okres. Rozkwitał handel i rzemiosło, a artystów otoczono hojną opieką mecenatu: mogli tworzyć, ciesząc się finansowym zabezpieczeniem.

Możny ród Medyceuszy, zachowując pozory władzy republikańskiej, wywierał znaczący wpływ na rządy. Florencja była w rzeczywistości przez nich kontrolowana, choć oni sami sprytnie unikali posądzenia o despotyzm. Wawrzyniec Wspaniały był istotnie niczym książę z dzieła Machiavellego: skupiał w sobie cechy zarówno lisa, jak i wilka. Literacki obraz pasował do wzoru.

Liga Włoska przetrwała do śmierci Wawrzyńca w 1492 r. Dwa lata później książę sprawujący władzę w Mediolanie poprosił o zewnętrzną pomoc w rozwiązaniu krajowego konfliktu.

Karol VIII, król Francji, pośpieszył z interwencją, podnosząc pretensje Andegawenów do tronu Neapolu. Królestwo objął wówczas we władanie Ferdynand II Aragoński, w przyszłości władca sprawujący rządy na terenie Hiszpanii.

W 1559 r. w Cateau-Cambresis podpisano traktat, zgodnie z którym Hiszpania przejmowała Sycylię, Neapol, Sardynię i Księstwo Mediolanu. Przez najbliższe 150 lat to właśnie Hiszpanie mieli dyktować we Włoszech warunki. Niepodległość nie została odebrana tylko Wenecji i Państwu Kościelnemu. Zwycięstwo Hiszpanii dało początek kontrreformacji. Niegdyś potężne miasta włoskie utraciły swe dawne znaczenie; do tego stopnia nie stanowiły realnej siły, że w praktyce nie znalazły się wśród zbierających zyski z odkrycia nowych ziem i morskich szlaków.

Na tym okresie włoskiej historii cieniem kładą się rozdrobnienie i regres ekonomiczny.

Czas Napoleona

Włochy przywitały napoleońską armię z entuzjazmem, choć tę pierwszą radość już wkrótce miało zastąpić rozczarowanie. Pod rządami Francuzów Italia musiała znosić duże ciężary wojenne – ziemie włoskie były traktowane przez wojska francuskie jak typowe zdobycze terytorialne. Włosi musieli utrzymywać francuską armię, a także wywiązywać się z niekorzystnych dla siebie układów handlowych. Dzieła sztuki były wywożone, jak to choćby miało miejsce w przypadku dużej ilości płócien i 500 rękopisów zarekwirowanych z papieskich zbiorów.

Wykorzystując morderstwo francuskiego ambasadora w 1797 r., armia francuska zajęła Rzym. W następnym roku proklamowano republikę, a papież został zmuszony do wyjazdu do Toskanii, a potem do Parmy, by na koniec

zostać uwięzionym we Francji. W listopadzie 1798 r. armia Neapolu zaatakowała Republikę Rzymską, jednak Francuzom udało się pokonać neapolitańskie wojsko. W styczniu 1799 r. wkroczyli do Neapolu.

Działalność Napoleona zaowocowała nowymi tworami państwowymi. Na mapie półwyspu pojawiły się republiki: Cispadańska, Transpadańska, Cisalpińska, Liguryjska i Rzymska. W 1804 r. Napoleon ogłosił się władcą Italii, a w 1810 r. kontrolował już cały półwysep – tak miało być przez najbliższe pięć lat, aż bitewny pył pod Waterloo nie opadł i nie odsłonił ostatecznej klęski cesarza.

Prócz oczywistych minusów w postaci ciężarów narzuconych przez armię, epoka napoleońska przyniosła Italii reformy społeczne i polityczne. Powstała sprawna organizacja państwowa i nowoczesne prawodawstwo wzorowane na francuskim, a pojęcia referendum i wyborów przestały być dla społeczeństwa czymś obcym. Ograniczeniom lub całkowitej likwidacji uległy różne feudalne przywileje. Pojawiło się też poczucie narodowej jedności. Upowszechniono szkolnictwo, nastąpił szybki rozkwit prasy.

Kiedy upadły nadzieje związane z Europą napoleońską, na kongresie w Wiedniu potwierdzono powrót starego porządku. Państwo Kościelne znów wracało pod rządy papieży, Burbonowie przejmowali Królestwo Sycylii i Neapolu, dynastia sabaudzka zasiadała na tronie w Piemoncie, a Austria mogła się cieszyć Lombardią i Wenecją.

Risorgimento

Powrót do starego, zburzonego na krótko przez Napoleona ładu nie przekreślał wcale włoskich dążeń niepodległościowych. Nie były one jednak wcale jednolite: w ramach jednego ruchu, który miał jasny cel – odzyskanie niepodległości i zjednoczenie – istniały różne nurty o innym spojrzeniu na metody działania. Nie brakowało takich, którzy dążyli do przemian metodą pokojową. Byli również tacy, według których jedyną szansą na zmianę było stworzenie królestwa pod berłem dynastii sabaudzkiej. Giuseppe Mazzini na przykład reprezentował pogląd, że szansa na sukces leży w odrodzeniu rzymskiej republiki.

Wrzenie nie cichło. Tajne stowarzyszenie karbonariuszy (Carbonari – węglarze, od nazwy pracowników wypalających węgiel drzewny w Kalabrii) zyskało znaczące wpływy w społeczeństwie. W lipcu 1820 r. doszło do buntu jednostek wojskowych stacjonujących w Neapolu. Jednym z żądań powstańców było ogłoszenie przez króla Ferdynanda nowej konstytucji, wzorowanej na hiszpańskim dokumencie z 1812 r.

Sukces spiskowców i zrewoltowanych żołnierzy neapolitańskich zaniepokoił Europę. Do utworzonej III koalicji (Austria, Prusy i Rosja) w roku 1821 dołączył król Ferdynand, a Austria zgłosiła gotowość do zbrojnej interwencji, która miała okiełznać rewolucyjne zrywy. Do interwencji wojska doszło w 1821 r. Po przegranej przez rebeliantów bitwie pod Rieti 22 marca Austriacy wkroczyli do Neapolu.

Po 10 latach znów doszło do powstańczych zrywów. Powstały Parma, Modena, Neapol i Sycylia, w Romanii i Marche rozpoczęła się insurekcja przeciwko władzy papieskiej. Rewolucja upadła, pacyfikowana przez wojska Austrii i Państwa Kościelnego, ale ziarna buntu nie udało się całkowicie zniszczyć. Niedługo miał przyjść czas na spełnienie marzeń o odrodzeniu, na urzeczywistnienie *risorgimento*. Termin *risorgimento* – a więc: odrodzenie, zmartwychwstanie – obejmuje całość dążeń zjednoczeniowych i niepodległościowych Włochów, począwszy od końca XVIII stulecia aż do zjednoczenia. Nazwa ruchu pochodzi od tytułu czasopisma „Il Risorgimento", które ukazywało się po 1848 r. w Piemoncie. Pismo było wydawane przez hrabiego Camilla Bensa di Cavoura, od 1852 r. premiera i ministra spraw zagranicznych Królestwa Sardynii (inna nazwa Piemontu). Późniejszy pierwszy premier zjednoczonego państwa był wytrawnym graczem politycznym, zdolnym zaprojektować mający powstać z wielu elementów jednolity organizm państwowy. Jego dyplomacja sprawiła, że Włochy odrodziły się pod berłem dynastii sabaudzkiej.

Na razie jednak nic nie jest przesądzone. Zbliżająca się połowa wieku nie zapowiada się szczęśliwie dla południa. Lata 1846–1847 przyniosły słabe zbiory, a sytuacja pogorszyła się jeszcze przez epidemię cholery. Sycylia zawrzała: bunt chłopski przybrał na sile. Kryzys i niepokoje społeczne doprowadziły w końcu do konfrontacji stron. W całej Europie rozkwitła Wiosna Ludów, a we Włoszech nastał czas pierwszej wojny o niepodległość. Powstania na Sycylii i w Toskanii zmusiły władców księstw do uchwalenia nowoczesnych konstytucji (na Sycylii w lutym 1848 r.). W marcu tego samego roku wybuchły zamieszki w Wenecji, a stacjonujące tam wojska austriackie zostały zmuszone do kapitulacji.

Pod koniec marca król Karol Albert na czele wojsk wkroczył do Austrii: wojnę popierają największe włoskie państwa, a kilka z nich przez krótki czas udziela nawet wojskowej pomocy. Widać wyraźnie, że włoskie księstwa przemawiają już jednym głosem. Niestety, Karol Albert nie był wybitnym dowódcą, ani nawet przewidującym politykiem: nie wykorzystano sukcesów militarnych i nie skorzystano z propozycji złożonych przez Austrię.

Armia Karola Alberta wycofała się pod naporem Austrii do Piemontu. Król abdykował, a na tronie zasiadł jego syn, Wiktor Emanuel II. W roku 1852 premierem Piemontu (Królestwa Sardynii) został Camillo Benso di Cavour, który w mistrzowski sposób rozegrał karty przy wojennym stoliku zmagań krymskich. Żołnierze piemonccy zostali wysłani na front wojny krymskiej, a Królestwo Sardynii u boku Turcji, Anglii i Francji wywalczyło sobie prawo udziału w kongresie paryskim. Cavour nie próżnował: w lipcu przeprowadził rozmowę z Napoleonem III, a kwestią włoską zainteresował europejskich mężów stanu. Napoleon III obiecał Włochom pomoc w wojnie o niepodległość z Austrią, choć, oczywiście, obietnica była obwarowana zastrzeżeniami. Opór budziło w nim rewolucyjne oblicze włoskich zmagań.

Francuski udział w wojnie nie był, rzecz jasna, bezinteresowny. Włosi mogli utworzyć swoje upragnione wolne królestwo, zjednoczone pod berłem Wiktora Emanuela II, ale Sabaudia i Nicea miały być oddane Francji.

Wojna przyjęła zły obrót; działania pochłonęły mnóstwo ofiar, czego symbolem stały się bitwy pod Magentą i Solferino. Zawarty rozejm francusko-austriacki (lipiec 1859 r.) nie brał pod uwagę ani stanowiska Cavoura, ani nawet jego osoby. Takiego obrotu spraw ten wybitny polityk nie przewidział. Podanie się do dymisji było honorowym gestem protestu, ale w praktyce niczego nie zmieniało. W Lombardii, która formalnie stanowiła część włoskiej federacji, stacjonowały wojska austriackie; Wenecja przechodziła na powrót w granice Austrii, do Modeny i Romanii wracali dawni władcy, podobnie rzecz się miała z Toskanią.

W połowie marca 1860 r. w Toskanii i Modenie odbyły się referenda: plebiscyty wyraźnie pokazały, że ludność chce stanowić z Piemontem jedno państwo. Garibaldi, spodziewając się plebiscytowego oszustwa, ruszył do Nicei, ale udało mu się dotrzeć tyko do Genui, skąd na wieść o zrywie Sycylijczyków wyruszył na wyspę wraz z tysiącem ochotników odzianych w sławne czerwone koszule. Przewaga wroga była miażdżąca – armia neapolitańska liczyła 12 tys. żołnierzy. Mimo to, uzyskawszy pomoc z całego kraju, Garibaldi zajął Palermo, a na początku września prawie bez walki wkroczył do Neapolu. Na spotkanie armii Garibaldiego wyruszyło piemonckie wojsko Wiktora Emanuela II: w tym wyścigu każdy miał coś do wygrania. Do spotkania doszło pod Teano: miało ono znaczenie symboliczne – oto dokonywało się zjednoczenie Włoch. O całkowitym zakończeniu działań zjednoczeniowych nie mogło być jednak jeszcze mowy. Poza granicami państwa pozostawała wciąż Wenecja, a w Rzymie cały czas stacjonowali żołnierze francuscy.

Do usunięcia Francuzów z Wiecznego Miasta doszło w 1870 r. – Włosi wykorzystali sprzyjające okoliczności polityczne, m.in. osłabiającą siłę armii porażkę wojsk francuskich w Sudanie. Marzenia Włochów mogły się wreszcie urzeczywistnić.

Wiek XX: wielkie ambicje i chybione sojusze

Nadchodził wiek XX. Gdzieś w tle poszukiwania sojuszy pojawiała się myśl o nieuniknionej europejskiej wojnie. Tarcia między Francją a Włochami sprawiły, że Włosi postanowili szukać oparcia w państwie niemieckim. Wkrótce podpisano trójstronny traktat między Niemcami, Włochami i Austro-Węgrami. Miał gwarantować trójstronną pomoc na wypadek rozpoczęcia działań wojennych.

Priorytetem polityki zagranicznej Włoch końca XIX w. było pozyskanie i utrzymanie w swojej strefie wpływów afrykańskich kolonii. Włochy pod rządami Francesca Crispiego ruszyły na kolonialne podboje. Łatwym łupem okazała się Erytrea, lecz dalszy ciąg wojennych działań na terenie Afryki był dla Włochów fatalny: wojna z Etiopią skończyła się wielką klęską włoskiej armii pod Adwą. Crispi nie miał wielkiego wyboru: jego polityka kolonialna poniosła sromotną klęskę. Wobec zaistniałej sytuacji podał się do dymisji.

W roku 1911 wybuchła wojna turecko-włoska, która przyniosła Włochom upragnione i wyczekiwane zwycięstwa. Libia stała się terytorium okupowanym przez państwo włoskie, pod jego zwierzchnictwo przeszły również leżące u wybrzeży Grecji wyspy Dodekanezu.

Wybuch I wojny światowej stawia Włochy w niezręcznej sytuacji. Działania wojenne rozpoczęto bez wiedzy włoskiego rządu, a z drugiej strony podpisane traktaty zobowiązywały do wywiązania się z powinności sojuszniczych. Premier Antonio Salandra szuka trzeciego wyjścia i 1 sierpnia 1914 r. ogłasza neutralność. Alianci wykorzystują sytuację: widząc wahania Italii, rozpoczynają dyplomatyczną akcję, mającą na celu przeciągnięcie Włoch na swoją stronę. Stosują oczywistą kartę przetargową: w zamian za poparcie i udział w wojnie po stronie alianckiej, Włosi mieliby otrzymać Triest i Trydent, należące do tej pory do cesarstwa austro-węgierskiego. Równie ważne są obietnice dotyczące kolonii: wizja otrzymania terytoriów w Afryce i Turcji ma poruszyć włoskie ambicje. Ostatecznie kwiecień 1915 r. przynosi tajny pakt o sojuszu. Miesiąc później Włochy zrywają traktat o trójprzymierzu i wyruszają na wojnę.

Polityczne założenia i rachunki dyplomatów znów okazują się chybione. Wojna dla Włochów ma tylko jedną stronę: jest pasmem porażek. Prawie 40 procent żołnierzy ginie na polu bitwy lub odnosi rany. Włochy nie mają ani dobrze przygotowanego wojska, ani skutecznego pomysłu na wojaczkę. Czara goryczy się przepełnia, gdy po zakończeniu działań wojennych okazuje się, że Włochy nie są traktowane jako równorzędny partner i aliancki sojusznik. W 1919 r. w Paryżu, po wielu zabiegach i staraniach, zyskują wreszcie Trydent-Górną Adygę oraz Triest.

W tym samym roku Benito Mussolini organizuje pierwsze komórki ruchu faszystowskiego, a jego ideologia trafia na podatny grunt. Sytuacja powojenna była fatalna: w społeczeństwie panował nastrój przygnębienia i rozczarowania, szalała inflacja i kryzys ekonomiczny. Przyszły duce zgrabnie przeskoczył z socjalistycznego pisma „Avanti" do „Il popolo d'Italia" i rozpoczął głoszenie nowych poglądów. Początkowo faszyści nie odnosili spektakularnych sukcesów. Pierwsze wybory na jesieni 1919 r. zakończyły się fiaskiem: ludziom Mussoliniego nie udało się uzyskać ani jednego mandatu. Tymczasem sytuacja wewnętrzna kraju wciąż się pogarszała. Wybuchały strajki, a rząd Francesca Nittiego nie był w stanie ustabilizować sytuacji. Tymczasem Mussolini wezwał społeczeństwo do zaprowadzenia w ojczyźnie porządku.

Wybory, które odbyły się w 1921 r., przyniosły faszystowskim kandydatom 35 mandatów. 24 października następnego roku na kongresie w Neapolu Mussolini nawoływał do marszu na Rzym. 28 października do stolicy ruszyło 50 tys. uzbrojonych członków faszystowskiej milicji. Następstwa marszu były poważne: rząd Luigiego Facty podał się do dymisji. Na czele państwa stanął Mussolini.

Po zajęciu i narzuceniu okupacyjnej władzy Abisynii, od Włoch zaczynają się odsuwać europejscy partnerzy. Jedynie Niemcy, nie widząc nic złego w realizacji włoskich kolonialnych mrzonek, nie izolują państwa Mussoliniego. Linia polityki Niemiec i Włoch jest zresztą wyjątkowo zbieżna – oba kraje udzielają wsparcia wojskowego generałowi Franco, stronie walczącej w hiszpańskiej wojnie domowej. Przychodzi czas na uściślenie współpracy i spisanie stosownych umów: 22 maja 1939 r. Niemcy i Włochy podpisują tzw. pakt stalowy. Za

trzy miesiące ma wybuchnąć wielki konflikt, który będzie sprawdzianem lojalności Włoch wobec hitlerowskiego sojusznika. Po rozpoczęciu działań wojennych przez Niemców, Włosi początkowo wcale nie kwapią się do ruszenia na front – ostrożność nakazuje im przeczekać początkowe miesiące. Dopiero 10 czerwca 1940 r. Włochy wypowiadają wojnę Anglii i Francji – sytuacja jest na tyle korzystna dla Niemców, że wyraźne opowiedzenie się po ich stronie wydaje się być jedynym sensownym rozwiązaniem. Jesienią tego samego roku Włosi rozpoczynają kampanię grecką. To pierwsza oznaka, że znowu – jak w I wojnie – sytuacja może obrócić się przeciw Italii. Grecki opór burzy szerokie plany sztabu. Gdyby nie niemiecka pomoc, walki w Grecji skończyłyby się sromotną klęską włoskiej armii.

10 lipca 1943 r. Brytyjczycy i Amerykanie lądują na południowym i wschodnim wybrzeżu Sycylii. Nad faszystowskimi Włochami gromadzą się coraz czarniejsze chmury: we wrześniu alianci zdobywają Kalabrię, z której rozpoczną ofensywę na północ. W Brindisi na wschodnim wybrzeżu włoskiego buta ulokowano aliancką bazę wypadową – jej strategiczne położenie pozwalało na odbywanie lotów nad terytorium środkowo- -wschodniej Europy. Nim jednak to się stanie, burza dotknie najpierw samego Mussoliniego. W obliczu klęski 24 lipca duce zwołuje Wielką Radę Faszystowską. Przegranemu Mussoliniemu trudno jednak znaleźć wielu sojuszników. Wiktor Emanuel III powierza stanowisko premiera marszałkowi Badoglio, zaś sam duce zostaje aresztowany i osadzony w areszcie w Gran Sasso d'Italia. Siedzi tam krótko: już we wrześniu w perfekcyjnie przygotowanej i wykonanej akcji odbijają go niemieccy komandosi (podobno akcja – jako wzorcowa – jest analizowana na ćwiczeniach wszystkich jednostek specjalnych na świecie). Badoglio gra na dwa fronty. Z jednej strony mówi o kontynuowaniu walk ramię w ramię z armią niemiecką, z drugiej podejmuje tajne rokowania z aliantami. Mussolini wraca do gry; w sytuacji, gdy wojska sprzymierzonych opanowują tereny leżące na północ od Neapolu, duce wykonuje nowy ruch: po likwidacji monarchii proklamuje na północy kraju Włoską

Republikę Socjalną (Republica Sociale d'Italia), zwaną Republiką Salò. Trwa pochód sił alianckich na północ półwyspu. 4 sierpnia zostaje wyzwolony Rzym, a osiem dni później Florencja. Partyzantom operującym na północy kraju udaje się schwytać Mussoliniego. Po rozpoznaniu pod mundurem niemieckiego żołnierza dawnego dyktatora, wykonują na nim wyrok śmierci. Zwłoki duce przetransportowano do Mediolanu i tam wystawiono na widok publiczny.

II wojna światowa i fatalne w skutkach opowiedzenie się po stronie sojuszu faszystowskiego przyniosło Włochom same straty. Nie dość, że państwo o kolonialnych ambicjach straciło wszystkie zamorskie terytoria, to dodatkowo czekała je wypłata wojennych odszkodowań dla ZSRR i Etiopii. W czerwcu 1946 r. odbyło się referendum, w którym 54% uprawnionych do głosowania opowiedziało się za republiką, mówiąc „nie" monarchii.

Nie najlepiej wyglądały również sprawy gospodarcze. Gdyby nie realizacja planu Marshalla, włoska gospodarka długo musiałaby podnosić się z powojennej zapaści. Do planu Włochy przystąpiły w 1948 r. Rok później zostały członkiem NATO, a w 1951 r. jednym z założycieli Europejskiej Wspólnoty Węgla i Stali. W roku 1955 r. przyjęto je do ONZ.

Wkrótce udało się rozstrzygnąć drażliwe kwestie graniczne: w 1950 r. sygnowano porozumienie z Austrią w sprawie Górnej Adygi, w roku 1954 podpisano układ z Jugosławią o podziale Triestu.

Po wojnie

Po II wojnie światowej polityka włoska została zdominowana przez dwie partie: Włoską Partię Demokracji Chrześcijańskiej, będącą u władzy, bądź współtworzącą rząd w latach 1944–1949, i Włoską Partię Komunistyczną – Partito Comunista Italiano, w skrócie PCI (w latach 1944–1947 rządziła w koalicji z chadecją i socjalistami, od 1947 r. przeszła do opozycji, ma silne przedstawicielstwo w parlamencie i na szczeblu samorządowym).

W latach 1948–1953 Włochy były kierowane przez większościowe rządy chadeckie, ale w wyborach w roku 1953 chadecja nie była w stanie zdobyć większości parlamentarnej. Nastał czas zmieniających się koalicyjnych gabinetów współtworzonych przez socjaldemokratów, liberałów i republikanów, do których w 1963 r. dołączyli socjaliści.

Wojna odchodziła w niepamięć, a rozpoczynał się dobry ekonomicznie okres. Koniunktura połowy lat 50. napędziła wzrost gospodarczy do tego stopnia, że można było mówić o włoskim cudzie. Znacjonalizowano wówczas sektor energetyczny, zwiększono także autonomię regionów.

Początek lat 80. miał we Włoszech posmak skandalu wywołanego korupcją i związanymi z nią aferami. Gazety pisały o sprawie Banku Ambrosiano, znanych polityków oskarżono o przynależność do loży masońskiej P-2. Chadecja na kilka lat straciła fotel premiera. W roku 1981 urząd ten objął republikanin G. Spadolini, a dwa lata później socjalista B. Craxi.

Czas terroru

Włoski terroryzm lat 1969–1982 stał się bardzo poważnym wyzwaniem dla państwa i jego podstawowych struktur. Kraj był atakowany z dwóch stron: skrajnej lewicy i skrajnej faszystowskiej prawicy. Szacuje się, że liczba ofiar terrorystycznych zamachów sięgnęła 1119 osób. Dwa bandyckie radykalizmy zbierały krwawe żniwo.

12 grudnia 1969 r. w Banku Rolnym w Mediolanie wybuch bomby zabił 16 osób i ranił 107. W Rzymie o tej samej porze eksplodowały ładunki w gmachu Banku Pracy i przy Ołtarzu Ojczyzny. Ten atak uważa się za początek zbrodniczej walki z aparatem państwowym, choć już rok wcześniej miało miejsce 15 zamachów, a w 1969 r. dokonano 145 aktów terroru.

Fala terroryzmu nasilała się: w 1971 r. były 394 zamachy bombowe, które zabiły cztery osoby, a 24 raniły. Przez sześć miesięcy 1972 r. odnotowano 293 zamachy, w których zginęło 5 osób. Najczarniejszym okazał się rok 1974 – liczba zamachów przekroczyła 620.

2 sierpnia 1980 r. bomby podłożone na dworcu w Bolonii przez faszystowski NAR (Nuclei

Armati Rivolucionari) spowodowały śmierć 80 osób. Dwa lata później NAR został rozbity.

Najaktywniejszą podziemną grupą skrajnej prawicy była Avanguardia Nazionale (AN): w 1972 r. udało jej się nawet zorganizować w Reggio di Calabria powstanie, w wyniku którego na kilka tygodni przejęła władzę w mieście.

W listopadzie 1969 r. w północnych Włoszech w miejscowości Chiavani spotkali się lewicowi studenci z Mediolanu i Genui – powstały Czerwone Brygady (Brigate Rosse). Początkowo ruch nie wyglądał groźnie. Od roku 1970 członkowie Brygad zajmują się rozdawaniem w fabrykach ulotek, potem jednak ich działania stają się bardziej radykalne. Znakiem zmiany kursu są przypadki podpaleń samochodów należących do dyrektorów i kierowników zakładów pracy. Pierwsze porwanie ma miejsce 3 marca 1972 r. Uprowadzony kierownik Sit-Simensa, Idalgo Macchiarini, wkrótce zostaje wypuszczony. Dwa lata później w Padwie Czerwone Brygady zabiją po raz pierwszy: zostają zastrzeleni dwaj członkowie jednej z prawicowych partii.

W 1976 r. policja aresztuje 251 członków organizacji terrorystycznych. Wszystko wygląda

na to, że zbrodnicze siatki zostały rozbite. Niestety, rok 1977 (przez włoskie media nazwany „rokiem krwi") przynosi kolejne zamachy i zabójstwa.

16 marca 1978 r., po zabiciu pięciu osób z ochrony, Czerwone Brygady porywają chadeckiego polityka, Alda Mora. Po nieudanych negocjacjach 9 maja policja znajduje jego zwłoki.

Zatrzymani członkowie Czerwonych Brygad ujawniają źródła finansowania organizacji, pochodzenie broni, miejsca szkoleń: trop wiedzie do krajów bloku wschodniego.

Zasada przemienności

Upadek komunizmu w środkowej Europie pod koniec lat 80. wpłynął na sytuację włoskiej lewicy: skutkiem przemian był rozpad WPK. W tym czasie umocniła się Liga Północna, głosząca separatystyczne postulaty.

W roku 1993 odbyło się referendum, w którym Włosi odrzucili proporcjonalny system wyborczy. Parlament przyjął ordynację mieszaną większościowo-proporcjonalną.

U progu lat 90. elity włoskiej polityki znów stanęły w świetle kamer telewizyjnych, i znów chodziło o zarzut korupcji, a także o powiązania ze strukturami mafii. W 1993 r. premierem został gubernator Banku Włoskiego C.A. Ciampi, który nie parał się wcześniej zawodowo polityką.

Podzielona chadecja utraciła władzę w 1994 r. W tych wyborach przegranymi byli również socjaliści. Tam, gdzie dwóch się biło, skorzystał trzeci: tym trzecim był blok wyborczy Sojusz Wolności pod kierownictwem Silvio Berlusconiego. Blok współtworzyły ugrupowania, którym nie można było zarzucić powiązań ze skompromitowaną władzą.

Wybory w 1996 r. wygrała centrolewicowa koalicja z postkomunistami (z premierem Romano Prodim na czele). Zasada politycznej przemienności sprawdziła się w 2001 r.: ster rządów objął obóz centroprawicowy, znów kierowany przez Berlusconiego. W 2006 r. wybory wygrała centrolewica, a premierem został Prodi. Na prezydenta został zaprzysiężony Giorgio Napolitano, 80-letni kandydat centrolewicowej większości.

Geografia

Toskania i Umbria, graniczące ze sobą regiony administracyjne i historyczne, leżą w środkowych Włoszech. To właśnie niezwykle malownicze ukształtowanie Toskanii sprawiło, że jest ona jednym z najważniejszych regionów turystycznych nie tylko w Europie, ale i na świecie. Umbria natomiast, nazywana zielonym sercem Italii, to porośnięta lasami, górzysta kraina, która zachowała wszystkie atuty prowincji: czyste powietrze, urocze pejzaże, niespieszne tempo życia, ciszę i spokój.

Powierzchnia Toskanii wynosi 23 tys. km² i obejmuje zachodnie zbocza Apeninów, Kotlinę Toskańską, oraz Pogórze Toskańskie. Ten górzysto-wyżynny region, poprzecinany dolinami rzek Arno, Ombrone i Serchio, sięga do wybrzeży Morza Tyrreńskiego oraz Morza Liguryjskiego. Należą do niego także wyspy: Elba, Montecristo, Pianosa, Capraia, Giannutri, Gorgona i Giglio. Sama Elba, znana ze swej historii (w 1814 r. stała się miejscem przymusowego pobytu Napoleona) przyciąga obecnie turystów pięknymi plażami i zatokami. Leży na terenie szelfu kontynentalnego, co sprzyja rozwojowi licznych i dobrze wyposażonych centrów nurkowych. 32-kilometrowe wybrzeże Toskanii ciągnące się pomiędzy Marina di Carrara a Viareggio również kusi turystów swymi szerokimi i piaszczystymi plażami. W środkowej i południowo-zachodniej części regionu pagórki i wyżyny tworzą urokliwy pejzaż. Północna Toskania to już typowo górski krajobraz Apeninów. Góry, pomimo wysokości sięgającej 2000 m n.p.m., zachowują roślinność w ciągu całego roku. Amplitudy temperatur nie są duże, a w zimie na niższych wysokościach temperatury ujemne nie występują. Najwyższym punktem regionu jest Monte Prado (2050 m n.p.m.). Dzięki bogatej szacie roślinnej Apeniny urzekają pięknem i urokiem.

Od południowego wschodu Toskania graniczy z mniejszą, zajmującą 8,5 tys. km² Umbrią. Mimo centralnego położenia zawsze była ona na uboczu głównych zdarzeń na Półwyspie Apenińskim i pozostała peryferyjnym regionem. Najpiękniejsze umbryjskie miejscowości, takie jak Asyż, Perugia,

Orvieto, Gubbio, Spoleto czy Todi, nie ustępują urodą toskańskim, są za to spokojniejsze, mniej skomercjalizowane. Ten bogato zalesiony region jako jedyny nie ma dostępu do morza, wobec czego jego rekreacyjne centrum stanowi jedno z największych na Półwyspie Apenińskim jezior – Lago Trasimeno (128 km², głębokość do 5,7 m), będące jednocześnie ważnym rezerwatem ptactwa. Wysokie góry na wschodzie – Monti Sibillini (Góry Sybilińskie) i masyw Monte Cucco – to z kolei doskonałe tereny do uprawiania trekkingu. Osią Umbrii jest szeroka dolina Tybru, przecinająca krainę z północy na południe. Właśnie w tej dolinie oraz w jej bocznych odgałęzieniach leży większość najważniejszych miejscowości. Region słynie również z leczniczych źródeł, m.in. Terme di San Gemini, na północny zachód od Terni oraz Terme Amerino i Terme di Furapane położonych pomiędzy Terni a Todi.

Klimat

Choć Włochy nie leżą w jednej strefie klimatycznej, to klimat jest przyjazny: ciepłe lato trwa długo, a zimy nie są dotkuczliwe. Maksymalne średnie temperatury w okresie letnim wynoszą 30° C. Deszczy należy się spodziewać wiosną i jesienią.

Zarówno w Umbrii, jak i w Toskanii najpiękniejsze są wiosna i jesień. W kwietniu, maju oraz wrześniu i październiku temperatury wynoszą około 20° C. Na wiosnę przypada też najwięcej lokalnych świąt religijnych, a lato jest czasem festiwali. W lipcu i sierpniu panują tu upały, które w znacznym stopniu utrudniają. W październiku rozpoczyna się winobranie, a późną jesienią proces tłoczenia oliwy. Zima niesie deszcze i przenikliwe zimno.

Fauna i flora

Warto zauważyć, że przepiękne krajobrazy Toskanii i Umbrii są zasługą aktywnie prowadzonej na tych obszarach ochrony przyrody. Na terenie tych regionów znajdują się bowiem parki narodowe i regionalne oraz rezerwaty przyrody, które chronią nie tylko pojedyncze gatunki fauny i flory, ale całe zespoły naturalne. Tak dzieje się w przypadku największego w Europie parku morskiego, Narodowego Parku Archipelagu Toskańskiego (o powierzchni około 750 km²).

Spotkać tu można koralowce, strzępiele, kongery, płaszczki, mureny, krewetki, czerwone gorgonie oraz gąbki, a na większych głębokościach tuńczyki i żółwie. Na jego wyspach, szczególnie na Elbie, co roku zatrzymują się tysiące ptaków wędrujących z Europy do Afryki, co przyciąga ornitologów z całego świata. Tereny bagienne chronią natomiast parki Miglirino, San Rossore, Massaciuccoli, czy Parco della Maremma. W prowincjach Arezzo i Florencja rozciągają się jedne z najlepiej zachowanych we Włoszech kompleksów leśnych. Żyją w nich jelenie, sarny i dziki. Znajdujący się w środkowej Toskanii pas pomiędzy Florencją a Pistoią na odcinku ponad 10 km zdominowany jest przez szkółki roślin ogrodowych i doniczkowych, sadzonek oraz kwiatów. Malownicze pagórki porośnięte są winoroślami, słonecznikami i tak charakterystycznymi dla toskańskiego krajobrazu cyprysami. Północno-zachodnia część Apeninów słynie zaś z kamieniołomów i kopalń marmuru. Tradycja wydobycia najsławniejszego białego marmuru kararyjskiego sięga III w. n.e.

Niezwykłą ilość chronionych obszarów spotykamy również w Umbrii. Na uwagę zasługuje przede wszystkim założony w 1993 roku na terenie królestwa mitycznej Sybilli Parco Nazionale dei Monti Sibillini obejmujący łańcuch górski położony w sercu państwa włoskiego z najwyższym szczytem Vettore (2476 m n.p.m.). Na górnej granicy lasu rosną rododendrony, azalie japońskie, żarnowce, a także obuwiki, lilie, rzadka szarotka apenińska i dzikie narcyzy, zaś do chronionych gatunków zwierząt należą między innymi orzeł królewski, sokół wędrowny i wilk. Zwiedzając teren parku można odnieść wrażenie, że czas w nim się zatrzymał; sprzyjają temu napotykane gdzieniegdzie mury średniowiecznych opactw i miasteczek. Na samej północy, na wschód od Gubbio, wokół pełnej jaskiń, sięgającej 1566 m n.p.m. Monte Cucco rozciąga się regionalny Park Monte Cucco o powierzchni 70 km², nazywany „brzuchem Apeninów". Nieco dalej na południe, w pobliżu przesiąkniętego franciszkańskim duchem Asyżu leży Regionalny Park Subasio, słynący z licznych dębów korkowych. Na wschód od niego mieści się rezerwat ptaków, podobnie zresztą jak w Parco del Trasimeno. Na porośniętym sitowiem południowym brzegu Jeziora Trazymeńskiego (Lago Trasimeno), ale także nad Lago di Alviano w pobliżu Orvieto zakłada gniazda około 80 gatunków ptaków. Wzdłuż doliny Tybru i brzegów Lago di Corbara rozciąga się rzeczny Parco Fluviale del Tevere. Południowe obszary regionu porastają potężne lasy dębowe i bukowe. Przez całą Dolinę Umbryjską, mniej więcej na wysokości 300 m ciągną się również gaje oliwne.

Smak Włoch

Kiedy już *sportello* przestanie nam się kojarzyć z totalizatorem, a *fermata* będzie czymś więcej niż tylko terminem muzycznym, to znak, że jesteśmy gotowi na dogłębne poznawanie smaku Włoch. Smaku, czy może raczej smaków, bo Italia ma wiele odcieni.

Smak kawy

Włoch są krajem kawy. Pija się tu kawę czarną i mocną, w małych filiżankach z grubej porcelany. Czasami do naparstka mocnego naparu jest podawana szklanka wody. Nawet mieszkańcy północnej części kraju przyznają, że tak dobrej kawy jak na Południu nie dostanie się nigdzie na świecie.

Cena kawy w barach jest zbliżona do polskiego cennika: za filiżankę espresso trzeba zapłacić 80–90 eurocentów. Naczynie wypełniane jest do połowy; Włosi przeważnie wypijają zawartość szybko, bez drobnych łyków i namaszczenia, co nie oznacza oczywiście, że nie są smakoszami. Kawa dla Włochów to rzecz niezwykle ważna, by nie rzec: podstawowa. Wiedzą o niej wszystko, a napar złej jakości wyczuwają na odległość.

W roku 1998, w trosce o jakość serwowanej kawy, Włosi powołali Narodowy Instytut Espresso Italiano (Instituto Nazionale Espresso Italiano), który ustalił, jakie normy musi spełniać czarny napój, by zasługiwał na miano prawdziwego włoskiego espresso. Pierwsza zasada mówi, że kawę należy zmielić w młynku żarnowym – trzeba przy tym pamiętać, że żarna urządzenia wytrzymują zmielenie nie więcej niż około 600 kg kawy. Zaparza się ziarno świeżo zmielone, a proces parzenia może się odbywać tylko w ekspresie ciśnieniowym. Na filiżankę espresso wchodzi 7 g kawy, czyli 50–60 ziaren. Kawa powinna być zaparzana przez 25 sekund (praktycznie 23–30 sekund), przy ciśnieniu 9 barów, w temperaturze 88–92°C. Do przygotowania jednej filiżanki należy zużyć 25 ml wody.

Instytut Espresso Italiano określa też ściśle, jakimi cechami powinien wyróżniać się napar. Właściwie sporządzone espresso, zaparzone z dobrego gatunku kawy, powinno być aksamitne, mieć lekko kremową konsystencję oraz gęstą na 2–4 mm piankę (*crema*) z jak najmniejszą ilością pęcherzyków powietrza. Kolor naparu jest określany jako rdzawo-orzechowy. Ważny jest też tzw. balans, czyli równowaga między smakiem słodkim, kwaskowym a gorzkim.

Smak pizzy

Pizza pojawia się na europejskich stołach już od 3 tys. lat. Choć sam placek smarowany ziołami i oliwą był znany już w starożytnej Grecji, to jednak nazwa i forma najsłynniejszego posiłku świata jest nierozłącznie związana z Italią.

Nazwa pochodzi od łacińskiego terminu *picea*, oznaczającego placek powstały z połączenia mąki z wodą i wypiekany w piecu. Słowo „pizza" w takiej formie, w jakiej znamy je dziś, pojawiło się około 997 r. W Polsce placek o okrągłym kształcie, okraszony serem i mięsem, podano prawdopodobnie po raz pierwszy na uczcie weselnej wyprawionej z okazji zaślubin Bony z Zygmuntem I Starym. Przez lata pizza zmieniała swój charakter, choć nie były to zmiany radykalne. W roku 1889 kucharz z Neapolu Raffael Esposito dodał do niej ser mozzarella, który odtąd na trwałe zwiąże się z włoskim plackiem. Ponieważ był to rok wizyty w Neapolu króla Umberto I i królowej Małgorzaty, pizzę, którą królewska para została ugoszczona, zaczęto nazywać „margheritą". Do dziś ta odmiana pozostaje najbardziej popularnym rodzajem pizzy. Czerwony kolor pomidorów, biel sera mozzarella i zieleń listków bazylii ułożyły się w narodowe barwy Włoch, co również nie pozostało bez wpływu na popularność tego dania.

Pierwsza pizzeria na świecie powstała oczywiście w mieście pizzy – Neapolu. *Antica Pizzeria Port'Alba* istnieje od 1830 r. po dziś dzień (Via Port'Alba 18).

Na całym świecie smakosze mogą się cieszyć aż 50 rodzajami pizzy. Stosuje się przy tym najprzeróżniejsze zestawienia składników: obok obowiązkowych pomidorów i sera pojawiają się owoce morza, szpinak, jajka, a nawet – co jest już pewną ekstrawagancją – czekolada.

Nie ma jednego przepisu na dobrą pizzę, natomiast wszystkie dobre pizze świata łączy jedno: muszą pochodzić z pieca opalanego drewnem.

Smak makaronu

Makaron... Wizytówka Italii, kulinarna legenda i po prostu najsmaczniejsze pod słońcem jedzenie. Gdzie wynaleziono tę mączną potrawę? Tropy wiodą do różnych miejsc. Być może odpowiedzi należy szukać na Sycylii, i to nie tyle we włoskiej *cucina,* co raczej w kręgu arabskich kulinariów. Makaronowe śledztwo może też zaprowadzić do Etrusków – wszak w jednym z etruskich grobów odnaleziono przyrządy mogące służyć do produkcji makaronu.

Makaron występuje w formie świeżej lub suchej: świeży jest wyrabiany z identycznej mąki co chleb – pochodzi ona z tzw. miękkiego ziarna. Przy produkcji suchego makaronu korzysta się z mąki z twardego ziarna. Pszenica dająca twarde ziarno była gatunkiem uprawianym jedynie w krajach nad Morzem Śródziemnym.

Makaron we Włoszech nazywano *vermicelli* – była to nazwa obejmująca jego wszystkie rodzaje. Dopiero później powszechna stała się bliska nam nazwa *maccheroni.*

Makaron robiono początkowo ręcznie, a raczej nożnie: ugniatacz, siedzący na długiej desce, wyrabiał ciasto nogami. Prawdziwa kariera makaronu rozpoczęła się w momencie, kiedy zaczął być wyrabiany maszynowo, a przez to stał się bardziej popularny.

Smak wina

3 tys. lat temu winogrona zaczęto uprawiać w Toskanii, Apulii i na Sycylii. Palmę, a raczej winorośl pierwszeństwa oddaje się w tym wypadku Grekom i Etruskom. Początki winiarstwa datuje się na mniej więcej IV w. p.n.e. Moda na winnice i wino szybko ogarnęła również inne części Italii. Trunek ów stał się napojem dla każdego: pito go u cezarów, pito w obozie legionistów, w nim artyści szukali nowych natchnień, a wodzowie zapomnienia.

Co ciekawe, w czasach rzymskich pijano chętniej wino białe, a przy tym słodkie. Dziś gusta się zmieniły: na stołach częściej widzi się wino czerwone, czemu przyklasnęli lekarze, twierdzący, że ma ono właściwości lecznicze, których brakuje białemu.

Najbardziej znane czerwone wina Italii to: Barolo z Piemontu, toskańskie Brunello di Montalcino, pochodzące również z tamtego regionu Chianti Classico oraz Taurasi, którego ojczyzną jest Kampania.

Winorośl uprawia się na dwa sposoby. Pierwszy jest nazywany wysokim i preferuje się go w małych gospodarstwach lub winnicach na stromych zboczach. Drugi sposób polega na rozciągnięciu pnączy na sznurach – tak uprawia się winorośl w gospodarstwach nastawionych wyłącznie na winną produkcję. Owoce zebrane ze sznurów są lepszej jakości niż te zbierane z winorośli prowadzonej pionowo.

Włosi bardzo dbają o tzw. *l'abbinamento,* czyli sztukę właściwego dopasowania wina do potrawy. By przekonać się o perfekcji, którą w tej materii osiągnęli, trzeba skosztować delikatnych sznycli *saltimbocca* z odpowiednio dobranym trunkiem.

Włochy są zagłębiem indywidualnych, lokalnych szczepów winogron. Kraj nie poddaje się modzie na międzynarodowe odmiany winorośli, produkując wciąż wyborne lokalne trunki. Są wśród nich m.in. Barbera, dobrze czująca się w klimacie Piemontu, również piemonckie winogrona Cortese, bardzo popularne Sangiovese czy Nebbiolo.

Każde włoskie wino jest przypisane do jednej z czterech kategorii. Jest więc grupa Denominazione di Origine Controllata e Garantita, skupiająca wina najwyższej jakości, jest kategoria o poziom niższa, czyli Denominazione di Origine Controllata. Trzecią grupą są wina należące do Indicazione Geografica Tipica. Najniżej w hierarchii znajdują się wina stołowe – Vino da Tavola, które są wprawdzie znacznie gorsze niż te z górnej półki, ale mogą być całkiem przyjemnym, choć nie zostawiającym wspomnień smakowych dodatkiem do biwakowego obiadu.

Kuchnia

Turystów przyciąga turkusowe niebo Toskanii, jej łagodne pagórki porośnięte cyprysami, gajami oliwnymi i winoroślą, średniowieczne miasta na wzgórzach, ale także wspaniałe jedzenie. Kuchnia regionu wywarła bardzo istotny wpływ na tradycje kulinarne całego kraju, a więc można tutaj odnaleźć dwa elementy – włoski i regionalny.

Podstawą toskańskiej kuchni jest prostota. Na stołach króluje doskonała oliwa, uważana przez wielu smakoszy za najlepszą na świecie. Podobno najsmaczniejsza oliwa pochodzi z miejscowości Lukka. Klimat sprzyja uprawie wielu gatunków warzyw. Warzywem typowym dla kuchni regionu jest fasola. Bardzo popularne są zupy, na przykład *ribollita* – wywar z kapusty i fasoli zagęszczany pieczywem. Tę królową warzyw podaje się również z makaronem, w sałatkach lub w najprostszy sposób – z oliwą. Właśnie jej Toskańczycy zawdzięczają przydomek *mangiafagioli* (zjadacze fasoli). Popularny jest także szpinak, który wraz z *ricottą* (delikatnym w smaku twarożkiem z owczego sera) służy do przyrządzania *gnocchi* (kluski), naleśników i *tortellini* czy też *ravioli* (pierożki). Inne warzywne przysmaki to młody bób (*baccelli*) oraz szparagi (*asparagi*), a także jadalne kasztany (*castagne*). Zimą można spróbować aromatycznych liści rośliny zwanej *cavolo nero*. Miejscową specjalnością są również *crostini* oraz *bruschette*, grzanki z dodatkami, idealne przed *bistecca alla fiorentina*, pysznym, grubym na 2,5 cm stekiem z rusztu. Niektóre restauracje oferują także *tagliatę*, stek z kością w kształcie litery T, podawany z rukolą i parmezanem. Niemal wszystkim posiłkom towarzyszy wypiekany na zakwasie i bez soli toskański chleb. Przyjemnie smakuje także *fettunta* – chleb toskański podpieczony z oliwą i czosnkiem. Makaron nie jest tu tak popularny jak gdzie indziej we Włoszech, region słynie natomiast ze znakomitego mięsa wołowego, wieprzowego, drobiu i dziczyzny. Mięsa najczęściej piecze się na ruszcie lub podaje w postaci szaszłyków. Kuchnia toskańska to także aromatyczne zioła. Najczęściej stosowane są oczywiście bazylia, pietruszka, mięta, estragon,

tymianek, ogórecznik, szałwia i rozmaryn. To właśnie w tutejszych *trattoriach* można skosztować potrawy o nazwie *arista* (pieczonej wieprzowiny z rozmarynem i czosnkiem). Specjalnością regionu są także wędliny (*salumi*), między innymi *prosciutto di Toscana* (szynka toskańska) oraz florenckie *salami finocchiona*. Wyśmienitą przekąską jest *rigatino*, konserwowany boczek wieprzowy. W lasach Toskanii rosną białe trufle oraz prawdziwki. Stolicą trufli jest San Miniato, gdzie każdej jesieni odbywa się targ. Restauracje rybne na wybrzeżu podają natomiast doskonałe *cacciucco* z owoców morza.

Będąc w Sienie, koniecznie trzeba spróbować *panforte*, pysznego korzennego ciasta z orzechami i suszonymi owocami. Istnieje kilka rodzajów tego przysmaku, jak *panforte al cioccolato* czy marcepanowe *panforte morbido*. Wykwintnym deserem jest natomiast *tiramisù* oraz *zabaglione*.

Toskania stanowi jeden z głównych regionów uprawy winorośli we Włoszech. Świadczy o tym chociażby to, że z 450 winnic, które w 1994 r. zrzeszyły się w „Movimento per il Turismo del Vino", 118 leży w Toskanii. Warto wspomnieć, że winorośl uprawiali już Etruskowie. Jest to jednak region bardzo zróżnicowany pod względem rodzajów produkowanych tam win, ich jakości i cen. Typowe toskańskie wina, np. Brunello di Montalcino (czerwone), jedno z najlepszych, przechowywane w drewnianych beczkach nie krócej niż przez 4 lata, oraz Vino Nobile Montepulciano, należą do tych z górnej półki. Między Sieną a Florencją leży rejon Chianti Classico. Chianti jest chyba najsłynniejszym winem toskańskim – wytrawne, zwykle czerwone, często sprzedawane w oplatanych wikliną zielonych flaszkach o długiej, wąskiej szyjce, produkowane jest od XV w. Toskania jest znana również z Vin Santo, słodkiego i mocnego wina z winogron suszonych na słońcu na trzcinowych matach. Jest to jedno z najbardziej tradycyjnych win włoskich. Leżakuje zwykle trzy, cztery lata, nabierając gorzkawego posmaku i charakterystycznego aromatu karmelu.

Winnice przeważnie można zwiedzać od poniedziałku do piątku, ale zawsze, jeżeli jest taką możliwość, warto dowiedzieć się wcześniej, czy są otwarte.

Warto pamiętać, że wielu przysmaków dostarczają także umbryjskie lasy, kryształowo czyste strumienie i żyzne gleby. Kuchnia tego regionu, jedynego, który nie ma dostępu do morza, bazuje na wyjątkowo prostych produktach wiejskich, głównie makaronach i mięsie. Prostych nie znaczy tanich – Umbria słynie bowiem z trufli. Najlepsze *tartufo nero* (czarna trufla) osiąga zawrotne ceny – w sprzedaży detalicznej za kilogram płaci się nawet 1000 euro. Ich zbiór jest regulowany wieloma przepisami, a zbieracze muszą zdobyć specjalne pozwolenia. Atrakcję turystyczną mogą stanowić targi tych szlachetnych grzybów, zwanych również „kamieniami ziemi". Czarna trufla – *Tuber melanosporum*, zbierana jest od listopada do marca, a *Tuber aestivum* zbiera się latem. Trufle podaje się z makaronem, mięsem i rybami. W sezonie każde spaghetti bądź risotto może być podawane ze

startymi czarnymi lub białymi truflami. Zwiedzając Umbrię, należy skosztować wyjątkowego *spaghetti alla norcina* – z pikantnym sosem z anchois, oliwy i tartych czarnych trufli. Tradycyjną i polecaną potrawą jest również dzik z truflami (*cinghiale al tartufo*). Smakoszy mięs powinna skusić słynna *porchetta* – prosię z rożna nadziewane szałwią i rozmarynem, jagnięcina, dziczyzna, a także ptactwo, często wykorzystywane w pasztetach. Miastem słynącym z wyrobów wędliniarskich jest Norcia, czyli Nursja. Rzeźnicy tego miasta (*norcini*) uchodzą za najbieglejszych w swoim fachu. Mięso świni nabiera tutaj szczególnego aromatu i smaku, ponieważ zwierzęta karmione są paszą złożoną z żołędzi, jęczmienia i kukurydzy. Marynowane mięsa z Nursji, jak na przykład dojrzewająca przez rok szynka oraz przyprawiony czosnkiem wieprzowy karczek (*lonza*) cieszą się dużą popularnością. W rzekach łowi się przede wszystkim pstrągi i langusty, a w jeziorach węgorze, szczupaki, liny i kiełbie. Duża ilość rybnych dań sprawiła, że mieszkańcy Umbrii, pomimo braku dostępu do morza noszą przydomek *mangialische*, czyli „jedzący ości". Produkowana tutaj w tradycyjny sposób oliwa rywalizuje z toskańską. Najlepszy smak ma podobno oliwa tłoczona w rejonie Trevi i Spoleto, o charakterystycznym łagodnym aromacie. Niewątpliwie jedno z ważniejszych miejsc w tutejszym jadłospisie zajmuje soczewica – ważny surowiec do przyrządzania zup oraz dodatek do pasztetów i mięs (najlepsza pochodzi z okolic Piano de Castellucio). Nie sposób nie spróbować wonnych górskich serów.

Winnice Torgiano i Montefalco dostarczają wielu cennych gatunków win. Najczęściej uprawiane szczepy winne to Trebbiano, Sangiovese, Grechetto i Montepulciano. Zgodnie z zapiskami benedyktyńskich mnichów tradycje winiarskie Umbrii sięgają średniowiecza. W okolicach Spoleto, około 30 km na południowy wschód od Perugii, znajduje się Montefalco, region znany ze znakomitych czerwonych trunków. Znaną marką jest także białe wino Orvietto.

Język

Włoski nie jest trudny, a już dla kogoś, kto uczył się języka hiszpańskiego, nie będzie stanowić żadnego problemu. Oczywiście, jest wiele odmian języka włoskiego, ale posługujący się językiem literackim turysta powinien porozumieć się bez przeszkód.

Włosi z radością przyjmują każdą próbę posługiwania się ich językiem przez cudzoziemców: dokładają wszelkich starań, by zrozumieć przekręcane słowa i wybaczają pomyłki i niezręczności. Pogląd, że rzadko, zwłaszcza na Południu, mieszkańcy posługują się innym językiem niż ojczysty, jest daleki od prawdy. Oczywiście, znajomość na przykład angielskiego nie jest regułą, ale nie jest wcale tak rzadka. Warto jednak, choćby przez wzgląd na urok włoskiego, poznać podstawowe zwroty i słowa.

Tradycyjne oficjalne powitanie w ciągu dnia to *buongiorno*. Włosi odpowiedź często skracają, słyszy się więc samo *giorno*. Podobnie jest z *buonasera* – tutaj za odpowiedź wystarczy *sera*.

Oczywiście, najważniejszym włoskim słowem, wyrazem-kluczem, przerywnikiem i słowem podtrzymującym kontakt z rozmówcą jest *allora*. Słownik podaje kilka znaczeń tego magicznego słówka: „teraz, w tej chwili, wówczas, więc, a więc", z czego do popularnego przerywnika odnosi się to ostatnie, ale Włoch zapytany o wyjaśnienie znaczenia może mieć kłopoty. *Allora, ullora… Allora* to po prostu *allora*!

Warto zapamiętać kilka podstawowych zasad dotyczących wymowy:

c – przed „h" oraz spółgłoskami wymawia się jak „k"; podobnie postępujemy, gdy „c" poprzedzi samogłoski „a", „o" lub „u".

c przed „e", „i" – jak polskie „cz"

ch – „k"

g – przed samogłoskami „e", „i" jako „dż"; w połączeniach „gli" opuszczamy „g", wymawiając tego typu zestawienie jako „li"

gn – „ń"

qu –„ku"

s między samogłoskami – „z"

zz – „dzdz" lub „cc"

v – „w"

sch – „sk"

sci – „szi"

sce – „sze"

sc przed „a", „o", „u" – „sk"

z na początku wyrazu –z".

Podstawowe zwroty

Dzień dobry! *Buongiorno!*
  (używane do pory obiadowej)

Dobry wieczór!

Buonasera!
  (od pory obiadowej)

W którym	*Quale*
kierunku	*direzione*
mam iść do…?	*devo*
	prendere
	per…?
Jak mam	*Come faccio*
dojść do…?	*per andare a…?*
Czy to daleko?	*E lontano?*
Jak mogę tam	*Come posso*
dojechać?	*arrivarci?*

Czy mogę dojść	*Posso*
	andarci
tam na piechotę?	*a piedi?*
Nazywam się…	*Mi chiamo…*
Mieszkam w…	*Abito a…*
Ile kosztuje?	*Quanto costa?*
Prosto.	*Sempre diritto.*
W prawo.	*A destra.*
W lewo.	*A sinistra.*
Za skrzyżowaniem.	*Dopo*
	l'incrocio.
Gdzie?	*Dove?*
Kiedy?	*Quando?*
Jaki?	*Quale?*
Ile?	*Quanto?*
Dlaczego?	*Perche?*
Dziękuję	*Grazie*
Proszę	*Prego*
Jak?	*Come?*
Morze	*Mare*

Przystanek	*Fermata*
Następny	*Prossima*
przystanek	*fermata*
Córka	*figlia*
Syn	*figlio*
Siostra	*sorella*
Brat	*fratello*
Rodzina	*famiglia*
Bagaż	*bagaglio*
podręczny	*a mano*
Paszport	*passaporto*
Port	*porto*
Peron	*binario*
Pociąg	*treno*
Tani	*buon mercato*
Ser	*il formaggio*
Jutro	*domani*
Pojutrze	*dopodomani*
Dziś	*oggi*
Wyjeżdżam	*Parto*
jutro.	*domani.*
Przepraszam,	*Scusi, dove posso*
gdzie mogę	*comprare*
kupić bilet?	*il bilietto?*
Czy płacę	*Pago subito?*
od razu?	
Kiedy odjeżdża	*Quando parte*
następny	*il prossimo*
pociąg do…?	*treno per…?*
Czy muszę się	*Devo*
przesiadać?	*cambiare?*
Czy to miejsce	*E libero questo*
jest wolne?	*posto?*
Nie wiem.	*Non lo so.*
Przepraszam,	*Mi scusi, cerco*
szukam tego	*questo*
adresu.	*indirizzo.*
Jaką linią	*Che linea devo*
dojadę do…?	*prèndere*
	per…?

Czy tym	*Questo*
autobusem	*àutobus*
dojadę do…?	*va a…?*
Jakim autobusem	*Quale àutobus*
dojadę do…?	*va a…?*
Na którym	*A che fermata*
przystanku	*devo*
mam wysiąść?	*scèndere?*
Proszę się	*Si fermi,*
zatrzymać.	*per favore.*
Skąd odjeżdża	*Da dove parte*
autokar?	*il pullman?*
Ile kosztuje	*Quanto costa*
wstęp?	*l'entrata?*
Czy wstęp jest	*L'ingresso*
bezpłatny?	*è libero?*
Czy można	*È permesso fare*
robić zdjęcia?	*delle foto?*
Gdzie jest	*Dov'è*
najbliższy	*il supermercato*
supermarket?	*più vicino?*
Ile kosztuje	*Quanto costa*
kilogram?	*al chilo?*
Proszę mi	*Me lo può*
to zawinąć.	*avvolgere?*
Czy to długo	*Quanto tempo*
potrwa?	*dura?*
Ile kosztuje	*Quanto costa*
przewóz	*il traghetto di*
samochodu?	*una màcchina?*
Czy jest tu	*C'è un mèdico*
lekarz?	*qui?*
Gdzie są	*Dove sono*
toalety?	*i gabinetti?*
Czy dzieci mają	*C'è la riduzione*
zniżkę?	*per bambini?*
Proszę jeden	*Mi dìa un biglietto*
cały	
i jeden	*intero e uno*
zniżkowy do…	*ridotto per…*

Ile wynosi	*Quant'è*
dopłata	*il supplemento*
na InterCity?	*per l'Intercity?*

Napisy

Àcqua potàbile	*Woda zdatna*
	do picia
Agenzia viaggi	*Biuro*
	podróży
Alimentari	*Sklep*
	spożywczy
Chiuso	*Zamknięte*
Deviazione	*Objazd*
Entrata	*Wejście; wjazd*
	na autostradę
Gabinetti	*Toalety*
Macellerìa	*Sklep*
	mięsny
Non fumatori	*Dla niepalących*
Officina	*Warsztat*
meccànica	*samochodowy*
Ospedale	*Szpital*
Ostello per	*Schronisko*
la gioventù	*młodzieżowe*
Parchèggio	*Zakaz*
vietato	*postoju*
Passàggio	*Przejście*
pedonale	*dla pieszych*
Postèggio	*Parking*
a pagamento	*płatny*
Saldi	*Wyprzedaż*
Senso	*Ulica*
ùnico	*jednokierunkowa*
Sottopassaggio	*Przejście*
	podziemne
Stazione	*Stacja*
ferroviària	*kolejowa*
Vietato…	*Zabrania się…*
Vietato	*Palenie*
fumare	*wzbronione*

Informacje praktyczne

Zebrane informacje oraz praktyczne wskazówki pomogą przygotować się do podróży oraz tak zaplanować jej szczegóły, aby była przyjemnością i nie zmieniła się w ciąg nerwowych poszukiwań po omacku. Jadąc do Włoch, trzeba pamiętać, aby zabrać ze sobą tzw. przejściówkę, która pozwoli korzystać z włoskich gniazdek (tutejsze wtyczki mają przeważnie trzy bolce albo inny niż polski rozstaw). Nie wolno też zapomnieć o nakryciu głowy, wygodnych butach i kremach z filtrem.

Podróż

Lotniska międzynarodowe znajdują się w Mediolanie i Rzymie, a więc zarówno do Toskanii, jak i do Umbrii trzeba dojechać pociągiem, autobusem lub samochodem.

Pociągi we Włoszech łączą największe miasta regionów i chociaż są wygodnym środkiem lokomocji, często się spóźniają. Osoby posługujące się językiem angielskim lub włoskim bez problemu uzyskają wszelkie potrzebne informacje ze strony internetowej włoskich kolei państwowych www.trenitalia.com/en/index.html.

Wybierając się do Włoch samochodem, trzeba pamiętać, że włoskie autostrady są płatne. Aby uniknąć długiego czekania przed punktem poboru opłat, można zapłacić kartą kredytową w przeznaczonym do tego okienku. Można również zakupić magnetyczną kartę Viacard, odpowiednio za 25,50 lub 75 €. Kartę można nabyć w tzw. *Punto Blu* – punktach sprzedaży przy autostradach, w barach Autogrill, w niektórych bankach, kioskach oraz na stacjach benzynowych. Stanowe autostrady i drogi miejskie gwarantują szybkie połączenia, jednak w samych miastach panuje duży ruch i można utknąć w niejednym korku, dlatego też o wiele wygodniejszym rozwiązaniem jest pozostawienie samochodu na podmiejskim parkingu i zwiedzanie na piechotę. Może się również zdarzyć, że wjazd do niektórych średniowiecznych miasteczek, jak na przykład do toskańskiego San Gimignano, jest po prostu zabroniony.

Informacja, mapy, Internet

Niemal w każdym włoskim mieście działa większe lub mniejsze biuro informacji turystycznej – takie punkty są z reguły znaczone na planach. Można ich również szukać, korzystając z ulicznych znaków (mała literka „i" na żółtym tle), ale czasami w wielkich miastach nie przynosi to żadnych efektów, poza błądzeniem w kółko. W takiej sytuacji najlepiej po prostu zapytać kogoś o drogę. Placówki informacyjne zwykle dysponują materiałami reklamowymi. Najcenniejsze są oczywiście mapy i plany, ale czasami może się przydać folder reklamujący np. festiwal muzyczny czy teatralny, który w najbliższym czasie ma się odbyć w okolicy. Zawsze dobrym nabytkiem są książeczki o historii regionu, choć tu trzeba wykazać się minimalną znajomością języków obcych. Biura informacji turystycznej dysponują zazwyczaj rozkładami jazdy autobusów i pociągów.

Przed wyjazdem koniecznie trzeba się zaopatrzyć w dobrą mapę lub atlas. Godna uwagi jest mapa Włoch wydawnictwa Falk (1:600 000), gdzie zawarto plany miast (Bolonia, Florencja, Genua, Mediolan, Mesyna, Neapol, Palermo, Piza, Rzym, Siena, Turyn, Wenecja, Werona). Szczegółowa mapa Włoch adresowana do kierowców (seria Euro Cart; 1:800 000) obejmuje teren całej Italii, a także południe Niemiec, Tyrol i Szwajcarię. Dodatkowo oferuje plany 26 miast, m.in. Turynu, Werony, Padwy, Wenecji, Bolonii, Ankony, Florencji, Monte Carlo, Mediolanu, Triestu, Udine, Bolzano, Rzymu, Neapolu oraz Palermo. Wymienione wydawnictwa można kupić w sklepie internetowym Pascala: **www.pascal.pl**.

Zanim wsiądzie się do auta, by wyruszyć do Włoch, dobrze jest sprawdzić szczegóły podróży w Internecie. Bardzo przydatny w planowaniu trasy samochodowej jest serwis www.viamichelin.com. System opracowuje najkorzystniejszą trasę, a także szczegółowo przedstawia całą drogę.

Przed wyjazdem do Włoch, a także w trakcie podróży, jeśli tylko będzie ku temu okazja, warto odwiedzić włoskie strony informacyjne lub serwisy o Włoszech:

www.italia.gov.it – włoska strona rządowa

www.ostellionline.org – strona z hotelami i schroniskami we Włoszech

www.alice.it – włoski serwis informacyjny

www.best-hotel.pl/hotele-panstwo-Wlochy – przegląd włoskich hoteli

www.stranieriinitalia.it – magazyn dla cudzoziemców we Włoszech

digilander.libero.it/maxx85/hostels_in_italy_list_of_hostels.htm – miejsca noclegowe, a także garść przydatnych linków do stron o Włoszech

www.italiantourism.com – skarbnica wiedzy dla turysty

www.adnkronos.com – portal informacyjny

www.ansa.it – wiadomości z kraju i ze świata

www.ilsole24ore.com – o gospodarce, ale nie tylko

www.trenitalia.com – strona włoskich kolei

Komunikacja w regionie

W Toskanii komunikacja autobusowa jest bardzo dobrze rozwinięta. Również w Umbrii niemal do wszystkich miejscowości dotrzeć można autobusem z Perugii lub innych większych miast. Dla osób podróżujących na własną rękę pomocne mogą być strony: www.sena.it/index.htm oraz www.ibus.it/orario_autolinee.asp?idprov=perugia. Należy jednak stosunkowo wcześniej kupić bilety i upewnić się, że na dzień przejazdu nie przewidziano żadnego strajku.

Ceny

Toskania jest regionem zdecydowanie droższym niż Umbria, z bogatszą bazą hotelową i turystyczną, ale w miesiącach zimowych, zwłaszcza w styczniu i lutym, wiele hoteli jest zamkniętych. Pamiętać trzeba, że w czasie *Ferragosto* – włoskich letnich wakacji (w okresie poprzedzającym 15 sierpnia i późniejszym) większość lokali i restauracji jest nieczynna. Jeżeli ktoś planuje urlop właśnie w tych dniach, powinien zasięgnąć wcześniej szczegółowych informacji.

Ceny wstępu do muzeów i budowli zabytkowych kształtują się najczęściej na poziomie około 3–10 €. Trzeba jednak przygotować się na większy wydatek i długą kolejkę, chcąc zwiedzić Krzywą Wieżę w Pizie (15 €). W poniedziałki większość muzeów jest nieczynna, w tym również Galleria degli Uffizi we Florencji. Wstęp do muzeów państwowych dla obywateli unijnych często jest bezpłatny lub zredukowany o połowę, a więc warto mieć przy sobie dowód osobisty. Jeżeli zamierza się zwiedzić kilka muzeów lub galerii, warto rozważyć zakup karnetu zniżkowego. Opłata konieczna jest również w niektórych kościołach, szczególnie przy wejściach na wieże, z których roztacza się widok na miasto.

Noclegi

Włochy są dobrze przygotowane na przyjęcie turystów: jeśli spojrzeć na Półwysep Apeniński, to praktycznie sezon turystyczny trwa tu przez okrągły rok. Noclegi, w przeliczeniu na złotówki, nie są tanie, ale jakość świadczonych usług jest w większości przypadków zadowalająca.

Pod nazwą *alberghi* kryją się hotele o podwyższonym standardzie, zazwyczaj z pokojami, które posiadają prysznice. Hotele opatrzone jedną lub dwoma gwiazdkami to *pensione*. Tego rodzaju obiekty są przeważnie prowadzone przez rodziny: nie nadają się dla kogoś, kto chce wypoczywać w luksusie – bywa, że w tej kategorii zaledwie parę pokoi ma prysznice.

Locanda jest rodzajem gospody, gdzie można w miarę tanio zjeść, a oprócz tego przenocować. Turyści z ograniczonym budżetem powinni wziąć tę ofertę pod uwagę.

Alternatywą dla hoteli są pensjonaty typu B&B. Przed wyjazdem warto zajrzeć na stronę skupiającą ośrodki tego typu: www.bbitalia.it.

Na innego rodzaju turystów są nastawieni właściciele willi wynajmowanych na lato. Tutaj

Ceny noclegów

W przewodniku przyjęto następujące kategorie cenowe miejsc noclegowych:

① do 20 € od osoby

② do 60 € za pokój 2-osobowy

③ do 100 € za pokój 2-osobowy

④ do 150 € za pokój 2-osobowy

⑤ powyżej 150 € za pokój 2-osobowy

Lektury obowiązkowe

O Włoszech napisano obszerne tomy – przeczytanie całej literatury poświęconej Italii czy też inspirowanej jej fenomenem, zajęłoby długie lata, jeśli w ogóle byłoby możliwe. Warto jednak sięgnąć na półkę: lektura „włoskich" książek przed podróżą na Półwysep Apeniński wyostrzy smak, a w trakcie wojaży i po ich zakończeniu wydobędzie z głównego dania nowe nuty.

Do podróżnej torby warto włożyć coś z poniższej listy:
* Zbigniew Herbert: *Barbarzyńca w ogrodzie*
* Josif Brodski: *Znak wodny*
* Marek Zagańczyk: *Droga do Sieny*
* Andre Chastel: *Sztuka włoska*
* Jakub Burckhardt: *Kultura Odrodzenia we Włoszech*
* Heinrich Decker: *Renesans we Włoszech*
* Kazimierz Chłędowski: *Siena*
* Kazimierz Chłędowski: *Rokoko we Włoszech*
* Kazimierz Chłędowski: *Dwór w Ferrarze*
* Barbara Beuys: *Florencja: świat miasta – miasto świata*
* Ruggiero Romano: *Między dwoma kryzysami. Włochy renesansu*

* Raymond Block: *Etruskowie*
* Aleksander Niemirowski: *Etruskowie*
* Joanna Olkiewicz: *Z dziejów Florencji*
* Józef Antoni Gierowski: *Historia Włoch*
* Ferdynand Gregorovius: *Wędrówki po Włoszech*
* Paweł Muratow: *Obrazy Włoch*
* Guido Piovene: *Podróż po Włoszech*
* Jarosław Iwaszkiewicz: *Podróże do Włoch*
* Wojciech Karpiński: *Pamięć Włoch*
* Niccolà Macchiavelli: *Historie florenckie*
* Capponi-Borawska Tessa *Dziennik Toskański*
* Roman Brandstaetter, *Kroniki Asyżu*

A oprócz tego na włoską wyprawę można zabrać *Pod słońcem Toskanii* i *Bella Toskania* napisane przez Frances Mayes.

w grę wchodzi zasobność portfela – taki luksus bywa najczęściej bardzo drogi. Duży koszt rekompensuje spokój, jakiego nie można doświadczyć w hotelu. Jeżeli zamierza się odwiedzić rejon popularny wśród turystów, najlepiej rezerwować miejsce odpowiednio wcześnie. Oferty są dostępne w Internecie.

Pod względem rozwoju agroturystyki pierwsze miejsce zasłużenie zdobyły Umbria i Toskania. Tutaj gospodarstw tego typu jest najwięcej i są na najwyższym poziomie (www.agriturismoinitalia.com).

Dla tych, którzy nie zapomnieli obozów harcerskich, Włochy mogą stać się uroczą krainą biwakową – wędrówka z namiotem przez Italię jest jak najbardziej możliwa, choć ceny kempingów (zwłaszcza w sierpniu w popularnych miejscowościach turystycznych) nie są wcale niskie. Na wybrzeżu z polami namiotowymi nie ma najmniejszego problemu; gorzej, jeżeli ktoś będzie chciał zwiedzać środek kraju – tu kempingi są rzadsze. Podobnie jak hotele, podlegają klasyfikacji, choć niekiedy

różnice między trzema gwiazdkami a czterema polegają jedynie na ilości flag wywieszonych przed bramą. Do standardu należy sklep w obrębie obiektu, bar czy pizzeria. Bywa, że trzeba osobno zapłacić za ciepłą wodę. Warto wziąć pod uwagę, że nie wszystkie obiekty akceptują płatność kartą.

Gastronomia

Włoskie śniadania nie należą do obfitych. Dla tych, którzy przyzwyczaili się pochłaniać rano ogromne ilości kanapek, wędliny i sałatek, klasyczne włoskie menu śniadaniowe może się okazać ciężką próbą. Na poranny posiłek (*prima colazione*; to jedna z pułapek, jakie zastawia na Polaków język włoski: innym przykładem tego, na jakie manowce może doprowadzić brzmieniowe podobieństwo słów, jest np. wyraz *ubicazione* – położenie, lokalizacja, czy *panna* – śmietana) podaje się *espresso* albo cappuccino, a do tego drożdżówkę – *brioche*.

Obiad to dowód na to, że Włosi jednak coś jedzą. *Pranzo* składa się z przystawki (*antipasto*), pierwszego dania (*primo*) w postaci makaronu, ryżu lub zupy i wreszcie z dania głównego (*secondo*), na które podaje się mięso, rybę i warzywa. Posiłek kończy napój – na stole pojawia się kawa albo alkohol (może to być np. wódka winogronowa, czyli słynna grappa, albo likier *amaro*). Kolacja – *cena* – przypomina obiad; coraz częściej zresztą się zdarza, że to właśnie ona jest traktowana jako główny posiłek.

Kto nie ma czasu albo ochoty przygotowywać posiłków na własną rękę lub nie chce wydawać pieniędzy w restauracjach, może się z powodzeniem żywić w ulicznych punktach gastronomicznych. Nie brakuje w nich najróżniejszych odmian pizzy (raczej należy się wystrzegać lokali rzucających się w oczy bogatym wystrojem: złocenia i wymyślne liternictwo na szyldzie wcale nie gwarantują jakości pizzy, dają natomiast 99% pewności, że cena będzie wysoka; często proste, na pierwszy rzut oka nieco zaniedbane punkty ze zwykłą ladą i dwoma albo trzema krzesłami serwują wyborną pizzę za przyzwoitą cenę). Gatunków pizzy jest we Włoszech – lekko licząc – tyle, ilu Włochów. Okrągłe, prostokątne, kwadratowe, na zimno, na ciepło, z grubym serowym kożuchem lub słodkimi pomidorami – dla smakoszy Italia będzie prawdziwym rajem.

W przerwie między zwiedzaniem można się posilić kanapką, a *panini* mają wiele postaci. Bywają małe, przełożone tylko szynką, ale są i takie, które przygotowuje się z bułkowego chleba z grubymi plastrami wędliny, pomidorem, majonezem i przyprawami. Za kanapkę-giganta trzeba zapłacić około 3 €. Aby kupić taką przekąskę, trzeba odwiedzić bar kanapkowy (*paninoteca*) lub poprosić w sklepie spożywczym (*alimentari*) o przyrządzenie posiłku. Nie trzeba się przejmować nieznajomością języka: wystarczy powiedzieć „panino" i wskazywać ręką na składniki wystawione w chłodni. Czasem kanapka jest podawana na ciepło; jeśli na taką ma się ochotę, zawsze można sobie zażyczyć podgrzania.

Do kanapki można zamówić piwo: jest dostępne w niemal każdym sklepie spożywczym, a także piekarni czy cukierni. Piwo jest najczęściej sprzedawane w dwóch rodzajach butelek o różnej pojemności: *birra piccola* (0,33 l) lub *grande* (0,66 l); są też większe butelki o pojemności 1 l. W zależności

od miejsca zakupu, za krajowe piwo 0,66 l trzeba zapłacić od 0,80 (supermarkety) do 1,50 €. W restauracjach, rzecz jasna, ceny będą wyższe.

Zakupy

Włochy są krajem dość drogim, zwłaszcza dla przybyszów z Polski. Jeśli tylko jest taka możliwość, najprostsze zakupy (jedzenie, picie, przybory toaletowe) najlepiej robić w dużych sklepach (*supermercato*) lub na targach (*mercato*).

Włoskie sklepy są otwarte w poniedziałkowe popołudnia i od wtorku do soboty (godziny pracy: 9.00–13.00 i 15.30/16.00–19.30/20.00). W czasie wakacji sklepy są zamknięte w sobotnie popołudnia, w zamian za to pracują w poniedziałki rano. Zdarzają się także dłuższe przerwy świąteczne i wakacyjne.

Italia to kraj zakupów. W zimie i w lecie podczas spaceru uwagę zwraca jedno słowo obecne na wystawie każdego sklepu: *saldi*. Trudno się oprzeć wrażeniu, że w tym czasie cały włoski handel opiera się na trwającej nieustannie wyprzedaży. Jeśli ma się trochę czasu w zapasie, zawsze warto wstąpić do sklepu i porównać cenę produktu z innymi ofertami.

Poczta i telekomunikacja

Uffici postali w tygodniu pracują zazwyczaj od 8.00 do 13.30, a w soboty od 8.00 do 11.45. W placówkach w dużych miastach okienka są czynne także w godzinach popołudniowych.

Telefony we włoskich budkach działają wyłącznie na karty telefoniczne (*carta telefonica*), dostępne w kioskach i barach, a także na poczcie. Dzwoniąc do Włoch, należy wybrać numer kierunkowy kraju (0039), a potem numer miasta i rozmówcy. Kierunkowy do Polski: 0048.

Połączenia miejscowe i zamiejscowe realizuje się, wybierając numer kierunkowy, a potem numer docelowy. Na telefon komórkowy dzwoni się, pomijając zero. Głównymi operatorami sieci komórkowych są TIM, Omnitel, Wind i Blu.

Numery alarmowe: policja (*carabinieri*): 112, pomoc w nagłych wypadkach: 113, straż pożarna: 115, pomoc drogowa (ACI): 116, pogotowie: 118. Połączenie z numerami alarmowymi jest bezpłatne.

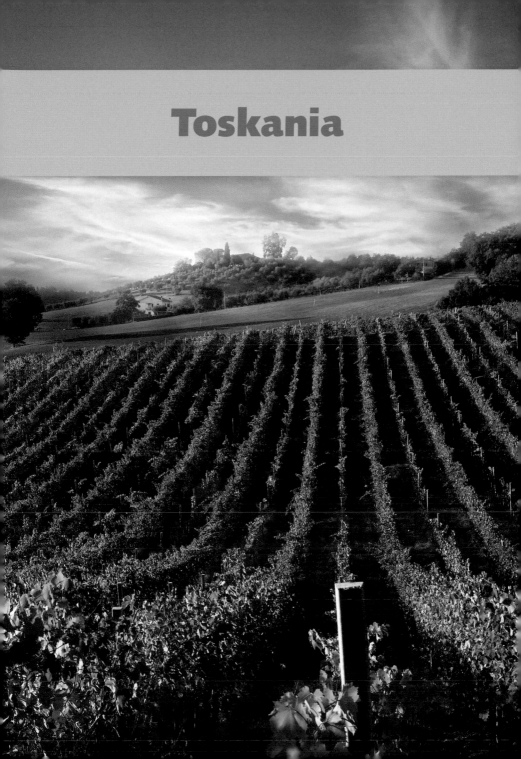

Toskania

Florencja i okolice

Florencja i okolice • GŁÓWNE ATRAKCJE

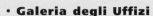

- **Katedra Santa Maria del Fiore**
  Budowa obecnej katedry zakończyła się
  w 1436 r., kiedy Filippo Brunelleschi przykrył
  całą konstrukcję kopułą, największą od
  czasów starożytnych. Bogato zdobiona,
  biało-zielona fasada z marmuru tworzy
  kontrast z surowym wnętrzem.

- **Galeria degli Uffizi**
  W pałacu Uffizi, swego czasu przeznaczonym
  na biura (wł. *uffizi*), mieści się dzisiaj
  najcenniejsza kolekcja renesansowej sztuki na
  świecie, zgromadzona głównie przez potężną
  rodzinę Medyceuszów i przekazana
  Florencji w 1737 r.

- **Loggia dei Lanzi**
  W południowej flance Piazza della Signoria
  wyróżnia się Loggia dei Lanzi z 1382 r., gdzie
  niegdyś spotykano się w celach towarzyskich,
  a dziś po to, aby podziwiać wspaniałe
  późnorenesansowe rzeźby (oryginały lub
  kopie), m.in. *Perseusza* Celliniego (1545),
  Porwanie Sabinek Giambologny oraz *Judytę
  i Holofernesa* Donatella.

- **Palazzo Medici-Riccardi**
  Warowny pałac zbudowany dla Kosmy
  Starego w latach 1444–1452 to wzorzec
  florenckiego pałacu renesansowego.

Florencja

Florencja (Firenze) to miasto malarzy i architektów, poetów i humanistów, bankierów i książąt, kolebka renesansu, jednym słowem: symbol. Nawet w szczycie sezonu, gdy najazd turystów przybiera trudne do zniesienia rozmiary, przed kościołami i muzeami widać kolejki, a ceny szybują w górę, jej pięknu trudno się oprzeć. Spotkanie z Florencją może być ekscytującym przeżyciem, ale by w pełni docenić jej walory, trzeba poświęcić jej nieco czasu, a przy tym pozbyć się zgubnej chęci zobaczenia wszystkiego. Nie zawadzi za to przed przyjazdem przyswoić sobie pewną wiedzę z historii czy historii sztuki, co wydatnie pomoże docenić i zrozumieć to wspaniałe miasto. Kto chce mieć jakieś pojęcie o jego głównych zabytkach, powinien spędzić w nim co najmniej trzy dni. Osoby, które mają mniej czasu, najlepiej zrobią, pokonując trasę od **bazyliki Santa Maria Novella** (obok dworca), przez **kościół San Lorenzo**, Piazza del Duomo (z **katedrą** i **baptysterium**), kościół **Orsanmichele** i **Piazza della Signoria** do **Ponte Vecchio**; do wąskiej grupy najciekawszych z najciekawszych zabytków należy także **kościół Santa Croce**, nieco w bok od tej trasy. Spośród muzeów najważniejsze są **Uffizi**, za którymi plasują się **Bargello**, **Akademia** i **Galleria Palatina**. Zwiedzenie każdego z nich zabiera, przy największym pośpiechu, co najmniej półtorej godziny, dlatego dysponując małą ilością czasu, lepiej zainteresować się jednym z mniejszych, np. **katedralnym** czy **San Marco**. Z pierwszorzędnych, a mniej

popularnych atrakcji na pierwszym miejscu trzeba wymienić **kaplicę Brancaccich** w Santa Maria del Carmine. Najpiękniejsze panoramy miasta rozciągają się z **Piazzale Michelangelo** i spod **kościoła San Miniato al Monte**.

Brzegi rzeki Arno łączą piękne stare mosty.

FLORENCJA

Piazza della Costituzione
Via 20 Settembre
Viale Giovanni Milton
Viale Filippo Strozzi
Via Lorenzo Il Magnifico
Viale Cassia
Viale Spartaco Lavagnini
Via B. Lupi
Via della Ghiacciaia
Via G. Monaco
Via Belfiore
Via Cittadella
Via della
Via di Barbano
Via di Santa Caterina d'Alessandria
Via S. Reparata
Viale Filippo Strozzi
Piazza dell'Indiepedenza
Via S. Zanobi
Via Nazionale
Via 27 Aprile
Via S. Gallo
Museo di S. Marco
Viale Fratelli Rosselli
Via I. da Diacceto
Via Luigi Alamanni
Via Cennini
Via B. Via Faenza
Via Guelfa
Via Guelfa
Via Nazionale
Via S.
Via Camillo Cavour
Piazza San Marco
Accademia
Plazzale di Porta
Via della Scala
Stazione Santa Maria Novella
Piazza Adua
Via Fiume
Piazza Mercato Centrale
Via Taddea
Via Ricasoli
Via Valfonda
Piazza della Stazione
Via Sant'Antonino
Cappelle Medicee
Via dei Ginori
Palazzo Medici--Riccardi
Via Il Prato
Via degli Orti Oricellari
Santa Maria Novella
Piazza dell·Unita Italiana
Via del Giglio
Via de' Conti
San Lorenzo
Borgo San Lorenzo
Via de' Pucci
Via dei Servi
Via Montebello
Borgo Ognissanti
Via del Moro
Via del Palazzuolo
Via della Scala
Piazza Santa Maria Novella
Via dei Banchi
Baptysterium
Piazza S. Giovanni
Katedra i kampanila
Via de' Martelli
Museo dell'Opera del Duomo
Piazza del Duomo
Via dell'·
Ognissanti
Lungarno Amerigo Vespucci
Ponte Vespucci
Via della Spada
Via de' Fossi
Via del Sole
Via de-Pecori
Via de'Vecchietti
Via de·Tosinghi
Piazza della Repubblica
Via del Corso
Borgo d.
Via de' F
Palazzo Rucellai
V. della Vigna Nuova
Palazzo Strozzi
Santa Trinit·
Orsanmichele
Chiesa di Dante
Badia Fiore·n
Arno
Lungarno Corsini
Via Porta
Mercato Nuovo
Piazza San Firenze
Bargello
Via Angu·
Ponte alla Carraia
Lungarno Soderini
Piazza di Cestello
Borgo San Frediano
Lung. Corsini
Via Porta
Via S. Maria
Piazza della Signoria
Palazzo Vecchio
Via del Ner·
Piazza de·Nerli
Lungarno degli Acciaioli
Ponte Vecchio
Uffizi
Piazza Mentana
Via dell·Orto
Piazza del Carmine
Via Santa Monica
Lungarno Guicciardini
Via di Santo Spirito
Borgo San Jacopo
Corridoio Vasariano
Lung. Gen. Diaz
Santa Maria del Carmine
Via della Chiesa
Santo Spirito
Via S. Agostino
Piazza di Santo Spirito
Via dello Sprone
Via de·Guicciardini
Santa Felicita
Lungarno Torrigiani
Via de·Bardi
Ponte alle Grazie
Via del Campuccio
Via Santa Maria
Via delle Caldaie
Borgo Tegolaio
Via Maggio
Piazza de·Pitti
Palazzo Pitti
Vicolo della Cava
Costa di San Giorgio
Via di San·
Viale Francesco Petrarca
Via Gusciana
Via de Serragli
Via Romana
OLTRARNO
Via di San Leonardo
Via di ·
Via I. Pindemonte
Piazza Calza
Giardino di Bobola
Piazza Calza
N
0   200 m

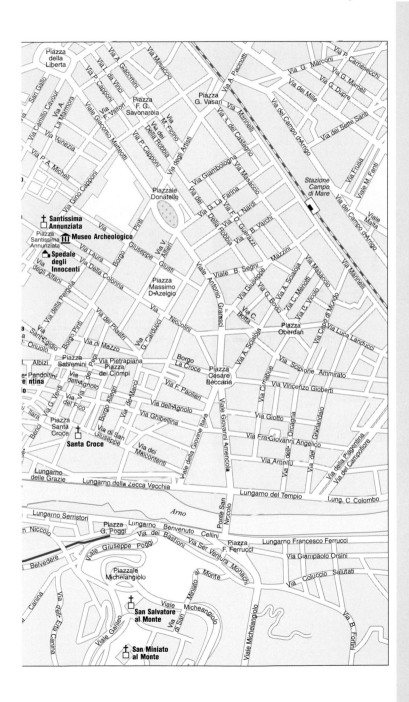

Historia

Założona w 59 r. p.n.e. Florentia była rzymską kolonią, w której Juliusz Cezar osadził wojennych weteranów. W średniowieczu należała kolejno do Gotów, Longobardów, miejscowych biskupów i hrabiów Toskanii, by po śmierci Matyldy Toskańskiej (1115) przekształcić się w samorządną republikę. Szybko rosnące w siłę miasto-państwo stało się wkrótce areną walk między zwolennikami papieża (gwelfami) i cesarza (gibelinami). Ci pierwsi byli w większości kupcami i rzemieślnikami zrzeszonymi w cechach, drudzy – osiadłymi w mieście rycerzami, zajmującymi się najchętniej wojaczką. W 1260 r., dzięki militarnej interwencji procesarskiej Sieny, gibelinom udało się odsunąć cechy od rządów, ale już 6 lat później gwelfowie odzyskali wpływy. Stara arystokracja została wypędzona, a władza znalazła się w rękach wielkich mieszczańskich rodów, żyjących z produkcji i handlu suknem oraz z operacji finansowych. Od 1254 r. republika biła własną monetę o stałej zawartości złota, zwaną florenem. Na przełomie XIII i XIV w. licząca około 100 tys. mieszkańców Florencja była jednym z kilku największych miast kontynentu. Pod względem gospodarczym i politycznym szybko odsunęła w cień silniejszych dotąd sąsiadów: Pizę, Lukkę i Sienę. Stała się też potęgą kulturalną, jako jedno z głównych ognisk protorenesansu, miastem Cimabuego, Giotta di Bondone i Dantego, a później także Petrarki i Bocaccia. Obok rozkwitu kulturalnego XIV w. był naznaczony także wieloma wstrząsami. Gdy wyszło na jaw, że podczas wojny między Anglią i Francją chytrzy Florentyńczycy udzielili pożyczek obu stronom konfliktu, angielski monarcha uznał, że go oszukano i odmówił zwrotu bajońskiego długu, co wywołało upadek największych florenckich banków (m.in. Peruzzich i Bardich). Choć nawracające epidemie (największa w 1348 r.) i wystąpienia biedoty zatrudnianej przy obróbce wełny (1378) pogłębiły kryzys, pod koniec XIV stulecia miasto odzyskało formę. U progu następnego wieku stało się areną jednego z najważniejszych wydarzeń w dziejach Europy – narodzin renesansu, promieniującego stąd na całą Italię, a później na resztę kontynentu. Ten wielki przełom umysłowy i artystyczny zbiegł się ze zdominowaniem republiki przez Medyceuszy, pod których rządami Florencja przeżyła w XV w. okres największego rozkwitu. Miasto ozdabiali najwybitniejsi artyści tamtych czasów: architekci Brunelleschi, Michelozzo i Alberti, rzeźbiarze Ghiberti, Donatello i Verrocchio, malarze Masaccio, Ghirlandaio i Boticelli, by poprzestać na tych najbardziej znanych. Czasy stabilizacji skończyły się wraz z wybuchem wojny między Francją a Hiszpanią o podział

wpływów we Włoszech. Korzystając z zamieszania, mieszczanie dwukrotnie buntowali się przeciw Medyceuszom (1494 i 1527), którym jednak za każdym razem udawało się odzyskać władzę siłą. Pomimo tych dramatycznych wydarzeń Florencja zachowywała pozycję ośrodka kulturalnego o pierwszorzędnym znaczeniu. Z miastem byli związani m.in. Leonardo da Vinci, Michał Anioł i Niccolò Machiavelli. Od połowy XVI w. zaczęła się powolna stagnacja, zrazu niezauważalna, a z czasem przybierająca na sile. Florencja była co prawda stolicą rządzonego przez Medyceuszy Księstwa Toskanii, ale straciła rangę gospodarczą, a w końcu także artystyczną. Ponownie ożyła dopiero po zjednoczeniu Włoch, przez kilka lat pełniąc nawet funkcję stolicy niepodległej Italii. Z ostatniej wojny wyszła obroną ręką, choć w 1944 r. wycofujące się wojska niemieckie wysadziły w powietrze prawie wszystkie mosty. Groźniejsza w skutkach była wielka powódź w 1966 r., gdy rzeka Arno zalała niektóre ulice centrum do wysokości ponad 5 m.

Typowa średniowieczna uliczka we Florencji.

Panorama Florencji z górującą kopułą katedry.

• Katedra Santa Maria del Fiore;
Wnętrze;
pn.–śr. i pt. 10.00–17.00,
czw. i pierwsza sb.
miesiąca 10.00–15.30,
pozostałe soboty
10.00–16.45, nd.
13.30–16.45; bezpł.;
latem długie kolejki.

Zabytkowe centrum Florencji –
opasane niegdyś fortyfikacjami –
rozciąga się po obu stronach rzeki Arno
i jest bardzo rozległe. Najważniejsze
atrakcje skupiają się na stosunkowo
niewielkim obszarze, na prawym
brzegu, w rejonie Piazza del Duomo
i Piazza della Signoria.

Piazza del Duomo

Uwaga zwiedzających koncentruje się
na ogół w pierwszym rzędzie na Piazza
del Duomo – rozległym placu
w centrum, niemal w całości zajętym
przez ogromną katedrę. Tuż obok stoją
dzwonnica (kampanila) i baptysterium.

Symbolem miasta i przedmiotem
największej dumy florentyńczyków była
i jest katedra **Santa Maria del Fiore**
(Matki Boskiej Kwietnej). Gigantyczne
rozmiary bazyliki, a zwłaszcza kopuły,
sprawiają, że jest doskonale widoczna
z wielu miejsc *centro*, stanowiąc
najbardziej charakterystyczny element
w panoramie. Budowę gotyckiej
świątyni rozpoczął **Arnolfo di
Cambio**, wybitny rzeźbiarz i architekt,
w 1296 r. Konsekracja nastąpiła
w 1436 r., ale prace wykończeniowe
ciągnęły się jeszcze długo. Neogotycka
fasada, krytykowana za nadmiar
dekoracji, powstała dopiero w latach
1871–1887.

Osobny rozdział w historii kościoła
stanowią dzieje wznoszenia kopuły,

Imponująca kopuła
florenckiej katedy
projektu Filippa
Brunelleschiego.

ukończonej dopiero w XV w. Gdy był
już gotowy ośmioboczny bęben
(tambur), na którym miała spocząć
potężna czasza, pojawił się poważny
problem, bowiem kopułę trudno było
wznosić przy pomocy tradycyjnych
rusztowań (mówiono, że całej Toskanii
zabrakłoby lasów do ich budowy).
Poszukując nowych rozwiązań,
w 1418 r. rozpisano konkurs na projekt.
Zwycięzcą okazał się **Filippo
Brunelleschi**, znany dotąd jako złotnik
i rzeźbiarz, który zaproponował budowę
lekkiej drewnianej konstrukcji opartej
na murach tamburu. Już w trakcie prac
okazało się, że jako członek cechu
złotników Brunelleschi nie ma
uprawnień do prowadzenia robót
budowlanych, więc artysta trafił do
więzienia. Na szczęście przyjęto go
szybko do cechu murarzy, co pozwoliło
mu odzyskać wolność i kontynuować
pracę. Kopuła ma wysokość 107 m, przy
maksymalnej rozpiętości 45,5 m.
Latarnię na szczycie ukończono 15 lat
po śmierci Brunelleschiego – w 1461 r.

Wnętrze, mimo zawrotnej
wysokości, ma bardzo wyważone
proporcje. Spokojny rytm szeroko
rozstawionych filarów poszerza
optycznie pomieszczenie i nadaje mu
dostojny, uroczysty charakter. Witraż
przedstawiający *Wniebowzięcie Maryi*
w okrągłym oknie fasady wykonano
według projektu Lorenza Ghibertiego.

Zwiedzanie muzeów

Wstęp do najciekawszych muzeów Florencji trzeba okupić staniem w kolejce, dlatego warto zawczasu
pomyśleć o rezerwacji biletów. W szczycie sezonu jest ona wręcz niezbędna, gdyż czekanie może się
przeciągnąć nawet do kilku godzin. **Firenze Musei** zajmuje się rezerwacją wejściówek do większości placówek;
można jej dokonać telefonicznie po włosku lub angielsku (☎055/294883; pn.–pt. 8.30–18.30, sb. 8.30–12.30;
3 € za bilet; dodatkowe informacje: www.firenzemusei.it). Należy się uzbroić w cierpliwość, gdyż
dodzwonienie się do biura jest dużą sztuką. Drożej (z reguły około 5 €) kosztuje rezerwacja przez Internet
(np. www.florenceart.it, www.weekendafirenze.com). Zabukowanie biletu można również zlecić niektórym
hotelom (tym z górnej półki).

• **Taras widokowy pod szczytem kopuły**; osobne wejście od zewnątrz; pn.–pt. 8.30–19.00, pierwsza sb. miesiąca 8.30–16.00, pozostałe soboty 8.30–17.40; 6 €.

• **Podziemia**; pod zachodnią częścią głównej nawy; pn.–pt. 8.30–19.00, pierwsza sb. miesiąca 8.30–16.00, pozostałe sb. 8.30–17.40; 3 €.

• **Dzwonnica**; codz. 8.30–19.30; 6 €.

Fasada katedry Santa Maria del Fiore.

W lewej nawie warto się przyjrzeć dwóm okazałym malowidłom z konnymi portretami kondotierów, którzy za zasługi dla miasta dostąpili wyjątkowego zaszczytu pochowania w katedrze. Pierwszy portret, wykonany przez Paola Uccella w 1436 r, wyobraża Anglika **Johna Hawkwooda**, i charakteryzuje się monochromatyczną, zgaszoną kolorystyką. Autorem drugiego fresku, młodszego o 20 lat, przedstawiającego **Niccola da Tolentina**, był Andrea del Castagno. Oba dzieła są przykładami typowej dla renesansu gloryfikacji jednostki. Uwagę przyciąga wzorzysta marmurowa posadzka kościoła, choć o jej pięknie można się przekonać dopiero z wysokości kopuły. Wnętrze tej ostatniej wypełniają **freski Giorgia Vasariego** i **Federica Zuccariego** z lat 1572–1579, przedstawiające *Sąd Ostateczny*. Niestety, pod względem

artystycznym malowidło nie dorównuje architekturze Brunelleschiego. Za ołtarzem zwracają uwagę portale do dwóch zakrystii: starej (po lewej) i nowej (po prawej), ozdobione terakotowymi reliefami z XV w. Ich autor, Luca della Robbia, był także twórcą brązowych drzwi do nowej zakrystii, które swego czasu ocaliły życie Wawrzyńcowi Wspaniałemu.

Niebywałą atrakcją jest wspinaczka na **taras widokowy pod szczytem kopuły**, skąd z wysokości ponad 90 metrów można spojrzeć na Florencję. Do najbardziej emocjonujących momentów należy spacer galerią obiegającą kopułę od środka: widok jej gigantycznego wnętrza wywołuje niezapomniane wrażenie. Widać stąd witraże w okrągłych oknach tamburu, zaprojektowanych w XV w. przez florenckich artystów: Donatella, Ghibertiego, Uccella i del Castagna. Czasza kopuły składa się z dwóch powłok, spiętych pierścieniami i żebrami. Wewnątrz jednego z żeber mieści się klatka schodowa, prowadząca z galerii na szczytowy taras.

Spacer po bazylice można zakończyć wizytą w **podziemiach**, gdzie są eksponowane pozostałości poprzedniej katedry, **Santa Reparata**, przebudowanej w czasach karolińskich. Jest tu także nagrobek Brunelleschiego, odkryty przez archeologów w 1972 r.

Kampanila Budowę katedralnej **dzwonnicy** zainicjował w 1334 r. Giotto di Bondone i jest to jedyna znana praca architektoniczna tego sławnego malarza. Zdołał on wznieść jedynie najniższą kondygnację, później budowę prowadzili Andrea Pisano i Francesco Talenti. Całość ukończono w roku 1359. Pierwotny projekt

przewidywał zwieńczenie
dzwonnicy smukłym gotyckim
hełmem, który ostatecznie
zastąpiono płaskim tarasem.
Wieża ma 85 m wysokości.
Jeżeli do wyjścia na kopułę
katedry jest kolejka, warto
wejść na kampanilę,
znacznie mniej popularną.
Panorama, choć nieco
mniej rozległa od widoku
z kopuły, jest równie
efektowna.

   Elewacje dzwonnicy są
pokryte wielobarwną
dekoracją geometryczną,
typową dla
średniowiecznej
architektury toskańskiej,
oraz płaskorzeźbami

**85-metrowa
dzwonnica katedry.**

i posągami z XIV i XV w. Większość
z nich zastąpiono współczesnymi kopiami,
oryginały zaś umieszczono w muzeum
katedralnym. Reliefy najniższej
kondygnacji przedstawiają stworzenie
Adama i Ewy oraz pracę na roli, którą
musieli podjąć jako pokutę po wygnaniu
z raju. Widać tu również symboliczne
przedstawienia planet, cnót, sakramentów,
personifikacje sztuk wyzwolonych i sztuk
mechanicznych (przez sztuki wyzwolone
rozumiano zajęcia wymagające wysiłku
intelektualnego, do drugiej grupy
zaliczano te dziedziny działalności
człowieka, które łączyły się z pracą
fizyczną). W wyższych partiach wieży,
w niszach umieszczono rzeźby św. Jana
Chrzciciela, starotestamentowych
proroków i mitologicznych sybilli.

•Baptysterium;
pn.–sb. 12.00–19.00,
nd. 8.30–14.00; 3 €.

Baptysterium Ośmioboczna
budowla widoczna przed fasadą
bazyliki powstała w XI w.
Charakteryzuje się tak doskonałymi
proporcjami, że tak studiowali ją artyści
renesansu, przekonani, że mają do
czynienia z antyczną świątynią Marsa.
Na ich usprawiedliwienie trzeba dodać,
że przy wznoszeniu baptysterium
posłużono się detalami
architektonicznymi pochodzącymi
z rzymskich budowli. Sławę budynek
zawdzięcza **trzem parom brązowych
drzwi** z XIV i XV w., stanowiącym
milowe kroki w historii europejskiej

rzeźby. Najstarsze wrota, odlane
w 1336 r. według projektu **Andrei
Pisana**, umieszczono od strony
południowej. Każde z dwóch skrzydeł
jest pokryte czternastoma
płaskorzeźbami opowiadającymi dzieje
św. Jana Chrzciciela. Obiegającą drzwi
brązową bordiurę dodano w XV w. –
reprezentuje już pełny renesans – a nad
portalem umieszczono manierystyczną
rzeźbę *Ścięcie św. Jana* (Vincenzo Danti,
1571). Drugie pod względem
chronologicznym są wrota po
północnej stronie (wchodzi się przez
nie do wnętrza), poświęcone
wydarzeniom ze Starego Testamentu.
Władze miasta, chcąc wybrać jak
najlepszego wykonawcę, rozpisały
w 1401 r. konkurs, którego tematem
była płaskorzeźba przedstawiająca
ofiarę Izaaka. Wśród zgłoszonych prac
wyróżniały się dwie: **Lorenza
Ghibertiego** i **Filippa
Brunelleschiego** (obie można dziś
oglądać w Bargello). Ostatecznie
zwycięstwo przyznano Ghibertiemu,
który przez długie lata (1403–1424)
zajmował się realizacją projektu.
W czasie prac nad płaskorzeźbami
powoli uwalniał się od średniowiecznej
konwencji stylowej, coraz większą
uwagę przywiązując do prawidłowego
oddania realiów. Treścią reliefów są
epizody z Nowego Testamentu. Pełnię
kunsztu Ghiberti objawił przy realizacji

Krew w katedrze

25 kwietnia 1478 r. we florenckiej katedrze rozegrały się wydarzenia dobrze obrazujące zaciętość, z jaką
walczono o władzę we włoskich miastach. Klan Pazzich, zazdrosny o wpływy, które były udziałem Medyceuszy,
postanowił zgładzić rywali: Wawrzyńca (wkrótce nazwanego Wspaniałym) i jego młodszego brata, Giuliana.
Działając w porozumieniu z arcybiskupem Sieny i papieżem, spiskowcy postanowili przeprowadzić zamach
w katedrze, po zakończeniu niedzielnej sumy. Gdy kapłan ogłosił koniec nabożeństwa, siepacze – wśród nich
duchowni – rzucili się na ofiary. Giuliano zginął zakłuty sztyletami, ranny Wawrzyniec zdołał zabarykadować się
w zakrystii, skąd uratowała go odsiecz. Potem nastąpiła krwawa rozprawa z zamachowcami, uliczne
samosądy, egzekucje i represje. Ród Pazzich nie wrócił już nigdy do dawnej świetności.

Trzecie drzwi
wejściowe do
katedry to wykonane
ze złoconego brązu
Rajskie Wrota
Lorenza Ghibertiego.

Pietà Michała Anioła, Museo dell'Opera dell Duomo.

trzecich drzwi, od strony katedry, zwanych **Rajskimi Wrotami** (Porta del Paradiso); wykonano je ze złoconego brązu, a przedstawiają wydarzenia ze Starego Testamentu. Dzięki opanowaniu tajników perspektywy, zróżnicowaniu głębokości oraz odrzuceniu gotyckich czterolistnych ram na rzecz dużych prostokątnych kompozycji, Ghibertiemu udało się osiągnąć zdumiewające wrażenie głębi. Prace nad Rajskimi Wrotami zajęły mu 27 lat i trwały do 1452 r. Oryginalne płaskorzeźby można oglądać w muzeum katedralnym, zaś na drzwiach baptysterium umieszczono ich współczesne kopie.

Nakrywająca budowlę kopuła jest pokryta **mozaikami z XIII w.**, na których przedstawiono wydarzenia ze Starego Testamentu, sceny z życia św. Jana Chrzciciela i Jezusa oraz przerażający Sąd Ostateczny z monstrualnym Lucyferem. Po prawej stronie ołtarza widać **nagrobek antypapieża Jana XXIII**, zmarłego w 1419 r., którego nie należy mylić z prawowitym następcą św. Piotra noszącym to samo imię i żyjącym w XX w. Na początku XV stulecia jednocześnie urzędowało aż trzech zwierzchników Kościoła, a każdy uważał się za tego właściwego. Dopiero zwołany w Konstancji sobór położył kres zamieszaniu, zmuszając całą trójkę do abdykacji. Jednego z uzurpatorów, właśnie Jana XXIII, trzeba było uwięzić, by wymóc na nim rezygnację. Uwolniono go dzięki kaucji wpłaconej przez Medyceuszy, którzy ufundowali mu później wspaniały nagrobek (1427), wykonany przez Donatella i Michelozza.

Museo dell'Opera del Duomo

Muzeum katedralne mieści się w jednym z pałaców na tyłach bazyliki,

przy Piazza del Duomo 9. Trzon ekspozycji stanowią dzieła przeniesione z katedry, dzwonnicy i baptysterium w trosce o zachowanie ich przed niszczącym działaniem czynników atmosferycznych. Jest to najznakomitsza galeria rzeźby florenckiej obok Bargello, szczególnie godna polecenia ze względu na możliwe do ogarnięcia rozmiary. Otwierają ją dzieła zdobiące pierwotną fasadę katedry, rozebraną w 1587 r., m.in. prace Arnolda di Cambia i Donatella. Najcenniejszy eksponat – *Pietà* **Michała Anioła**, zwana również *Zdjęciem z krzyża* lub *Opłakiwaniem* – jest wystawiony na półpiętrze. Rzeźba charakteryzuje się rozbudowaną kompozycją, obejmującą cztery wpisane w trójkąt postaci: Marię Magdalenę, Nikodema, Maryję oraz osuwającego się bezwładnie martwego Chrystusa. Pracę nad dziełem Michał Anioł rozpoczął około roku 1550, będąc już w podeszłym wieku (podobno przeznaczył rzeźbę na swój własny grobowiec). Według tradycji w postaci Nikodema artysta miał sportretować samego siebie. Po kilku latach pracy, niezadowolony z wyników porzucił dzieło, a w przypływie desperacji zaczął je nawet rozbijać. Po śmierci Michała Anioła Tiberio Calcani, artysta raczej niskich lotów, zajął się naprawą i wykończeniem rzeźby. Dorobił postaci Chrystusa lewy łokieć oraz dopracował postać Marii Magdaleny, na czym – na szczęście – poprzestał. Rzeźba znajdowała się długo w rękach rodu Bandinich, by w 1772 r. trafić do florenckiej katedry, gdzie umieszczono ją w jednej z kaplic. Stamtąd w II połowie XX w. przeniesiono ją na obecne miejsce.

Na piętrze mieści się m.in. **Sala delle Cantorie**, zwana tak od dwóch trybun dla śpiewaków (kantorii), czyli

• **Muzeum katedralne**;
pn.–sb. 9.30–19.30, nd.
9.00–13.40; 6 €.

zdobionych płaskorzeźbami marmurowych balkonów, umieszczonych pierwotnie nad portalami obu zakrystii w katedrze. Trybuny pochodzą z I połowy XV w. i są arcydziełami rzeźby renesansowej. Autorem pierwszej był Luca della Robbia, który ozdobił balkon sceną muzykujących młodzieńców. Druga, przedstawiająca korowód rozbawionych putt, jest dziełem Donatella. W tej samej sali umieszczono serię doskonałych posągów, pierwotnie zdobiących nisze na elewacjach kampanili. Wśród nich kolejny raz wybijają się dzieła Donatella, dając pojęcie o niezwykłych umiejętnościach artysty i ogromnej sile jego wyobraźni. Szczególną uwagę zwraca posąg proroka Habakuka, który ze względu na rozmiary i kształt czaszki został nazwany przez Florentyńczyków

„dyniogłowym" (Lo Zucchone). Brutalny realizm, z jakim artysta potraktował przedstawianą postać – brzydką, a jednak na swój sposób ujmującą – świadczy o absolutnym mistrzostwie. Znakomity poziom prezentują również inne rzeźby Donatella, np. *Prorok Jeremiasz* czy *Jan Chrzciciel*. Najbardziej sugestywna jest drewniana figura św. Marii Magdaleny, którą artysta przedstawił jako starą, wyniszczoną ascezą pokutnicę, ciągle pełną religijnego żaru.

W dalszej części ekspozycji można zobaczyć m.in. oryginały płaskorzeźb z katedralnej dzwonnicy, autentyczne kwatery Rajskich Wrót, wyjątkowo bogaty ołtarz z baptysterium wykonany ze srebra, złocony i zdobiony emalią (XIV/XV w.), maskę pośmiertną Brunelleschiego, jego projekty maszyn budowlanych oraz modele architektoniczne.

Medyceusze

Historia Florencji przez ponad trzy stulecia wiązała się ściśle z dziejami Medyceuszy. Protoplasta rodu miał uprawiać zawód medyka – stąd nazwisko (Medici) i sześć kul w herbie, symbolizujących lekarskie pigułki. Już w XIV w. z Medyceuszami należało się liczyć, a w następnym stuleciu całkowicie podporządkowali sobie miasto. Twórcą potęgi rodu był **Giovanni di Bicci**, obrotny kupiec i bankier, który wzbogacił się, udzielając pożyczek papiestwu. Jego syn, **Kosma Stary** (Cosimo il Vecchio), pomnożył bogactwa, a polityczny talent pozwolił mu stać się faktycznym panem Florencji, przy zachowaniu pozorów ustroju republikańskiego. Nieśmiertelną sławą okrył się wnuk Kosmy, **Wawrzyniec Wspaniały** (Lorenzo il Magnifico), dyplomata i humanista. Jego czasy to złoty wiek renesansowej Florencji. Jednak pod koniec Wawrzyńcowi szczęście przestało sprzyjać i jego bank splajtował. Najstarszy syn i sukcesor, Piero, po dwóch latach nieudolnych rządów został w 1494 r. wypędzony z miasta. Odrodzona republika florencka, rządzona początkowo przez Savonarolę, a potem przez Piera Soderiniego, miała jednak krótki żywot – Medyceusze odbili miasto już w 1512 r., a powtórna próba rewolty zakończyła się jego oblężeniem, zdobyciem i ostateczną klęską republikanów (1529–1530). Rok później otrzymali od cesarza miasto w dziedziczne władanie. XVI w. stał się pasmem triumfów. Na tronie papieskim zasiadali syn i bratanek Wawrzyńca Wspaniałego: **Leon X** i **Klemens VII** (później jeszcze dwóch dalszych reprezentantów rodu), zaliczani do największych mecenasów wszech czasów. Jednocześnie byli jednak nieudolnymi politykami, a ich świecki styl życia przyczynił się do wybuchu i ekspansji reformacji. Dwie przedstawicielki dynastii zostały królowymi Francji (**Katarzyna** i **Maria de'Medici**). Władający Florencją **Kosma I**, z bocznej linii rodu, uzyskał tytuł wielkiego księcia Toskanii. Pod jego panowaniem Florencja przeżyła kolejny okres rozkwitu. Był to jednak łabędzi śpiew dynastii, której blask przygasł w XVII stuleciu. W roku 1737, wraz z bezpotomną śmiercią księcia Gian Gastone, skończyła się historia rodu.

Via Calzaiuoli

Dwa najważniejsze place w centrum, Piazza del Duomo i Piazza della Signoria, łączy elegancka **Via Calzaiuoli**, główny florencki deptak.

Orsanmichele, przypominający na pierwszy rzut oka ufortyfikowany pałac, to prawdopodobnie najbardziej niezwykły kościół we Florencji. Niegdyś rozciągał się na jego miejscu ogród z kaplicą św. Michała (Orto di San Michele), która popadła w ruinę i została zburzona. Obecny budynek, początkowo parterowy i mający formę ażurowej loggii, postawiono w 1337 r. Zrazu pełnił funkcje handlowe, a pod koniec XIV w. obudowano go ścianami i przekształcono w oratorium, dodano też dwie górne kondygnacje, gdzie ulokowano spichlerze. W 1406 r. władze miasta postanowiły, że najważniejsze florenckie cechy ozdobią fasady nowego kościoła posągami swoich świętych patronów. W ten sposób powstała jedyna w swoim rodzaju galeria figur wykonanych przez największych rzeźbiarzy epoki. Obecnie niemal wszystkie powędrowały do muzeów i zostały zastąpione wiernymi kopiami. Od strony Via Calzaiuoli widnieje **figura św. Jana Chrzciciela**, ufundowana przez Calimalę, najpotężniejszy z cechów, zrzeszający przedsiębiorców zajmujących się uszlachetnianiem i sprzedażą sukna. Autorem rzeźby był Lorenzo Ghiberti. W sąsiedniej niszy widać *Niewierność świętego Tomasza*, dzieło Verrocchia, ufundowane przez sędziów, którzy – tak jak ich patron – powinni być nieufni i powściągliwi. Następny posąg na elewacji to należący do cechu notariuszy, wykonany w 1601 r. przez Giambolognę, **św. Łukasz**. Chyba najbardziej znaną rzeźbą z Orsamichele jest **św. Jerzy** Donatella, ufundowany przez cech płatnerzy na północnej

elewacji kościoła (od Via Orsanmichele). Dzieło, przedstawiające świętego jako szlachetnego rycerza, jest swego rodzaju manifestem nowej postawy wobec świata, jaką przyniósł renesans. Na cokole Donatello uwiecznił legendarny epizod z życia świętego: walkę za smokiem w obronie księżniczki. Na zachodniej ścianie, po bokach portalu wejściowego są widoczne figury **św. Mateusza** i **św. Szczepana** Ghibertiego, należące do właścicieli kantorów i producentów wełny. W dwunawowym wnętrzu (bezpł.), wśród witraży i malowideł, wzrok przyciąga olśniewający gotycki ołtarz w prawej nawie. Autorem konstrukcji był Andrea Orcagna, a piękny obraz *Madonna delle Grazie* namalował Bernardo Daddi (1347).

Piazza della Signoria

O ile rejon katedry był religijnym centrum miasta, o tyle na Piazza della Signoria koncentrowało się jego życie polityczne. Dziś plac zamienił się w rodzaj reprezentacyjnego salonu i jednego z najbardziej okupowanych przez turystów miejsc we Florencji.

Kopia *Dawida* Michała Anioła na Piazza della Signoria.

Nad okolicznymi budynkami góruje **Palazzo Vecchio**, ufortyfikowany gmach, pod koniec XIII i w I połowie XVI w. siedziba władz miejskich. Przed ratuszem odbywały się zgromadzenia obywateli, tutaj także wykonywano egzekucje – specjalna płyta upamiętnia miejsce, gdzie 23 maja 1498 r. stracono Savonarolę.

Posągi na placu i Loggia dei Lanzi Publiczne funkcje placu uwidoczniły się w galerii rzeźb przed fasadą pałacu; większość z nich przekazywała istotne treści polityczne, stanowiąc komentarz do rozgrywających się aktualnie wydarzeń. Pierwszy posąg od północy to konny **pomnik księcia Kosmy I** projektu Giambologni. Bliżej narożnika Palazzo Vecchio stoi manierystyczna **fontanna Neptuna** (Giambologna i Bartolomeo Ammanati, 1575), zbudowana dla uczczenia morskich zwycięstw wspomnianego księcia. Kolejne dzieła to pochodzące z XV w. prace Donatella: *Marzocco* (siedzący lew z herbem Florencji, przedstawiającym lilię) oraz zaskakująco brutalna

Judyta zabijająca Holofernesa (oryginał w Palazzo Vecchio). Rzeźba, przeznaczona na dziedziniec pałacu Medyceuszy, po ich wypędzeniu została przeniesiona pod ratusz. W obrazie starotestamentowej bohaterki zabijającej nieprzyjacielskiego wodza lud Florencji dostrzegł obraz swoich zwycięskich (chwilowo) zmagań z dynastią tyranów. Podobną symbolikę nadawano stojącemu obok *Dawidowi* Michała Anioła (oryginał w Muzeum Akademii) – najsławniejszemu aktowi męskiemu wszech czasów. Galerię uzupełnia kolosalna i nieudana figura *Herkulesa pokonującego Kakusa* (Bandinelli, 1534).

Rzeźby zapełniają także wznoszący się nieopodal portyk, zwany **Loggią dei Lanzi** (od stacjonujących tu kiedyś żołnierzy uzbrojonych w lance) lub Loggią della Signoria. Pierwotnie mieściła się tutaj trybuna, na której podczas uroczystości zasiadali dygnitarze. Od XVIII stulecia zaczęto gromadzić w tym miejscu posągi. Jest wśród nich *Perseusz* Benvenuta Celliniego, demonstrujący obciętą głowę Gorgony. Posąg powstał na zamówienie Kosmy I w połowie XVI w. W zamyśle księcia miał z jednej strony dowodzić jego triumfów, z drugiej podkreślać, że walczył zawsze o słuszną sprawę. Innym świetnym dziełem

Fontanna Neptuna
Giambologni
i Bartolomeo
Ammanatiego na
Piazza della Signoria.

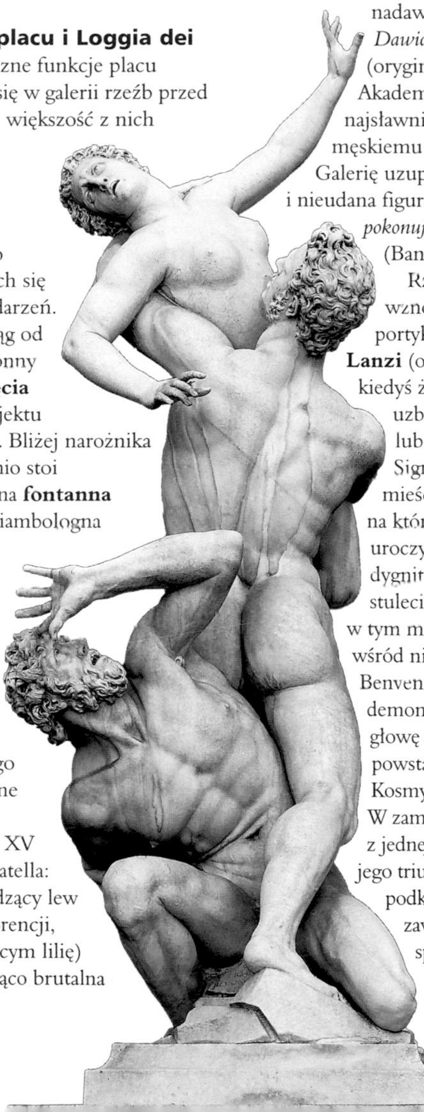

Porwanie Sabinek
Giambologni
w Loggii dei Lanzi.

Perseusz Benvenuta
Celliniego w Loggii
dei Lanzi.

jest *Porwanie Sabinek* (Giambologna, 1583), przedstawiające grupę trzech postaci, spiralnie skręconą wokół własnej osi. Oryginalności dodaje dziełu skaza materiału w postaci charakterystycznych ciemnych smug przebiegających przcz biały marmur.

Palazzo Vecchio Dominujący nad placem pałac powstały w związku z ustanowieniem rady miejskiej, zwanej Signorią, pod koniec XIII w. Budowę zainicjował w 1299 r. Arnolfo di Cambio, projektant katedry i kościoła Santa Croce. W roku 1310 ukończono wysoką na 94 m wieżę, a w 1470 r. renesansowy dziedziniec autorstwa Michelozza. Do połowy XVI w. budowla była kilkakrotnie powiększana i modernizowana.

Większa część **pałacowych wnętrz** zyskała obecny wygląd w XVI w., gdy ówczesny władca Toskanii, książę Kosma I, urządził tu swoją rezydencję. Co prawda po kilku latach przeniósł się do znacznie większego Palazzo Pitti po drugiej stronie rzeki, ale

modernizację starego ratusza kontynuowano przez kilka następnych dziesięcioleci.

Myślą przewodnią dekoracji sal, powstałej według projektu Giorgia Vasariego, było głoszenie chwały księcia, rodu Medyceuszy i Florencji. Ten patetyczny i pochlebczy

•**Palazzo Vecchio**;
pt.–śr. 9.00–19.00, czw.
i święta 9.00–14.00; 6 €.

Słynny Palazzo Vecchio.

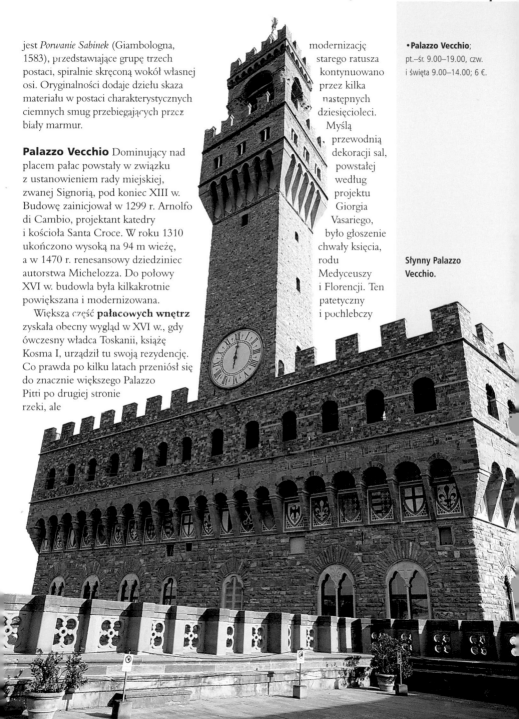

• **Uffizi;**
wt.–nd. 8.30–18.50;
6,50 €.

ton najpełniej wyraził się
w panegirycznych malowidłach
w imponującym **Salone del
Cinquecento** na I piętrze. Sala ma
ciekawą historię: wybudowano ją
w 1495 r. z przeznaczeniem na miejsce
obrad Rady Ludowej, powołanej na
wniosek Savonaroli po usunięciu
z miasta Medyceuszy. W pierwotnym
zamyśle dekoracja miała być hymnem
na cześć niepodległej republiki. Na
dwóch głównych ścianach planowano
umieszczenie malowideł ilustrujących
triumfy armii florenckiej, pędzla
Leonarda da Vinci i Michała Anioła.
Technologiczne eksperymenty Leonarda
sprawiły, że jego dzieło uległo
zniszczeniu. Zrozpaczony artysta,
widząc swą klęskę, wyjechał z Florencji
na zawsze. Z kolei Michał Anioł,
wezwany przez papieża do Rzymu,
musiał przerwać prace w momencie,
gdy miał już gotowe kartony
z ostatecznym projektem malowidła.
Prace Leonarda da Vinci i Michała
Anioła znane są wyłącznie z opisów
i kopii, które zdołano wykonać przed
ich ostateczną zagładą. Wielka sala
pałacu musiała czekać potem ponad pół
wieku, zanim jej ściany ozdobił
wreszcie Vasari. Wspomnieniem
niedoszłego pojedynku dwóch geniuszy
renesansu w Salone del Cinquecento
jest dziś rzeźba Michała Anioła,
przeznaczona pierwotnie na nagrobek
papieża Juliusza II, a przedstawiająca
Alegorię Zwycięstwa (1534) – młodzieńca
przyciskającego kolanem do ziemi
spętanego starca.

Z pozostałych pomieszczeń należy
wymienić pokój ekscentrycznego syna
i następcy Kosmy I – Franciszka I
(**Studiolo di Francesco I**). Dekoracja
mocno nawiązuje do zainteresowań
księcia naukami ścisłymi i alchemią.
Znajduje się tu także portret monarchy
pędzla Bronzina. Ten sam artysta był

autorem fresków w kaplicy księżnej
Eleonory (żony Kosmy I) na II piętrze.
Przed kaplicą zwiedza się jeszcze Salę
Lilii (**Sala dei Gigli**), zwaną tak od
namalowanego na ścianach godła
Florencji, gdzie znajdują się także freski
Ghirlandaia i oryginał rzeźby Donatella
Judyta i Holofernes.

Uffizi Pomiędzy Loggia dei Lanzi
i ratuszem otwiera się jeden
z najbardziej sugestywnych widoków,

jakie można zobaczyć we Florencji. Skrzydła pałacu Uffizi otaczają długi prostokątny plac, tworząc rodzaj perspektywicznego tunelu, prowadzącego wzrok ku zamykającej kompozycję galerii, przypominającej kształtem wielki łuk triumfalny. Zabudowa placu, surowa i monumentalna, ma w sobie coś z wielkiej dekoracji scenograficznej. To niezwykle efektowne dzieło powstało w latach 1560–1580 według projektu Giorgia Vasariego na życzenie Kosmy I, który w pałacu zamierzał ulokować całą administrację swojego państwa (*uffizi* znaczy urzędy).

Z czasem budowla zaczęła zyskiwać nową funkcję. Już Kosma I zaczął przechowywać w niej gromadzone dzieła sztuki, a jego syn umieścił tutaj trzon kolekcji zebranej przez kilka pokoleń Medyceuszy. W roku 1743 ostatnia przedstawicielka dynastii, Anna Maria Ludwika, przekazała zbiory

Skrzydła pałacu Uffizi.

w testamencie Florentyńczykom.
Kolekcję rozbudowano m.in. o obrazy
przeniesione z kościołów, za to część
rzeźb została stąd zabrana do innych
muzeów. Dziś Uffizi są przede
wszystkim galerią malarstwa –
jedną z kilku najlepszych na
świecie. Trzeba pamiętać,
że jednorazowa
wizyta da
zaledwie

ogólną orientację w zasobności
zbiorów. Zwiedzanie można podzielić
na etapy przerwane odpoczynkiem
w muzealnym barze (na końcu
głównego korytarza) lub na pobliskim
tarasie, skąd rozpościera się
ograniczony, lecz ciekawy
widok na miasto.
Pierwszy
przystanek
warto

**Tronująca *Madonna*
z Dzieciątkiem
Duccia di
Buoninsegnego,
Galleria degli Uffizi.**

zrobić w sali nr 2, gdzie dominują trzy
duże malowidła tablicowe Duccia,
Cimabuego i Giotta. Przedstawiając ten
sam temat – tronującą *Madonnę
z Dzieciątkiem* – obrazy znakomicie
ilustrują epokowe przemiany
zachodzące w malarstwie toskańskim na
przełomie XIII i XIV w. Polegały one na
stopniowym odchodzeniu od
płaszczyzny na rzecz ukazywania coraz
większej głębi przestrzeni. Dzieła
Duccia i Cimabuego są pełne wdzięku,
delikatności i czaru, typowych dla
malarstwa włoskiego pozostającego pod
wpływem sztuki bizantyńskiej. Z tą
tradycją radykalnie zerwał Giotto di
Bondone, wytyczając sobie jeden cel:
ukazanie postaci ludzkiej jako bryły.
Jego obraz jest ostentacyjnie surowy
i pozbawiony dekoracyjnych efektów,
w których specjalizowali się dwaj
wymienieni wcześniej malarze. W sali
po lewej stronie (nr 3) najważniejszym
obrazem jest arcydzieło malarstwa
sieneńskiego, subtelne *Zwiastowanie*

Martiniego. W sali nr 6 warto się
zatrzymać przy obrazie Gentile da
Fabriana *Pokłon Trzech Króli*, którego
naiwność i baśniowa kolorystyka
znakomicie ilustrują epokę zwaną
„jesienią średniowiecza".

Od sali nr 7 rozpoczyna się
prezentacja włoskiego malarstwa
renesansowego. *Bitwa pod San Romano*
Paola Ucella jest świetnym przykładem
zainteresowań artysty perspektywą.
W tej samej sali wisi dyptyk Piera della
Franceski z portretami księcia Urbino
Federica da Montefeltra (najbardziej
charakterystyczny profil wszech czasów)
i jego małżonki Battisty Sforzy. Na
odwrotnej stronie portretów widać
symboliczne przedstawienia triumfów
książęcej pary. Obok jest wystawiona
Madonna z Dzieciątkiem i św. Anną,
wspólne dzieło Masaccia i Masolina.

W sali nr 8 dominuje seria obrazów
religijnych Filippa Lippiego, dobrze
reprezentujących styl mistrza, pełen
powabu i słodyczy. W salach nr 9–14

Zwiastowanie Simona
Martiniego, Galleria
degli Uffizi.

królują arcydzieła Sandra Botticellego: *Wiosna*, *Narodziny Wenus*, *Atena z centaurem*, *Madonna Magnificat* i wiele innych. Nie można też przegapić *Tryptyku Portitarich* Hugona van der Goesa, dzieła sprowadzonego z dalekiej Flandrii (malarstwo flamandzkie cieszyło się w renesansowych Włoszech olbrzymim powodzeniem). Szlachetna surowość *Adoracji pasterzy*, przedstawionej w środkowej części tryptyku, stanowi mocny kontrast dla umieszczonego na przeciwległej ścianie obrazu Botticellego, pełnego zmysłowości i wdzięku.

W sali nr 15 trzeba zwrócić uwagę przede wszystkim na trzy dzieła związane z Leonardem da Vinci. Pierwsze to *Chrzest Chrystusa*, którego autorem był Andrea del Verrocchio; to w jego warsztacie kształcił się młody da Vinci. Wykonanie figury anioła ukazanego z profilu Verrocchio powierzył właśnie Leonardowi. Obok wiszą dwa obrazy wykonane już w całości przez młodego malarza: *Zwiastowanie* i nieukończony *Pokłon Trzech Króli*.

Do najważniejszych miejsc w galerii należy Trybuna, ośmioboczna sala, w której Medyceusze przechowywali najcenniejsze eksponaty swojej kolekcji, za jakie uważali antyczne posągi. Pośrodku stoi figura bogini miłości, zwana *Venere dei Medici* (rzymska kopia greckiego oryginału, dziś zaginionego, autorstwa Praksytelesa). Znajduje się tu także seria znakomitych portretów przedstawiających m.in. kolejne pokolenia rodu (m.in. Kosmę Starego, Wawrzyńca Wspaniałego, Kosmę I oraz jego córkę Marię). Większość obrazów pochodzi z XVI w. Portrety pędzla Pontorma, del Sarta i Bronzina są doskonałe w każdym calu, tymczasem prace Vasariego zdają się być słabsze.

W sali nr 20, zwanej niemiecką, umieszczono obrazy Lucasa Cranacha starszego i Albrechta Dürera, najwybitniejszych przedstawicieli malarstwa renesansowego w Niemczech. Szczególnie interesujący jest namalowany przez tego pierwszego

Portret Lutra (1543). Dziełami Dürera są m.in. *Portret ojca*, *Pokłon Trzech Króli* i *Apostołowie*. Sala nr 21 to głównie dzieła twórców z Wenecji, wśród których najważniejsza jest praca Giovanniego Belliniego *Allegoria sacra*. W kolejnym pomieszczeniu warto się zatrzymać przed obrazami Hansa Holbeina, a w sali nr 23 przyjrzeć się płótnom Correggia. Z kolei *Święta rodzina* z 1505 r., wystawiona w sali nr 25, to wybitne dzieło Michała Anioła. Przedstawienie postaci Madonny w niezwykle

Wiosna Sandra Botticellego, Galleria degli Uffizi.

skomplikowanej, wymyślnej pozie oraz agresywna kolorystyka czynią z tej pracy jeden z najwcześniejszych przykładów malarstwa manierystycznego. Pierwszym właścicielem obrazu był Agnolo Doni, stąd druga nazwa malowidła – *Tondo Doni*. W sali nr 26 można oglądać jeden z najznakomitszych portretów w historii sztuki europejskiej – *Portret papieża Leona X Medyceusza z nepotami* (czyli z faworyzowanymi krewnymi; jeden z nich, ukazany po lewej Giulio, sam wkrótce został papieżem). W tej samej sali jest też sławna *Madonna ze szczygłem*. Oba obrazy wyszły spod pędzla Rafaela; dziełem Andrei del Sarta jest eksponowana obok niepokojąca *Madonna z harpiami*.

Sala nr 27 jest poświęcona florenckim manierystom, a następna – mistrzowi koloru, Tycjanowi. Warto popatrzeć na wspaniałe refleksy, które rzuca światło na zbroję *Kawalera maltańskiego*, na piękną *Florę*, a przede wszystkim na *Wenus z Urbino*, uważaną za najbardziej zmysłowy akt XVI stulecia. W kolejnym pomieszczeniu (nr 29) króluje Parmigianino – jego zdeformowane sylwetki znakomicie oddają manierystyczne zaciekawienie tym, co niezwykłe, oryginalne, a nawet dziwaczne. Najsilniej tendencje te uwidoczniły się w sławnej *Madonnie z długą szyją*. Wybitni włoscy manieryści (Sebastiano del Piombo, Veronese, Tintoretto i inni) nadają ton także następnym pomieszczeniom.

Sala nr 41 jest poświęcona flamandzkiemu malarstwu barokowemu (m.in. Rubens i van Dyck); w sali nr 44 można zobaczyć obrazy Caravaggia (*Ofiara Izaaka* i *Chory Bachus*) oraz trzy genialne portrety Rembrandta. Kto zachował jeszcze siły i świeżość spojrzenia, z pewnością zwróci uwagę na

wizerunki Marii Teresy pędzla Goi w ostatniej sali, widoki Wenecji Canaletta i *Pchłę* Giuseppe Marii Crespiego.

Kontynuacją Uffizi jest korytarz, biorący początek przy południowo-zachodnim narożniku pałacu, biegnący wzdłuż rzeki i dalej ponad sklepami Ponte Vecchio na drugą stronę Arno. Jest to **Corridorio Vasariano** łączący dwie rezydencje książąt Toskanii (starą, Palazzo Vecchio, i nową, Palazzo Pitti), zbudowany w 1564 r. przez Vasariego na życzenie Kosmy I. Wewnątrz zgromadzono cenne zbiory malarstwa, w tym ciekawe autoportrety sławnych artystów.

Osoby, które z Piazza della Signoria skierują się przez Via Porta Santa Maria w stronę Ponte Vecchio, natrafią na Mercato Nuovo, halę targową z XVI w., z wykonanym z brązu dzikiem (**Il Porcellino**). Starym zwyczajem turyści wkładają mu do pyska monety na szczęście, które powinny wpaść do umieszczonej poniżej studzienki.

Narodziny Wenus
Sandra Botticellego,
Galleria degli Uffizi.

• Corridorio Vasariano;
zwiedzanie wyłącznie po wcześniejszej rezerwacji, w grupach z przewodnikiem; ☎055/218341, bilety trzeba rezerwować kilka miesięcy wcześniej.

Muzykujący anioł
Rossa Fiorentina,
Galleria degli Uffizi.

•San Lorenzo;
pn.–sb. 10.00–17.00;
2,50 €.

Północna część centrum

San Lorenzo Bazylika stojąca 200 m północny zachód od katedry, otoczona ze wszystkich stron straganami najbardziej znanego florenckiego targowiska, to San Lorenzo, czyli kościół św. Wawrzyńca. Zalicza się go do najstarszych w mieście – pierwszą świątynię w tym miejscu konsekrował św. Ambroży już w roku 393. Opracowanie projektu obecnej budowli powierzono w 1422 r. **Brunelleschiemu**. Artysta otrzymał zlecenie dzięki Medyceuszom, którzy w San Lorenzo mieli swoją parafię, wspierali budowę szczodrymi ofiarami i wybrali kościół na swój panteon. Walory dzieła architekta można docenić w przestronnym, pogodnym wnętrzu o harmonijnych proporcjach. Od zewnątrz budowla zaskakuje surowym licowaniem w miejscu fasady. W ciągu wieków co prawda powstało wiele projektów frontowej elewacji (w tym kilka autorstwa Michała Anioła), ale nigdy nie doczekały się realizacji. **Dwie ambony** w głównej nawie, dekorowane scenami pasyjnymi, należą do ostatnich prac Donatella (około 1460 r.), w których porzucił ideał klasycznego piękna na rzecz gwałtownej ekspresji. Artystę wspomagali uczniowie, co zapewne zadecydowało o nierównym poziomie płaskorzeźb. Przy końcu lewej nawy widnieje wielki **fresk Bronzina** z 1559 r., przedstawiający męczeństwo św. Wawrzyńca. Kamienna kolista płyta przed balustradą głównego ołtarza znaczy miejsce, w którym kazał się pochować Kosma Stary, główny fundator kościoła. Skromne epitafium jest doskonałym wyrazem jego politycznego credo: nie afiszować się swą potęgą, pozostać w drugiej linii i stamtąd dyskretnie pociągać za sznurki.

Starą Zakrystię (Sagrestia Vecchia), przy lewym ramieniu transeptu, najstarszą część kościoła, zbudował Brunelleschi, a ozdobił płaskorzeźbami Donatello. Wewnątrz na uwagę zasługują grobowce Medyceuszy: Giovanniego di Bicci z małżonką oraz

dwóch synów Kosmy Starego: Piera i Giovanniego. Nagrobki tych ostatnich Verrocchio ozdobił wspaniałymi aplikacjami z brązu.

W jednej z sąsiednich kaplic warto odszukać *Zwiastowanie* Filippina Lippiego i sarkofag Donatella z końca XIX w. (symboliczny, gdyż artysta spoczywa w podziemiach). Z lewej nawy przechodzi się na krużganki, stąd

zaś do Biblioteki Medyceuszy, zwanej **Laurenzianą**. Pomieszczenie zaprojektował Michał Anioł na zlecenie papieża Klemensa VII, złożone w 1524 r. Przedsionek Laurenziany jest jednym z przełomowych dzieł architektury XVI w. Artysta odrzucił renesansową klarowność kompozycji, harmonię i umiar, wprowadzając w ich miejsce silne

•**Biblioteka Medyceuszy;** wt.–nd. 9.30–13.30; 5 €.

Otoczona straganami Bazylika San Lorenzo.

Wizerunek Dżabira
Ibn Hajjana,
średniowiecznego
arbaskego alchemika
na karcie
manuskryptu
w Bibiotece
Medyceuszy.

• **Kaplice grobowe**
Medyceuszy;
codz. 8.15–16.15; 2. i 4.
nd. oraz 1., 3. i 5. pn.
miesiąca zamkn.; 6 €.

kontrasty światłocieniowe, a nawet wrażenie pewnego niepokoju, osiągnięte dzięki silnemu rozczłonkowaniu ścian i rozmyślnemu brakowi logiki: zgrupowane parami kolumny niczego nie dźwigają, utopione w głębokich i ciasnych niszach, a przyczółek portalu ma przerwaną podstawę.

Niezwykłe są także schody, jakby wylewające się z sąsiedniej czytelni i wypełniające większą część przedsionka, wykonane już po wyjeździe Michała Anioła z Florencji, ale według jego projektu. Z dwóch kaplic grobowych Medyceuszy jako pierwszą zwiedza się **kaplicę Książęcą** (Capella dei Principi), ulokowaną za prezbiterium kościoła. Łatwo ją rozpoznać po ogromnej czerwonej kopule, wyraźnie nawiązującej do *duomo*. Ośmioboczny gmach o wnętrzu bogato dekorowanym marmurem wznoszono od 1602 r., a ukończono dopiero w XIX w. Trasa prowadzi przez kryptę do głównego pomieszczenia z sześcioma sarkofagami Medyceuszy, którzy kolejno zasiadali na tronie Wielkiego Księstwa Toskanii. Kaplica jest nekropolią epigonów wielkiego rodu. Kosmie Staremu wystarczało proste epitafium w posadzce, zaś jego następcy, choć byli postaciami mniejszego formatu, swą gasnącą potęgę podkreślali przez stosowanie książęcych tytułów i budowę pompatycznego mauzoleum. Gdy stawiano kaplicę, chwała Medyceuszy, mimo zewnętrznych pozorów, odchodziła już w przeszłość.

W krańcowo odmienny świat przenosi zwiedzających poważna atmosfera **Nowej Zakrystii**, którą zwiedza się w drugiej kolejności, choć powstała znacznie wcześniej niż Cappella dei Principi. Budowę mauzoleum swoich bliskich zlecił Michałowi Aniołowi w 1521 r. kardynał Giulio de'Medici, przyszły papież

Klemens VII. Jak wiele prac genialnego artysty, i ta nie została nigdy doprowadzona do końca. Z bogatego programu, przewidującego wzniesienie kilku nagrobków (m.in. Wawrzyńca Wspaniałego i jego brata Giuliana, zamordowanego przez Pazzich), zrealizowano jedynie dwa, należące do mniej znanych przedstawicieli rodu: **Lorenza młodszego**, księcia Urbino, i **Giuliana młodszego**, księcia Nemours. Jednak nawet nieukończona kaplica jest arcydziełem – jednym z największych, jakie kiedykolwiek powstały.

Przyjmując zlecenie, Buonarroti był daleki od chęci banalnej gloryfikacji Medyceuszy, do których zresztą – z wyjątkiem Wawrzyńca Wspaniałego – nie żywił sympatii. Posągi książąt, wyobrażonych niczym antyczni herosi, nie są ich rzeczywistymi portretami – to symboliczne przedstawienia dwóch typów ludzkich zachowań. Pogrążony w melancholijnej zadumie Lorenzo wyobraża życie kontemplacyjne, a pełen energii, dumnie wznoszący głowę Giuliano to człowiek czynu, reprezentujący życie aktywne. Posągom towarzyszą alegoryczne figury na

Girolamo Savonarola

Jedną z najsławniejszych postaci w historii Florencji był **Girolamo Savonarola**, dominikanin, płomienny kaznodzieja i reformator religijny. Należał do najzagorzalszych przeciwników Medyceuszy, uznając ich za despotów, a ich dwór, hołdujący kulturze renesansu, za siedlisko rozpusty. Frate (czyli Brat, tak nazywano Savonarolę) zapowiadał nadejście kary, która miała spaść na mieszkańców Florencji za bezbożność. Gdy w 1494 r. Medyceuszy wypędzono z miasta, dominikanin objął nieformalne przywództwo nad uwolnioną od tyranów republiką. Florentyńczycy oddali się surowej pokucie. Podczas karnawału zamiast tańców zorganizowano tzw. stos próżności, na którym spalono księgi, obrazy i przedmioty zbytku uznane za pogańskie i grzeszne. Savonarola piętnował bogactwo Kościoła i brak zainteresowania duchownych sprawami religijnymi, czym zraził do sobie hierarchów. W końcu przypuścił atak na samego papieża (Aleksandra VI Borgię), wytykając mu niemoralny styl życia. Papież ekskomunikował dominikanina, a lud odwrócił się od niego, gdy w mieście wybuchła zaraza, którą uznano za karę bożą. Frate został pojmany i powieszony, jego ciało spalono na stosie, a prochy wrzucono do rzeki Arno, by nie stały się przedmiotem kultu.

wiekach sarkofagów. U stóp Lorenza widać Zmierzch i Poranek, ilustrujące niepewność nastroju bohatera i jego wewnętrzne rozterki. Przy Giulianie są Noc i Dzień, oddające wyrazistość jego charakteru. Figury alegoryczne przypominają też o nieubłaganym upływie czasu i perspektywie śmierci. Dekorację kaplicy uzupełniają posągi ustawione naprzeciw ołtarza: Matki Boskiej z Dzieciątkiem oraz świętych Kosmy i Damiana, patronów rodu. Ku tej grupie kierują swe spojrzenia Lorenzo i Giuliano, licząc na

wstawiennictwo Madonny i świętych w godzinie sądu.

Michał Anioł dość bezceremonialnie obszedł się z Medyceuszami, w rzeczywistości bowiem to Lorenzo był wojownikiem, zaś Giuliano melancholikiem. Kiedy artyście uczyniono zarzut, że figury nie przypominają realnych postaci, odparł, że za kilkaset lat nikt nie będzie pamiętał, jak naprawdę wyglądali książęta. Istotnie, radykalne zerwanie z realiami pozwoliło artyście nadać dziełu walor ponadczasowego przesłania. To nie panegiryk, ale raczej głęboka refleksja nad naturą człowieka, nad tajemnicą życia i śmierci. Podniosły nastrój kaplicy podkreśla oszczędna kolorystyka i surowość form architektonicznych. Niestety, jak to bywa we Włoszech, obecność zblazowanych lub hałaśliwych turystów uniemożliwia niekiedy właściwy odbiór tego wyjątkowego dzieła.

Palazzo Medici-Riccardi Dwa kroki od San Lorenzo, u zbiegu Via de'Gori i Via Cavour wznosi się **Palazzo Medici-Riccardi**, warowny pałac zbudowany dla Kosmy Starego w latach 1444–1452. Pierwsze projekty budowli przedstawił Medyceuszowi Brunelleschi, jednak bankier, który nie lubił obnosić się ze swym bogactwem, odrzucił jego koncepcję jako zbyt wystawną. Zadanie otrzymał ostatecznie ulubiony architekt Kosmy, **Michelozzo**. Artysta wywiązał się znakomicie, stwarzając wzorzec florenckiego pałacu renesansowego. Przez około 100 lat gmach był główną siedzibą Medyceuszy. Opuścił go dopiero książę Kosma I, przenosząc się do byłego ratusza, a potem do dawnej rezydencji Pittich. Gdy Palazzo Medici przeszedł w ręce Ricardich (stąd jego nazwa), w XVII w. gruntownie

Pomika konny Kosmy I Medyceusza na Piazza della Signioria.

przebudowano wnętrza. Po pierwszych właścicielach pozostał wielki kartusz herbowy na głównym narożniku budowli.

Z zewnątrz pałac przypomina twierdzę. Gigantyczne, tylko pobieżnie obrobione bloki kamienia, z których jest zbudowana dolna kondygnacja, nawet dziś wywołują respekt. W czasie zamieszek, których nie brakowało we włoskich miastach, potężne mury stanowiły zaporę nie do sforsowania. Tymczasem wewnątrz, w zaciszu arkadowego dziedzińca, kwitło zupełnie inne życie: unosi się tu jeszcze zapach luksusu, spadek po dawnych mieszkańcach. Dziedziniec był niegdyś rodzajem galerii – to właśnie tutaj Medyceusze gromadzili najcenniejsze posągi ze swojej kolekcji. Spotykali się tu artyści i humaniści, by podziwiać arcydzieła sztuki starożytnej, tutaj też byli przyjmowani zagraniczni posłowie, przybywający na narady. Godna polecenia jest wizyta w jedynym zachowanym wnętrzu z XV w. – kaplicy Trzech Króli (**Cappella dei Magi**). Niewielkie wnętrze zdobi baśniowy **fresk Benozza Gozzolego**, na którym przedstawiono orszak Trzech Króli, będący de facto zbiorowym portretem rodu Medyceuszy, z Kosmą Starym, jego synem Pierem, wnukami – Wawrzyńcem (wkrótce Wspaniałym) i Giulianem – oraz szeregiem krewnych i stronników. Warto zwrócić uwagę na drobiazgowość w oddaniu szczegółów i detali niezwykle zdobnych strojów i precyzję w przedstawianiu roślin, przy dużej umowności pejzażu i perspektywy. Malowidło, stojące w pół drogi między średniowieczem i renesansem, zalicza się do najpiękniejszych w mieście.

San Marco Via Cavour biegnie od Palazzo Medici-Riccardi do **Piazza San Marco**, z kościołem św. Marka Ewangelisty. Świątynię założono w roku 1299, a w XV stuleciu, za sprawą Kosmy Starego, przekazano dominikanom z pobliskiego Fiesole. Zakonnicy zamieszkali w budynkach obok kościoła, wzniesionych przez Michelozza, a ozdobionych freskami przez ich współbrata – Fra Angelica. W klasztorze znalazła miejsce ufundowana przez Medyceuszy pierwsza publiczna biblioteka we Florencji. Gorzkim paradoksem historii był fakt, że właśnie ten klasztor stał się pod koniec XV w. ogniskiem buntu przeciw Medyceuszom,

•Cappella dei Magi; czw.–wt. 9.00–19.00; 4 €; wskazana rezerwacja w kasie lub ☎055/2760340.

Portret Girolama Savonaroli.

•**Museo di S. Marco**;
pn.–pt. 8.30–13.50, sb.
i nd. 8.30–19.00, 2. i 4.
pn. oraz 1., 3. i 5. nd.
miesiąca zamkn.; 4 €.

*Ostatnia Wieczerza
Dominica
Ghirlandaia, Museo
di S. Marco.*

a wszystko za sprawą przeora,
Savonaroli, który po usunięciu
tyranów przez cztery lata faktycznie
rządził miastem ze swej celi w San
Marco.

Budynki klasztorne przetrwały od
XV w. w niemal nienaruszonym stanie
i stanowią jeden z najciekawszych
zespołów zabytkowych we Florencji.
Kościół miał mniej szczęścia, gdyż
w XVII w. został poddany gruntownej
przebudowie. W świątyni warto zwrócić
uwagę na grób św. Antonina,
dominikanina i biskupa Florencji,
znanego z niesienia pomocy ubogim.
W kaplicy Najświętszego Sakramentu
jest grobowiec księcia Stanisława
Poniatowskiego, krewnego ostatniego
polskiego króla.

W klasztorze (**Museo di S. Marco**)
zwiedzający trafia najpierw do dawnego
hospicjum, w którym są eksponowane
obrazy tablicowe Fra Angelica.
Najciekawsza część wystawy mieści się
na piętrze, gdzie jest dormitorium,
a w nim 44 cele ozdobione freskami
wspomnianego artysty. Malowidła
przedstawiają głównie sceny pasyjne,
przy których asystują dominikańscy
święci: Dominik (z lilią, księgą
i gwiazdą) oraz Piotr Męczennik
(z rozpłataną czaszką). Obrazy łączą
prostoduszną naiwność z renesansowym
sposobem malowania figur, architektury
i pejzażu. Chyba najpiękniejsze jest
Zwiastowanie, na wprost wejścia do
dormitorium. Warto zajrzeć do celi
Kosmy Starego, który nieraz
zatrzymywał się w klasztorze, oraz do
pokoju Savonaroli, z nielicznymi
pamiątkami po zakonniku. Godna uwagi
jest również zaprojektowana przez

Michelozza biblioteka, zachwycająca wdziękiem i lekkością proporcji. Na koniec trzeba wspomnieć o salach na parterze, z obrazami Fra Bartolomea della Porty, wybitnego malarza, który pod wpływem Savonaroli spalił swoje dzieła o świeckiej tematyce, wstąpił do zakonu i oddał się malarstwu religijnemu. W jednym z pomieszczeń zwraca uwagę ciekawy fresk Ghirlandaia *Ostatnia Wieczerza*.

Galleria dell'Accademia Dwa kroki od San Marco stoi gmach mieszczący galerię, należącą do florenckiej Akademii Sztuk Pięknych (Accademia di Belle Arti), najstarszej uczelni artystycznej w Europie, założonej w 1563 r. i funkcjonującej do dzisiaj. Jej chlubą są eksponowane na parterze dzieła Michała Anioła, z *Dawidem* na czele. To właśnie on sprawia, że Akademię oblegają tłumy turystów. Co prawda wizerunek atletycznego młodzieńca z przerzuconą przez ramię procą został zbanalizowany przez kulturę masową w tysiącach pastiszów i marnych reprodukcji, jednak by wyrobić sobie zdanie na jego temat, najlepiej zobaczyć oryginał.

W przeciwieństwie do tradycyjnego ujęcia tematu, Michał Anioł nie przedstawił Dawida z leżącą u jego stóp obciętą głową Goliata, ale skupionego przed walką: jeszcze chwila, a wypuści pocisk, którym uśmierci olbrzyma. Zlecenie wykonania posągu otrzymał w 1501 r., wraz z blokiem marmuru kararyjskiego, wyjątkowo długim i wąskim, a w dodatku uszkodzonym przez rzeźbiarzy, wcześniej bezskutecznie przymierzających się do dzieła. Praca nad „Gigantem", jak nazwali nagiego młodzieńca Florentyńczycy, zajęła Michałowi Aniołowi prawie trzy lata.

Dzieło uznano za obraz walki ludu (Dawida) z tyranią Medyceuszy (Goliatem), okrzyknięto symbolem republiki i ustawiono przed Palazzo Vecchio. *Dawid* stał tam do 1873 r., gdy przeniesiono go do Akademii, przed ratuszem umieszczając niezbyt udaną replikę. Drobne niekonsekwencje anatomiczne, których można się

Dawid Michała Anioła, Galleria dell'Accademia.

• **Galleria dell'Accademia**; wt.–nd. 8.30–18.50; 6,50 €.

dopatrzeć, wynikają z kształtu bloku (artysta nie był w stanie przedstawić jednego z mięśni grzbietu) i faktu, że rzeźbę należy oglądać od dołu, w skrócie perspektywicznym. Współczesnemu odbiorcy bardziej niż ów doskonały klasyczny akt spodobają się zapewne inne prace Michała Anioła – niespokojne postaci *Jeńców* wynurzające się z brył chropawego marmuru albo dramatyczna *Pieta z Palestriny*, także pozostawiona przez twórcę w stanie *non finito*. W galerii jest również znakomita kolekcja malarstwa florenckiego z XIII–XVI w., z obrazami Lorenza Monaca, Filippina Lippiego, Bartolomea della Porty, Botticellego, Pontorma i wielu innych.

Santissima Annunziata Spacer po północnej części *centro* byłby niepełny, gdyby pominąć kościół SS. Annunziata, należący do zakonu serwitów, założonego we Florencji w 1234 r. Na dziedzińcu przed świątynią zachowały się ciekawe freski, na ogół z początku XVI w. – wśród nich dzieła Pontorma i Andrei del Sarta. We wnętrzu wybija się *Zwiastowanie* z XIII w., w kaplicy zaprojektowanej przez Michelozza (na lewo od wejścia). Nawę zamyka obszerna rotunda wzniesiona w XV w. według projektu Albertiego jako **mauzoleum rodu Gonzagów**. Jej obecne barokowe wyposażenie jest znacznie późniejsze. Kaplica najciekawiej przedstawia się z Via dei Servi, skąd widać jej kopułę.

Przed bazyliką rozciąga się jeden z najładniejszych placów Florencji. Przy jednym z jego dłuższych boków stoi Szpital Niewiniątek (**Spedale degli Innocenti**) – jedno z kluczowych dzieł wczesnego renesansu, zaprojektowane przez Brunelleschiego. Fasadę poprzedza lekka w proporcjach, kolumnowa loggia zdobiona glazurowanymi medalionami Andrei della Robii. Przedstawiają one niemowlęta zawinięte w pieluchy, co nawiązywało do funkcji szpitala jako przytułku dla niechcianych dzieci. Krużganek po drugiej stronie placu zaprojektował Antonio da Sangallo starszy, nawiązując do portyku Brunelleschiego. Na środku placu stoi konny **pomnik księcia Ferdynanda I** (1608), dzieło Giambologny, ukończone po śmierci artysty przez jednego z jego uczniów, Pietra Taccę. Wykonał on również dwie urocze fontanny z odlanymi w brązie dziwacznymi stworami.

Museo Archeologico nieopodal placu szczyci się bogatymi zbiorami sztuki greckiej, etruskiej i rzymskiej, a jego zalążkiem była kolekcja dzieł antycznych gromadzona przez Medyceuszy od XV w. Można tu zobaczyć m.in. tzw. wazę François, attyckie naczynie z około 560 r. p.n.e. Sławna czara, odkryta w Chiusi w 1845 r., została w roku 1900 rozbita przez pracownika muzeum na ponad 600 kawałków, które pieczołowicie posklejano. Na specjalne wyróżnienie zasługują liczne etruskie wyroby z brązu, wśród nich posągi *Minerwy*, *Mówcy* (Arringatore) i fantastycznego stwora, zwanego chimerą z Arezzo.

Z katedry do Santa Croce

Inna popularna trasa turystyczna prowadzi spod katedry przez Via del Proconsolo i Piazza San Firenze ku kościołowi Santa Croce we wschodniej części centrum. Z Via del Proconsolo można skręcić w Via Dante Alighieri, przy której stoi dom rodzinny największego włoskiego poety. Urządzono w nim małe, raczej nieciekawe muzeum poświęcone jego pamięci (**Casa di Dante**). **Chiesa di**

• **Santissima Annunziata**;
czw.–wt. 9.00–12.00
i 16.00– 17.00; bezpł.

• **Museo Archeologico**;
pn. 14.00–19.00, wt.–nd.
8.30–19.00; 4 €.

• **Casa di Dante**;
wt.–sb. i 1. nd. miesiąca
10.00–17.00, pozostałe
nd. 10.00–13.00; 4 €.

Dom rodzinny
Dantego.

Pomnik Dantego.

Dante to nazwa pobliskiego kościoła, gdzie poeta miał widywać piękną Beatrycze Portinari, którą w *Boskiej komedii* uczynił swą przewodniczką po Raju. Nieco dalej, przy Via del Proconsolo stoi benedyktyński **kościół Badia Fiorentina** (pn. 15.00–18.00; bezpł.) z kilkoma pierwszorzędnymi dziełami sztuki, m.in. obrazem Filippina Lippiego *Wizja św. Bernarda*.

Z kościoła można przejść na sąsiedni krużganek, **Chiostro dei Aranci**, z ogrodem pomarańczowym pośrodku i XV-wiecznymi freskami na ścianach.

Bargello Imponujący średniowieczny pałac, zwieńczony blankami i wysoką **wieżą**, stoi naprzeciw Badii. Do czasu zbudowania Palazzo Vecchio

•Bargello;
codz. 8.15–13.50, 2. i 4.
pn oraz 1., 3. i 5. nd.
miesiąca zamkn.; 4 €.

Fasada kamienicy na Piazza Santa Croce.

Pałac Bargello kryjący niezwykłą kolekcję dzieł sztuki.

urzędowały w nim władze miejskie. Obecnie w Bargello mieści się jedno z największych muzeów Florencji, słynące z dzieł Michała Anioła (*Bachus*, *Madonna z Dzieciątkiem*, *Brutus*), Giambologny (*Merkury*), Donatella (*Dawid*, popiersie Niccola da Uzzana), Verrocchia, Celliniego,

członków rodziny della Robia i wielu innych. Są tu także kwatery z *Ofiarą Izaaka* zgłoszone przez Brunelleschiego i Ghibertiego do konkursu na drugie drzwi baptysterium. Olbrzymia kolekcja jest tym dla historii rzeźby, czym dla malarstwa galeria Uffizi.

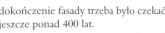

Bazylika Santa Croce Drugi co do wielkości kościół Florencji, pod wezwaniem Świętego Krzyża, należy do franciszkanów i stoi na wschodnim krańcu *centro*. Budowę bazyliki rozpoczął Arnolfo di Cambio u schyłku XIII stulecia. Świątynię konsekrowano w 1442 r., ale na

dokończenie fasady trzeba było czekać jeszcze ponad 400 lat.

Bazylika jest najważniejszą nekropolią sławnych obywateli miasta. Przypomina o tym stojący przed kościołem pomnik wielkiego nieobecnego – Dantego. Poecie nie było dane spocząć w ukochanym mieście: jako zwolennik cesarza został wypędzony z Florencji przez gwelfów i umarł na wygnaniu. Niewiele brakowało, aby i **Michał Anioł**, którego nagrobek znajduje się w prawej nawie, spoczął poza Florencją. Artysta zmarł w 1564 r. w Rzymie i tam też miał zostać pochowany. W Wiecznym Mieście pojawił się jednak jego bratanek i zapewniając, że wykonuje ostatnią wolę mistrza, zabrał jego ciało do Florencji. Obawiając się gwałtownego sprzeciwu Rzymian, zwłoki wywiózł potajemnie, ukryte w beli sukna. Florencja uczciła Michała Anioła nagrobkiem w prawej nawie, który w kilka lat później wykonali wielbiciele jego talentu: Vasari, Cellini i Ammanati. Obok grobowca artysty jest symboliczny pomnik Dantego, a kawałek dalej nagrobek sławnego myśliciela i dyplomaty **Machiavellego**, znanego z popierania bezwzględnych metod politycznych i lansowania zasady „cel uświęca środki". W nawie głównej wzrok przyciąga piękna **renesansowa ambona**, autorstwa Benedetta da Maiana. Jeszcze ciekawsze jest arcydzieło **Donatella** *Zwiastowanie* z 1435 r. – subtelna płaskorzeźba w kamieniu, częściowo złocona. Nieco dalej, nadal w prawej nawie, widać nagrobek humanisty **Leonarda Bruniego** dłuta Bernarda Rosselina (1447).

W lewej nawie uwagę zwraca **nagrobek Galileusza**, który co prawda urodził się w Pizie, lecz we Florencji

• **Bazylika Santa Croce;** pn.–sb. 9.30–17.30, nd. 13.00–17.00; 5 €.

spędził sporą część życia, ciesząc się protekcją Medyceuszy. Grobowiec uczonego (zmarł obłożony klątwą) wykonano niemal 100 lat po jego śmierci (dopiero niedawno Galileusz doczekał się ze strony Kościoła oficjalnej rehabilitacji).

Bazylika Santa Croce – najważniejsza nekropolia sławnych obywateli miasta.

Wyjątkowo przestronna (prawie 20 m szerokości) nawa główna kościoła kończy się transeptem, do którego otwierają się kaplice. W środkowej, nad głównym ołtarzem, na tle XIV-wiecznych fresków i witraży wisi piękny malowany krucyfiks.

Malowidła na ścianach nawiązują do wezwania świątyni i przedstawiają historię Krzyża Świętego, czyli dzieje najcenniejszej relikwii chrześcijaństwa, której cząstkę od wieków przechowuje się w kościele. Najważniejsze freski skupiają się jednak nie w prezbiterium,

lecz w dwóch kaplicach na prawo od głównego ołtarza, należących do Bardich i Peruzzich, najbogatszych rodzin florenckich na początku XIV w. Dekoracja kaplic wyszła spod pędzla **Giotta**. Przedstawia historię św. Franciszka z Asyżu oraz dzieje świętych Janów: Chrzciciela i Ewangelisty. Ze względu na freski, w większości wykonane przez uczniów i naśladowców Giotta, warto przyjrzeć się także pozostałym kaplicom po prawej stronie głównego ołtarza. Wśród kaplic po lewej najciekawsza jest piąta, z **krucyfiksem Donatella**. Brunelleschi po obejrzeniu tej rzeźby stwierdził, że Zbawiciel wygląda na niej jak wieśniak, i wykonał konkurencyjne dzieło, które można oglądać w Santa Maria Novella. W kościele jest kilka poloników: w kaplicy Salvatich, przy lewym ramieniu transeptu, od zachodu, nagrobek Zofii Zamoyskiej-Czartoryskiej, a w kaplicy Castellanich, po drugiej stronie transeptu, także od zachodu, grobowiec Michała Bogorii Skotnickiego.

Na prawo od bazyliki wznosi się klasztor z dwoma ładnymi dziedzińcami. Przy pierwszym stoi m.in. **Cappella dei Pazzi**. Tę pełną harmonii i wdzięku budowlę zaprojektował w 1430 r. Brunelleschi, a jej fundatorem był Andrea Pazzi, przywódca jednego z najważniejszych klanów ówczesnej Florencji. Ze względu na śmierć autora, a potem katastrofę rodu Pazzich, kaplica nie została ukończona. Po drugiej stronie pierwszego dziedzińca jest dawny refektarz, a w nim malowany na drewnie krucyfiks, poruszające dzieło **Cimabuego**, uszkodzone w czasie powodzi w 1966 r.

•**Refektarz**;
pn–wt., sb. 9.00–12.00;
bezpł.

Piazza della Repubblica i zachodnia część centrum

Spacer po zachodniej części miasta najlepiej rozpocząć na **Piazza della Repubblica**, dwa kroki od katedry, niemal dokładnie pośrodku centrum. Ten kwadratowy plac z końca XIX w. zajmuje miejsce, w którym znajdowało się forum antycznej Florentii. Jego główną atrakcją są modne kawiarnie, w tym jedna o znajomo brzmiącej nazwie – *Paszkowski*, upamiętniającej Karola Paszkowskiego, syna powstańca styczniowego osiadłego we Włoszech, w latach międzywojennych konsula honorowego RP we Florencji, wreszcie jednego z pionierów włoskiego browarnictwa. Kawiarnia miała licencję na sprzedaż piwa produkowanego przez Paszkowskiego, cieszącego się wielkim wzięciem – stąd nazwa. Na początku XX w. i w latach międzywojennych lokal był ulubionym miejscem spotkań artystycznej bohemy oraz gości z Polski. Bywali tu m.in. Reymont, Szymanowski, Staff, Żeromski, Lechoń i wielu innych.

Opuściwszy Piazza della Rupubblica przez monumentalny łuk triumfalny postawiony z okazji zjednoczenia Włoch, dochodzi się w kilka chwil pod **Palazzo Strozzi**. Jest to największy pałac renesansowej Florencji, zbudowany przez jednego z miejscowych krezusów, Filipa Strozziego, który pochodził z plebejskiego rodu, a bajecznej fortuny dorobił się na handlu i operacjach bankowych. Filippo, za wszelką cenę pragnący dorównać Medyceuszom, na budowę rezydencji wydał niemal cały majątek. Gmach prezentuje ten sam typ pałacu co Palazzo Medici-Riccardi, jest jednak znacznie większy. Nawet w otoczeniu XIX-wiecznych kamienic wyróżnia się kolosalnymi rozmiarami.

Prace, zainaugurowane w 1489 r., dobiegły końca dopiero w 1536 r., ale i tak budowla nie została ukończona w planowanym kształcie, o czym świadczy gzyms, urywający się od strony Via degli Strozzi.

Za pałacem przebiega ruchliwa Via Tornabuoni. Idąc stąd w stronę rzeki, można dojść do **kościoła Santa Trinità**, gdzie w kaplicy Sassettich (druga na prawo od ołtarza) zachowały się arcyciekawe freski Ghirlandaia z lat 1483–1486. Przedstawiono na nich sceny z życia św. Franciszka z Asyżu i cuda dokonane za jego sprawą. Na jednym z malowideł widnieje Piazza della Signoria, a w tłumie postaci można dostrzec portrety ważnych osobistości, w tym Wawrzyńca

Il Restauro della Cappella di Filippo Strozzi

Wspaniałego z synami i ich
wychowawcą, humanistą Polizianem.
Na ołtarzu w kaplicy umieszczono
piękny *Pokłon pasterzy*, także
Ghirlandaia.
   Jedną z ulic odchodzących od Via
Tornabuoni jest Via della Vigna Nuova.
Stoi przy niej kolejna perła renesansu,
Palazzo Rucellai. Twórca gmachu,
Leone Battista Alberti, nawiązując ogólnie
do Palazzo Medici-Riccardi zastosował tu
po raz pierwszy podział fasady
florenckiego pałacu za pomocą pilastrów
oraz inspirowaną antykiem zasadę gradacji
porządków architektonicznych (im wyżej,
tym lżejsze formy). Na zachodnim
krańcu centrum stoi **kościół Ognissanti**.
Jego największą atrakcją jest fresk
Ghirlandaia *Madonna della Misericordia*,

gdzie wśród członków rodu Vespuccich
widnieje młody Amerigo, przyszły
podróżnik i geograf, który jako pierwszy
właściwie zinterpretuje odkrycie
Kolumba, dostrzegając w tajemniczej
ziemi nie Indie, lecz nowy kontynent.
Ten ostatni będzie nazwany Ameryką
właśnie ze względu na imię florenckiego
odkrywcy. W kościele są również obrazy
Św. Augustyn Boticellego i *Św. Hieronim*
Ghirlandaia. Ten drugi namalował
również *Ostatnią Wieczerzę* na ścianie
refektarza przy krużgankach, tuż obok
kościoła.

Santa Maria Novella

Najważniejszym kościołem
w zachodniej części miasta jest
dominikańska świątynia S. Maria

•**Santa Maria Novella**;
pn.–czw. i sb. 9.00–7.00,
pt. i nd. 13.00–17.00;
2,70 €.

**Kościół Santa Maria
Novella.**

Fasada kościoła Santa Maria Novella.

Novella, która rywalizowała z Santa Croce o miano panteonu najbogatszych kupców i bankierów Florencji. Budowę gotyckiej konstrukcji rozpoczęto w 1279 r., a zakończono w 1360 r. We wspaniałej marmurowej fasadzie, zaprojektowanej w XV w. przez Albertiego, znakomicie połączono rygor klasycznej kompozycji z wdziękiem wielobarwnych inkrustacji. Napis na elewacji głosi chwałę fundatora, Giovanniego Rucellai, bogatego przedsiębiorcy, który dla sfinansowania dzieła pozbył się nawet ulubionej willi i wielkiej hodowli jedwabników sprowadzonych aż z Chin. Motyw wydętych żagli na fryzie nad portalem to herb rodu Rucellai.

W przepięknym wnętrzu warto zwrócić uwagę na nierówne odstępy między filarami: im bliżej ołtarza, tym są mniejsze, co optycznie wydłuża kościół. W głównej nawie wisi malowany krucyfiks, wczesna praca **Giotta**, poddana niedawno kompleksowej konserwacji. W lewej warto zobaczyć epitafium rodziny Lenzich – **fresk Masaccia** z 1421 r., którego główna część przedstawia Trójcę Świętą. Jest to najstarszy przykład zastosowania w malarstwie zasad perspektywy linearnej, odkrytych przez Brunelleschiego, a pozwalających wywołać u widza wrażenie trójwymiarowości obrazu. Godne uwagi są również kaplice przy transepcie, fundacje największych florenckich rodów. Środkowa, za głównym ołtarzem, należała do Tornabuonich, rodziny skoligaconej z Medyceuszami. **Freski Ghirlandaia** zdobiące wnętrze to jedne z najbardziej okazałych malowideł, jakie powstały w renesansowej Florencji. Po lewej stronie przedstawiono sceny z życia patrona miasta, św. Jana Chrzciciela, po prawej epizody z życia patronki kościoła – Najświętszej Marii Panny, wszystko z uwzględnieniem florenckich realiów II połowy XV w., nie wyłączając sprytnie wkomponowanych w przedstawiane sceny portretów ówczesnych notabli. Równie znakomite malowidła można oglądać w sąsiedniej kaplicy, po prawej stronie. Bankier Filippo Strozzi ufundował tu cykl fresków poświęconych apostołom Janowi i Filipowi. Ich autorem był **Filippino Lippi**. W kaplicy po przeciwnej stronie głównego ołtarza jest przechowywany **krucyfiks Brunelleschiego** z nagim Chrystusem, powstały w odpowiedzi na dzieło Donatella z Santa Croce.

Rodzina Strozzich miała w kościele jeszcze jedną kaplicę – w zakończeniu lewego ramienia transeptu (wejście schodami). I w niej można obejrzeć ciekawe freski, tym razem z połowy XIV w., przedstawiające Sąd Ostateczny, piekło i raj. Ich twórcą był Nardo di

Cione. Na uwagę zasługuje piękny, malowany i złocony ołtarz współczesny malowidłom.

Na lewo od kościoła ma siedzibę **Museo di Santa Maria Novella**, gdzie można oglądać uroczy krużganek, **Chiostro Verde**, z kolejnymi frapującymi freskami. Są tu m.in. prace Uccella, z budzącym grozę *Potopem* na czele. **Cappella degli Spagnoli** (kaplica Hiszpańska) tuż obok jest pokryta alegorycznymi malowidłami z XIV w.

Po drugiej stronie Arno

W ciekawe zabytki obfituje również Oltrarno, dzielnica na lewym brzegu rzeki. Na spacer po tej części miasta najlepiej się wybrać z **Ponte Vecchio** – najstarszego i najpiękniejszego mostu Florencji, nieopodal Uffizi. Pierwszą przeprawę zbudowano w tym miejscu już w czasach antycznych, a obecną konstrukcję wzniesiono w 1345 r. W końcu XVI w., na mocy książęcego postanowienia, usunięto znajdujące się tu dotąd jatki i postawiono dwa szeregi sklepów

Ponte Vecchio na rzece Arno.

jubilerskich, przekształcając most
w rodzaj ekskluzywnej ulicy
handlowej. Na tyłach sklepów znalazły
miejsce warsztaty złotnicze.
Sto metrów za mostem, po stronie
Oltrarno wznosi się niepozorny **kościół
Santa Felicita**. Na prawo od wejścia,
w kaplicy Capponich zachowały się
freski Pontorma
i Bronzina (1526–1528), uznawane za
jedno z największych osiągnięć
florenckiego manieryzmu.

Palazzo Pitti Pałac i ogrody na jego
tyłach to najobszerniejszy zespół
pałacowo-parkowy we Florencji.
Budowę według projektu
Brunelleschiego rozpoczął w połowie
XV w. bankier Luca Pitti, który chciał
przyćmić rezydencję Medyceuszy.
Fundator pałacu nie mógł przewidzieć,
że 100 lat później książę Kosma I
wykupi jego posiadłość i urządzi w niej
swoją główną siedzibę, która odtąd,
o ironio, głosić będzie chwałę
Medyceuszy. Na rozkaz księcia
Bartolomeo Ammanati przeprowadził
w latach 1558–1577 manierystyczną
rozbudowę założenia: pałac wzbogacił
się o monumentalny dziedziniec
wewnętrzny i nową długą fasadę,
w którą wtopiono elewację rezydencji
Pittich. Następne przebudowy, tym
razem obejmujące również wnętrza,
przeprowadzono w XVIII i XIX w., gdy
pałac stał się własnością Habsburgów.
Obecnie Palazzo Pitti to największy
w mieście muzealny „kombinat", na
którego zwiedzenie nie starczy dnia.
Zainteresowani malarstwem mogą się
udać na I piętro, gdzie jest ulokowana
Galleria Pallatina, z największym po
Uffizi zbiorami malarstwa w mieście.
Już choćby wymienienie nazwisk
artystów, których dzieła są tutaj
eksponowane, zajęłoby mnóstwo czasu;
najważniejsze z nich to: Filippino Lippi,

Perugino, Rafael, Giorgione, Tycjan,
Rubens i van Dyck. Pozostałą część
I piętra zajmują reprezentacyjne sale
Medyceuszy i ich następców
(**Appartamenti Monumentali**),
o wystroju częściowo barokowym,
częściowo klasycystycznym. Piętro
wyżej mieści się **Galeria dell'Arte
Moderna**, prezentująca sztukę włoską
od połowy XVIII w. do II wojny
światowej.

Widzenie Ezechiela
Rafaela, Palazzo Pitti.

• **Galleria Pallatina**;
wt.–nd. 8.15–18.50;
8,50 €.

Pawilon pałacu
Pittich.

Pozostałe muzea w pałacu oraz rozciągający się za nim park są czynne w tych samych godzinach i dostępne z tym samym biletem. Na uwagę zasługuje doskonała kolekcja sreber i innych precjozów (**Museo degli Argenti**), wśród których wybija się zbiór przedmiotów należących do Wawrzyńca Wspaniałego, z pucharem ozdobionym jego inicjałami. Na uwagę zasługują także, niesłusznie pomijane przez turystów, **Museo delle Porcellane** i **Galeria del Costume**. Kto ma ochotę na spacer wśród zieleni lub chciałby odpocząć, powinien się skierować przez wewnętrzny dziedziniec do Ogrodów Boboli (**Giardino di Bobola**). Tuż za pałacem, w niecce powstałej po wydobyciu kamienia na jego budowę, urządzono tzw. amfiteatr. W dalszej części założenia można oglądać m.in. perspektywiczną aleję wysadzaną cyprysami (Viottolone), sztuczne sadzawki ozdobione rzeźbami Giambologny, ogród różany, belweder, kilka mniejszych budowli oraz urokliwe widoki na miasto i sąsiednie wzgórza.

Kościoły Oltrarno Kilka przecznic za Piazza dei Pitti stoi drugi, po San Lorenzo, kościół zbudowany przez Brunelleschiego – **Santo Spirito**, który niegdyś należał do zakonu augustianów. Z kolei dawna świątynia Karmelitów to wyrastająca bardziej na wschód **Santa Maria del Carmine**, sławna dzięki **kaplicy Brancaccich**. W latach 1425–1428 udekorowali ją freskami **Masolino da Panicale** i jego uczeń **Masaccio**, który szybko prześcignął mistrza, stając się najwybitniejszym malarzem wczesnego odrodzenia. Jego fresk *Wygnanie Adama i Ewy z raju* to jeden z pierwszych nowożytnych aktów w sztuce europejskiej, a zarazem scena o przejmującej ekspresji. O klasie tego dzieła można się przekonać, porównując je z *Grzechem pierworodnym* Masolina, bliskim jeszcze tradycjom sztuki średniowiecznej. Dalsze malowidła, przedstawiające epizody z życia św. Piotra, to świetny przykład monumentalnego stylu Masaccia, który ostentacyjnie odrzucił wszelkie efekty dekoracyjne, skupiając się na oddawaniu plastyczności brył i prawidłowym wiązaniu postaci z otaczającym je światem. W 1428 r. artyści przerwali pracę i wyjechali do Rzymu, gdzie Masaccio zmarł w wieku zaledwie 27 lat. Około 1485 r. Filippino Lippi, przedstawiciel dojrzałego renesansu, domalował brakujące sceny, starając się naśladować styl Massaccia, wówczas już anachroniczny, ale wciąż budzący podziw.

San Miniato al Monte Na wschodnim krańcu centrum, już poza obrębem miejskich murów wyrasta wzgórze z romańskim kościołem San Miniato na szczycie. Zwiedzanie tej części Florencji najlepiej rozpocząć od **Piazza Michelangelo**, gdzie stoi pomniki z kopiami rzeźb Michała Anioła i skąd roztacza się rozległy widok na miasto. Nad morzem czerwonych dachów unosi się, niczym wielki okręt, majestatyczna bryła katedry, w oddali rysują się Apeniny, a u stóp leniwie przepływa Arno. Jest to jedno z tych kilku miejsc we Florencji, których nie wolno pominąć.

Nieopodal placu widać ładny renesansowy kościółek **San Salvatore al Monte**, a nieco wyżej wspomniany już **San Miniato**. Zachwycająca marmurowymi inkrustacjami fasada tej świątyni (przełom XII i XIII w.) jest popisowym dziełem toskańskich kamieniarzy. Mozaika nad

•Pozostałe muzea w pałacu Pitti oraz park; VI–VIII codz.
8.15–19.30, IV–V i IX
8.15–18.30, III
i X 8.15–17.30, XI–II
8.15–16.30, 1. i ostatni
pn. miesiąca zamkn.; 8 €.

•Santo Spirito; codz. 8.00–12.00
i 16.00–18.00, śr. po południu zamkn.; bezpł.

•Kaplica Brancaccich; śr.–pn. 10.00–17.00; 4 €.

Święty Jan Chrzciciel Andrei del Sarto, Palazzo Pitti.

środkowym oknem przedstawia błogosławiącego Chrystusa, stojącego między Madonną a patronem kościoła, apostołem Toskanii św. Miniaszem. Ten sam temat powraca na mozaice z końca XIII stulecia, w absydzie. Spośród wielu cennych elementów wyposażenia warto wymienić mozaikową posadzkę, przegrodę chórową i ambonę (wszystkie ukończone w 1207 r.) oraz renesansową kapliczkę

przed zejściem do krypty, autorstwa Michelozza. Przy lewej nawie mieści się kaplica grobowa portugalskiego kardynała, który zmarł we Florencji w 1439 r., postawiona niespełna 30 lat później – jedno z najdoskonalszych dzieł dojrzałego renesansu w mieście. Warto także zajrzeć do zakrystii z ciekawymi freskami z końca XIV w.

Kościół San Miniato al Monte.

Okolice Florencji

W bliższych i dalszych okolicach Florencji jest wiele ciekawych miejsc, które warto zobaczyć, jeżeli zostaje się na dłużej w stolicy Toskanii lub odwrotnie – gdy szuka się dogodnej bazy do jej zwiedzenia. Opinią najładniejszej miejscowości zasłużenie cieszy się **Fiesole**, wspaniale położone i pełne cennych zabytków. Równie piękną scenerią mogą się poszczycić wioski w paśmie **Monte Albano**. W najbliższym sąsiedztwie stolicy Toskanii jest rozrzuconych sporo podmiejskich rezydencji, wśród których wyróżnia się grupa willi Medyceuszy (**Ville Medicee**). Pistoia i **Parto** to z kolei dość duże miasta z wieloma zabytkami; na ich zwiedzenie najlepiej zarezerwować sobie pół dnia. Do głównych atrakcji w rejonie Florencji należy także kraina Chianti (omówiono ją w innym miejscu, gdyż większa jej część leży w granicach prowincji sieneńskiej).

Fiesole

Leżące na wzgórzach 8 km od centrum stolicy Toskanii Fiesole (dojazd spod SMN autobusem ATAF #7, przez San Domenico), szczyci się starożytnym rodowodem, sięgającym epoki Etrusków. Na przełomie XI i XII w. oba miasta były równorzędnymi, zwalczającymi się ośrodkami. Po długiej walce – w roku 1125 – Fiesole zostało pokonane. Florentyńczycy bardzo szybko upodobali sobie okolice podbitej miejscowości, budując tu pałace i wille. Centralnym punktem miasteczka jest **Piazza Mino da Fiesole**, gdzie wznosi się romańska **katedra San Romolo** z pięknym

poliptykiem Bicciego di Lorenza, freskami Cosima Rossellego i nagrobkiem jednego z miejscowych biskupów dłuta Mina da Fiesole (1464). W głębi placu stoi pomnik upamiętniający spotkanie i pojednanie rewolucjonisty Garibaldiego z królem Wiktorem Emanuelem II w Teano w 1860 r. Nieopodal widać ruiny rzymskiego **teatru** z I w. p.n.e., mieszczącego około 3 tys. widzów. Na sąsiednim wzgórzu, w miejscu akropolu starożytnego Fiesole wznosi się **kościół San Francesco**, spod którego rozciąga się rozległa i piękna panorama doliny Arno. Wychodząca z głównego placu droga – Vecchia Fiesolana – po 1,5 km dochodzi do osady **San Domenico** (przystanek autobusu #7), gdzie stoi kościół i klasztor Dominikanów pod takim samym wezwaniem, z freskami Fra Angelica, który był tu przeorem. Kilkuminutowy spacer dzieli klasztor od ładnego benedyktyńskiego opactwa **Badia Fiesolana**.

Villa Medicea della Petraia

Jedna z najciekawszych podmiejskich rezydencji Medyceuszy stoi 6 km na północ od centrum Florencji. Pierwotnie stał tu średniowieczny zamek, przekształcony w latach 1575–1590 w okazałą willę książąt Toskanii. Następna poważna przebudowa nastąpiła dopiero po zjednoczeniu Włoch, w czasach Wiktora Emanuela II, gdy wewnętrzny dziedziniec został przekryty szklanym dachem. Wewnątrz można podziwiać freski gloryfikujące Medyceuszy i znakomitą rzeźbę Giambologny,

• **Villa Medicea della Petraia**;
I i II oraz XI i XII codz. 8.15–17.00, III i X 8.15–18.00, IV i V oraz IX 8.15–19.00, VI–VIII 8.15–20.00; 1. i 3. pn. miesiąca zamkn.; bilet łączony z ogrodami Villa di Castello 2 €; z Florencji autobus #28 do Castello.

Villa di Castello;
i II oraz XI i XII codz.
8.15–17.00, III i X
8.15–18.00, IV i V oraz IX
8.15–19.00, VI–VIII
8.15–20.00; 1. i 3. pn.
miesiąca zamkn.; bilet
łączony z Villa Medicea
della Petraia 2 €; z Florencji
autobus #28 do Castello.

**Typowy krajobraz
Toskanii.**

przedstawiającą Florencję pod postacią Wenus. Rezydencję otacza wspaniały park. Niecały kilometr na północny zachód wyrasta **Villa di Castello**, w XV w. podmiejska siedziba jednej z bocznych gałęzi Medyceuszy, przejęta później przez księcia Kosmę I. Budynek jest zamknięty dla turystów, ale otaczający go efektowny, manierystyczny park można zwiedzać bez przeszkód, podziwiając przepyszne widoki, rzeźby i fontanny. W okolicy jest jeszcze jedna, chyba najsłynniejsza willa Medyceuszy – **Villa Careggi**, gdzie chętnie bywali m.in. Kosma Stary i Wawrzyniec Wspaniały (obaj tu zresztą zmarli), ale nie jest obecnie udostępniana turystom.

Monte Albano i dolina Arno

Niespełna 20 km na zachód od Florencji i kilka kilometrów na południe od Prato wyrasta pasmo niewysokich gór (do 611 m n.p.m.), zwane **Monte Albano**. Charakteryzuje się ono sporą wysokością względną, stromymi stokami i wyjątkowo malowniczym krajobrazem. Zimą pojawia się tu śnieg, o czym wymownie świadczy nazwa masywu (dosłownie „biała góra"). Ze wzgórz roztaczają się urzekajce widoki na dolinę Arno, Apeniny, Prato i Florencję. Nie ma tu dużych miejscowości, jedynie zabytkowe miniaturowe miasteczka. Najciekawsze leżą wzdłuż drogi z Poggio a Caiano do Vinci.

Pogio a Caiano (dojazd spod SMN we Florencji autobusami sieci COPID, albo z Prato autobusem #M sieci CAP) jest sławne dzięki willi, którą w 1480 r. na zlecenie Wawrzyńca Wspaniałego zaprojektował jego ulubiony architekt, Giuliano da Sangallo (**Villa Medici di Poggio a Caiano**). W harmonijnej fasadzie jedynym wtórnym dodatkiem są półkoliste rampy ze schodami, wprowadzone w początku XIX w.

Wewnątrz zwraca uwagę reprezentacyjna sala na I piętrze, z dekoracją powstałą w latach 1519–1521 z polecenia papieża Leona X (syna Wawrzyńca Wspaniałego). Freski, przy których pracowali Andrea del Sarto i Pontormo, pierwszoplanowe postaci florenckiego manieryzmu, za woalem epizodów z historii klasycznej głoszą wielkość Medyceuszy. Po zjednoczeniu Italii pałacyk przeszedł w ręce króla Wiktora Emanuela II, a od 1919 r. jest własnością państwa. Rozległy park angielski otaczający rezydencję, w obecnej formie pochodzący z XIX stulecia, to świetne miejsce na odpoczynek.

Zaledwie 5 km na zachód od Poggio a Caiano leży **Carmignano**, sympatyczna mieścina z ładnym ryneczkiem i stojącym przy drodze do Vinci kościołem San Michele. Zachowało się w nim kolejne arcydzieło malarstwa manierystycznego – *Nawiedzenie* Pontorma, obraz z około 1530 r. Latem tłumy turystów przyciąga **Vinci**, po zachodniej stronie Monte Albano, sławne za sprawą Leonarda, który w 1452 r. urodził się w pobliskiej wiosce Archiano, a w kościele parafialnym w Vinci przyjął chrzest. Fakt ten upamiętnia kaplica na prawo od wejścia. Świątynia od XV w. była kilkakrotnie przebudowywana i obecnie nie przypomina budowli z czasów twórcy. Na szczycie wzgórza, na którym założono miasteczko, jest zamek,

a w nim **Museo Leonardiano**, prezentujące dorobek mistrza pod kątem jego zainteresowań inżynieryjnych. Kilka ładnych zabytkowych uliczek i piękna okolica to wystarczające powody, aby zatrzymać się w Vinci.

Osoby jadące z Florencji nad morze superstradą biegnącą doliną Arno, mogą wstąpić do miasteczka **San Miniato**, z uroczym średniowiecznym centrum.

Prato

Stolica najmniejszej prowincji Toskanii leży 18 km na północny zachód od Florencji, z którą jest połączona autostradą i linią kolejową (pociągi co 30 min, podróż trwa 20–35 min). Słowo *prato* znaczy „łąka", co ma się odnosić do nieistniejącego już błonia przed miastem, gdzie odbywały się targi. Zabytkowe centrum, stosunkowo rozległe, otacza pas kamiennych **murów obronnych**. Najważniejszy zabytek Prato to ładna romańska **katedra** pośrodku śródmieścia, mieszcząca sporo dzieł renesansowych florenckich artystów. Prezbiterium zdobią **freski Filippa Lippiego**, wykonane w latach 1452–1466, a przedstawiające dzieje świętych Jana Chrzciciela i Szczepana. Lippi, oddany do klasztoru jako sierota, musiał potem złożyć śluby zakonne i zostać karmelitą. Malując freski w Prato zakochał się w mniszce z pobliskiego klasztoru, Lukrecji (według tradycji sportretował ją na jednym z malowideł jako tańczącą Salome). Owocem ich potajemnego związku był Filippino Lippi, w przyszłości także wybitny malarz. W kaplicy na lewo od wejścia przechowuje się relikwię, będącą od stuleci przedmiotem dumy miejscowych – **pasek Madonny** (*Sacro Cingolo*), który Maryja miała zostawić św. Tomaszowi przy Wniebowzięciu,

•**Villa Medici di Poggio a Caiano**; I i II oraz XI i XII codz. 8.15–15.30, III i X 8.15–16.30, IV i V oraz IX 8.15–17.30, VI–VIII 8.15–18.30; 2. i 3. pn. miesiąca zamkn.; 2 €.

•**Museo Leonardiano**; I i II oraz XI i XII 9.30–18.00, III–X 9.30–19.00; 5 €.

•**Katedra w Prato**; codz. 7.30–12.00 i 15.30–19.00; bezpł.

jako potwierdzenie cudu. W kaplicy, prócz relikwiarza, zwracają uwagę freski Agnola Gaddiego, przedstawiające dzieje *Sacro Cingolo*. Na narożniku katedralnej fasady widnieje dekorowana płaskorzeźbami Donatella ambona, z której przez wieki w określone święta okazywano tłumowi pielgrzymów relikwię. Oryginalne reliefy przechowuje się dziś w sąsiednim **Museo dell'Opera del Duomo**. Publiczne wystawianie relikwii praktykuje się także obecnie – w Wielkanoc, 1 maja, 15 sierpnia, 8 września i w Boże Narodzenie.

Spacerując po Parto, warto wybrać się na **Piazza del Comune** – niewielki plac miejski z wysokim gmachem ratusza (mieszczące się w nim Museo Civico e Galeria Comunale w czasie zbierania informacji do przewodnika było zamknięte). Kilka ulic dalej wznosi się **Castello Imperatore**, zamek Fryderyka II, z którego murów można podziwiać rozległe widoki na Prato i okolice. U stóp zamczyska stoi nieduży **kościół Santa Maria delle Carceri** z przełomu XV i XVI w., projekt Giuliana da Sangalla – perła architektury renesansowej. W dawnym klasztorze obok gotyckiego kościoła San Domenico ma siedzibę **Museo di Pittura Murale**. Zgromadzono w nim cenne przykłady malarstwa freskowego, w tym kolejne prace Filippa Lippiego. Od średniowiecza Prato jest jednym z największych we Włoszech ośrodków przemysłu włókienniczego, co dokumentują zbiory tkanin i maszyn tkackich w **Museo del Tessuto** w południowo-wschodniej części zabytkowego centrum.

Pistoia

Miasto leży w połowie drogi z Florencji do Lukki i ma liczne połączenia autobusowe i kolejowe z każdym z tych ośrodków (podróż pociągiem ze stolicy Toskanii zabiera 40–50 min). Spokojne na ogół uliczki ożywiają się w środy i soboty, gdy wypełniają je dziesiątki straganów, na których handluje się wszystkim – od ubrań i butów poprzez jedzenie i ceramikę. Na atmosferę śródmieścia pozytywny wpływ ma względnie mała, jak na Toskanię, liczba turystów. Jedynie w lipcu, podczas popularnego festiwalu, do miasta przybywa większa liczba zwiedzających.

Pistoia leżała na granicy artystycznych wpływów Pizy i Florencji, co do dziś jest widoczne w jej pejzażu architektonicznym. Miasto było ważnym ośrodkiem produkcji broni, zarówno białej, jak i palnej, o czym najlepiej świadczy fakt, że od jego nazwy pochodzi słowo *pistolet*.

Centralnym punktem *centro storico* jest **Piazza del Duomo**, gdzie odbywa się wspomniany turniej i gdzie wznoszą się najważniejsze budowle komunalne oraz **katedra San Zeno**. Warto w niej obejrzeć Altare di San Iacopo, wspaniały ołtarz w kaplicy św. Jakuba z prawej strony nawy. To ważące niemal tonę dzieło wykonano z pozłacanego srebra w latach 1287–1456. W pracach brał udział m.in. młody Brunelleschi, który – choć próbował potem zostać rzeźbiarzem, a w pamięci potomnych zapisał się jako architekt – karierę rozpoczynał jako członek florenckiego cechu złotników. Obok katedry stoi kampanila, a naprzeciw – ośmioboczne baptysterium. Największym kościołem w mieście jest **Santa Maria dell'Umilità**, przykryta kopułą renesansowa świątynia, do której z Piazza del Duomo prowadzi Via degli Orafi. Na uwagę zasługuje też malutki **kościół San Giovanni Fuorcivitas**,

• **Castello Imperatore**; latem śr.–pn. 9.00–13.00 i 16.00–19.00; 2 € lub bilet łączony.

• **Museo di Pittura Murale**; nd., pn., śr. i czw. 9.00–13.00, pt. i sb. 9.00–13.00 i 15.00–18.00; 4 € lub bilet łączony.

• **Museo dell'Opera del Duomo**; pn. i śr.–sb. 9.30–12.30 i 15.00–18.30, nd. 9.30–12.30; 4 € lub bilet łączony.

• **Museo del Tessuto**; pn. i śr.–pt. 10.00–18.00, sb. 10.00–14.00, nd. 16.00–19.00; 4 €, nd. bezpł.

• **Katedra San Zeno**; 3,62 €.

• **Baptysterium**; wt.–nd. 10.00–13.00 i 15.00–18.30; bezpł.

Romańska katedra w Prato.

stojący pierwotnie za murami Pistoi. Dopiero budowa nowych fortyfikacji w XVI w. sprawiła, że świątynia znalazła się w granicach miasta. Kamienne biało-zielone elewacje kościółka mają wyjątkowy urok. Wewnątrz zachowała się pełnoplastyczna grupa *Nawiedzenia*, wykonana z glazurowanej terakoty przez Lukę della Robbię (1455) oraz zdobiona płaskorzeźbami ambona z końca XIII w., praca artysty wywodzącego się z warsztatu Pisanich. W północnej części centrum stoi **kościół Sant'Andrea** o wzorzystej fasadzie. Wewnątrz można oglądać kolejną wspaniale zdobioną kazalnicę, tym razem dzieło samego Giovaniego Pisana. Arysta był także twórcą niewielkiego krucyfiksu przechowywanego w tym samym kościele. Świecką architekturę renesansową reprezentuje **Ospedale del Ceppo** bardziej na wschód, o fasadzie inspirowanej florenckim Szpitalem Niewiniątek, zdobionej wielobarwnym fryzem ceramicznym, przedstawiającym pielęgnację chorych.

Kościół San Giovanni Fuorcivitas w Pistoi.

Florencja i okolice • INFORMACJE PRAKTYCZNE

FLORENCJA

Orientacja, przyjazd, informacja

Rzeka Arno dzieli Florencję na dwie części, północną i południową. Dworzec kolejowy, biura informacji turystycznej oraz większość najważniejszych zabytków, z katedrą, Palazzo Vecchio i Galerią Uffizi, skupia się na prawym (północnym) brzegu rzeki. Dojście spod dworca do katedry zajmuje 10 min, a na Ponte Vecchio 20 min.

Miasto ma bezpośrednie połączenia kolejowe m.in. z Rzymem, Bolonią, Wenecją, Mediolanem, Perugią i Neapolem. Główny dworzec kolejowy, Stazione Santa Maria Novella (SMN), jest na północno-zachodnim skraju centrum. Autobusami różnych przewoźników można dotrzeć do wielu miast Toskanii oraz większości ośrodków w całych Włoszech. Dworzec autobusowy jest zlokalizowany 100 m na zachód od kolejowego, przy Via S. Caterina da Siena. Także większość dużych polskich ośrodków ma bezpośrednie połączenia autobusowe z Florencją – autokary stają na ogół tuż przy dworcu kolejowym, na Largo Alinari.

Lotnisko (Aeroporto Amerigo Vespucci; www.aeroporto.firenze.it) jest w Perétoli, 5 km na północny zachód od centrum; póki co nie ma bezpośrednich połączeń z Polską. Między terminalem a SMN kursują autobusy „Vola in Bus" (co 30 min, podróż trwa 20 min; 4 €, bilety w automatach na lotnisku i na dworcu lub u kierowcy).

Centrala biura informacji turystycznej APT zaprasza na zachodnim skraju centrum, z dala od głównych tras

zwiedzania (Via Manzoni 16; ☎055/23320, fax 055/2346286, apt@ firenzeturismo.it, info@firenzeturismo.it, www.firenzeturismo.it). Turyści najczęściej korzystają z dużego, dobrze zaopatrzonego biura obok Palazzo Medici-Ricardi (Via Cavour 7; ☎055/290832–3, fax 055/290832; pn.–sb. 8.15–19.15, nd. do 18.30). Miejskie punkty informacji turystycznej skupiają się naprzeciw dworca kolejowego (Piazza Stazione 4; ☎055/212245, fax 055/2381226) i nieopodal S. Croce (Borgo S. Croce 29r; ☎055/2340444, fax 055/2264524, turismo@comune.it). Wiadomości o aktualnych wydarzeniach zawiera darmowy anglojęzyczny tygodnik „The Florentine" (www.theflorentine.net), dostępny w biurach informacji turystycznej, a także „Firenze Spettacolo", do kupienia w kioskach (1,60 €). Podstawowe informacje przynosi strona internetowa miasta: www.comune.firenze.it; warto również zajrzeć na stronę APT dotyczącą prowincji – www.provincia.it – oraz na liczne prywatne witryny, m.in. www.mega.it, www.firenze.net, www.yourwaytoflorence.com.

Komunikacja

Po mieście i okolicach kursują autobusy ATAF (punkt informacyjny obok dworca SMN, zielona linia ☎800/424500, www.ataf.net; codz. 7.15–13.15 i 13.45–19.45). Większość linii krzyżuje się pod SMN. W sprzedaży są różne typy biletów: ważny 1 godz. 1 € (zamiast czterech godzinnych biletów można kupić biglietto multiplo za 3,90 €), 3 godz. 1,80 €, 24 godz. 4,50 €, nocny (21.00–6.00, u kierowcy) 2 €. Po

centrum najwygodniej poruszać się pieszo.

Parkowanie jest dozwolone tylko w wyznaczonych miejscach (w centrum do 2 godz.; parkometry), ale znalezienie wolnego miejsca jest praktycznie niemożliwe. Łatwiej o to na płatnych parkingach (część jest podziemna), jak Mercato Centrale-San Lorenzo, S. Maria Novella, Porta Romana czy Piazza Brunelleschi, są one jednak drogie (na ogół 1 godz. 2 €, każda następna 3 €).

Noclegi

Jeżeli chodzi o ceny hoteli, Florencja należy do najdroższych miast we Włoszech. Miejsca są z reguły rezerwowane z kilkumiesięcznym wyprzedzeniem, a w sezonie, który trwa od marca do września, znalezienie wolnego pokoju w umiarkowanym i niższym przedziale cenowym jest niezwykle trudne. Standard hoteli, a zwłaszcza poziom obsługi, są przy tym często niższe niż wskazywałaby na to liczba gwiazdek. Bukowaniem noclegów zajmuje się Consorzio Informazioni Turistiche Alberghiere na dworcu kolejowym (☎055/282893, fax 055/288429; pn.–sb. 8.30–19.00, nd. 9.00–17.30). Rezerwacja przyjmowana jest tylko na miejscu (kolejki!), za opłatą (min. 2 €). Znacznie tańsze od hoteli są liczne schroniska i case religiose, ale i tu o wolne miejsce trudno. Pełną listę hoteli i schronisk podaje informator „Guida all'ospitalità" dostępny w biurach informacji turystycznej. Znaleźć w nim można również wykaz prywatnych pokojów gościnnych, które są na ogół niedogodnie zlokalizowane. Warto rozważyć nocleg w którejś z pobliskich miejscowości i dojazd do Florencji autobusem lub koleją.

Hotele

Bretagna (Lungarno Corsini 6; ☎055/ 289618, fax 055/289619, hotel@bretagna.it, www.bretagna.it). We wspaniałym pałacu nad rzeką Arno; 18 pokoi 1–4-os., przeważnie z łazienkami, stylowe wnętrza. ③–④

Casci (Via Cavour 13; ☎055/211686, fax 055/2396461, info@hotelcasaci. com, www.hotelcasci.com). Wygodny i sympatyczny hotel w północnej części centrum; 26 pokoi z łazienkami. W cenie śniadanie (szwedzki stół). ③–⑤

Chiazza (Borgo Pinti 5; ☎055/2480363, fax 055/2346888, hotel.chiazza@tin.it, www.chiazzahotel.com). Rodzinny hotelik w XV-wiecznym pałacu; pokoje z łazienkami, TV i klimatyzacją wychodzą na podwórko; śniadanie kontynentalne. ④

Dali' (Via dell'Oriuolo 17; ☎/fax 055/2340706, hoteldali@tin.it, www.hoteldali.com). Niewyszukany, ale miły hotelik blisko katedry; pokoje z łazienkami lub bez. ③

Derby (Via Nazionale 35; ☎055/219308, fax 055/285839, info@hotelderbyfirenze.com, www.hotelderbyfirenze.com). Skromny hotelik w północnej części śródmieścia; pokoje (niektóre z widokiem na katedrę) z łazienkami lub bez. ④

Guelfa (Via Guelfa 28; ☎055/2115882, fax 055/216006, info@hotelguelfa.com, www.hotelguelfa.com). Kameralny hotel w północnej części centrum; własny parking; pokoje 1–3-os. z łazienkami lub bez. ③–④

Hermitage (Vicolo Marzio 1; ☎055/287216, fax 055/212208, florence@hermitagehotel.com, www.hermitagehotel. com). Elegancki hotel blisko rzeki; część pokoi z widokiem na Ponte Vecchio. ④–⑤

San Marco (Via Cavour 50; ☎055/281851, fax 055/284235, info@hotelsanmarcofirenze.it, www.hotelsanmarcofirenze.it). Skromnie

urządzone pokoje z łazienkami lub bez, w ścisłym centrum. ③

Schroniska

Archi Rossi (Via Faenza 94r; ☎055/290804, fax 055/2302601, ostelloarchirossi@hotmail.com, www.hostelarchirossi.com). Blisko dworca; 147 miejsc w 29 pokojach. ①

Santa Monaca (Via S. Monaca 6; ☎055/ 268338, fax 055/280185, info@ostello.it, www.ostello.it). Na Oltrarno, obok S. Maria del Carmine; 115 miejsc noclegowych w 13 pokojach, osobnych dla kobiet i mężczyzn. ①

Villa Camerata (Viale A. Righi 2/4; ☎055/ 600315, fax 055/610300). Oficjalne schronisko młodzieżowe zajmujące zabytkową willę w parku pod Fiesole. Obok skromne pole namiotowe. ①

Youth Residence Firenze 2000 (Viale R. Sanzio 16; ☎055/2335558, fax 055/ 2306392, european1@dada.it, www.florencegate.it). Nieduże schronisko na zachodnim skraju Oltrarno. ①

Kempingi

Michelangelo (Viale Michelangelo 80; ☎055/6811977; IV–X). Duży, wygodny i znakomicie zlokalizowany (wspaniałe widoki na miasto!), ale zatłoczony. Wskazana rezerwacja. Dojazd spod dworca autobusem #13.

Panoramico (Via Peramonda 1, Loc. Prato ai Pini; ☎055/599069, fax 055/59186). W Fiesole, 8 km na północny wschód od miasta. Komfortowy, z basenem i pięknymi widokami.

Gastronomia

We Florencji jest mnóstwo lokali gastronomicznych, ale ich duża część oferuje kiepskie jedzenie po wygórowanych cenach. Ostatnio obserwuje się niepokojące zjawisko wypierania z centrum lokali z tradycyjnym jedzeniem za rozsądne

pieniądze – zostaje albo nijaka, masowa produkcja, albo znakomite, ale bardzo drogie restauracje. Jednak poza głównymi trasami wycieczek, nawet w ścisłym centrum, wciąż można znaleźć ciekawe miejsca. Jeśli chodzi o przekąski, to oferuje je wiele barów, a o ich jakości można powiedzieć tyle, że często wyglądają lepiej, niż smakują, a ich ceny są wyższe, niż można by się spodziewać. Przyjemnym i tanim sposobem zaopatrywania się w żywność jest wizyta na którymś z florenckich targów (zob. *Informator*).

Restauracje

Alfredo sull'Arno (Via de'Bardi 46r; ☎055/283808; nd. zamkn.). Smaczne dania toskańskie degustuje się na tarasie widokowym obok Ponte Vecchio. Przyjemnie i niedrogo (jak na tę lokalizację).

Cellini (Piazza del Mercato Centrale 17r; ☎055/291541). Dobra pizza z pieca opalanego drewnem, także smaczne potrawy z ryb i dania kuchni toskańskiej.

Cantinetta di Verrazzano (Via dei Tavollini 18/20r, przecznica Via Calzaiuoli; ☎055/268590; codz. 8.00–21.00, nd. i VIII zamkn.). Wyborne sałatki, kanapki, pizza i *focaccia* z pieca opalanego drewnem; także solidniejsze dania, na miejscu lub na wynos. Do tego wina z Chianti (na miejscu sklep). Warto spróbować toskańskiego przysmaku – wędlin z dzika, a do kawy zamówić tradycyjne migdałowe biszkopty.

Enoteca Pinchiorri (Via Ghibellina 87r; ☎055/242777; nd., pn. i śr. w porze obiadu zamkn.). Jedna z najlepszych winiarni i restauracji w mieście. Doskonałe, wyszukane jedzenie (toskańskie i nie tylko), świetne desery. Latem stoliki na pięknym dziedzińcu. Ceny zawrotne, nawet jak na Florencję – pełny obiad z winem kosztuje od 200 €.

Hostaria del Bricco (Via San Niccolò 8r; ☎055/2345037). Dobre dania kuchni florenckiej, świetne wina i grappy. Ceny umiarkowane (w skali florenckiej).

Il Contadino (Via Palazzuolo 69r; nd. i VIII zamkn.). Cieszący się wielkim powodzeniem lokal z prostym i smacznym domowym jedzeniem.

Il Pizzaiuolo (Via del Macci 113r; ☎055/241171; nd. i VIII zamkn.). Najlepsza pizzeria w mieście, prowadzona przez neapolitańczyków. Sympatycznie i niedrogo, ale tłoczno.

La Bottega di Donatello (róg Piazza del Duomo i Via dei Servi; ☎055/216678; codz. 10.00–24.00). Klasyczne dania kuchni włoskiej, w tym znakomita pizza. Smacznie, lecz drogo.

Osteria dei Pazzi (róg Via dei Lavatoi i Via Verdi; ☎055/2344880; pn. zamkn.). Tradycyjne toskańskie jadło. Na szczególną uwagę zasługują znakomite grzanki (*bruschetta*, *crostini*), *spaghetti con polpo pestato* i *pasta con rucola*.

Trattoria il Bargello (Borgo dei Greci 17r; ☎055/218605). Dania z różnych części Włoch oraz potrawy domowej kuchni florenckiej. W ofercie specjały jarskie, mięsne i z owoców morza. Stoliki tylko w środku. Ceny umiarkowane.

Kawiarnie i lodziarnie

Caffè Concerto Paszkowski (Piazza della Repubblica 6r; ☎055/210236). Jedna z najsłynniejszych i najelegantszych kawiarni w mieście, założona w 1846 r. i wpisana do rejestru zabytków (więcej informacji w tekście). Świetne lody i kawa.

Caffè Rivoire (Piazza Signoria 5r; pn. zamkn.). Renomowana kawiarnia założona w 1872 r.; doskonała kawa, aperitify oraz czekolada na gorąco.

Festival del Gelato (Via del Corso 75r; pn. zamkn.). Świetna lodziarnia; od ilości smaków może się zakręcić w głowie.

Hemingway (Piazza Piattellina 9r; wt.–pt. 16.00–1.00, nd. 11.00–20.00). Doskonała czekolada, szeroki wybór herbat, kaw i przekąsek.

Perchè No! (Via dei Tavolini 19r; wt. zamkn.) Jedna z najlepszych lodziarni we Florencji; oszałamiający wybór, wymyślne smaki.

Rozrywki

Główne wydarzenia kulturalne w mieście:

Magio Musicale Fiorentino – festiwal muzyki kameralnej i symfonicznej, opery i baletu, jeden z najbardziej renomowanych w Europie. Informacja i sprzedaż biletów – Teatro Comunale (Corso Italia 16; ☎055/211158, 055/213535, www.maggiofiorentino.com; kon. IV–VI).

Estate Fiesolana – letni festiwal muzyki kameralnej i symfonicznej; koncerty pod gołym niebem w amfiteatrze w Fiesole koło Florencji; VII.

Oltrarno Street Festival – koncerty muzyki jazzowej, rockowej, bluesowej i folkowej na placach Oltrarno; ☎055/264 5356; VII.

Opera Festival – spektakle operowe oraz klasyka muzyki włoskiej w Ogrodach Boboli; ☎055/5979005, 055/210804, www.festivalopera.it.

Florence Dance Festival – renomowany festiwal tańca zarówno klasycznego, jak i nowoczesnego. Informacje i sprzedaż biletów w biurze festiwalowym (Borgo della Stella 23r; ☎055/2896276, www. florencedance.org).

Informator

Apteki całodobowe Farmacia Comunale na dworcu kolejowym (☎055/216761); Farmacia All'Insegna del Moro koło baptysterium (Piazza S. Giovanni 20/r; ☎055/211343). Informacje o dyżurach są wywieszone w każdej aptece i dostępne pod numerem ☎182.

Biura rzeczy znalezionych miejskie: Uffico del Comune, Via Circondaria 19; ☎055/367943; pn.–śr. pt. i sb. 9.00–12.00; na północny wschód od centrum, dojazd autobusem #23 do do Viale Corsica; kolejowe: Stazione S. Maria Novella,

peron 16, obok przechowalni bagażu; ☎055/2352190; codz. 4.15–1.30.

Internet W centrum nie ma najmniejszych kłopotów ze znalezieniem kawiarenki internetowej, a ceny oscylują wokół 5 €/godz. Najwygodniej zlokalizowane punkty działają na Via Cavour 144r, Via Nazionale 156r i Via Ghibellina 98r. W mieście są także dwie duże sieci kafejek: TheNetGate i Internet Train.

Lekarz Dyżur całodobowy i wizyty domowe: Studio Medico Associato, Via Lorenzo Il Magnifico 59, ☎055/475411(po włosku, angielsku lub francusku); służba medyczna dla turystów, ☎055/212 221 (po włosku i angielsku). W ścisłym centrum, kilka kroków za katedrą jest zlokalizowany Arcispedale di S. Maria Nuova (Piazza S. Maria Nuova 1; ☎055/27581). Pozostałe szpitale są dość daleko od centrum (Ospedale Careggi, ☎055/4277111; Ospedale S. Giovanni di Dio, ☎055/71921; szpital dziecięcy, ☎055/56621).

Pieniądze Gotówkę najłatwiej wymienić w okolicach Piazza della Repubblica, przy Via Calzaiuoli i Via Cavour, gdzie jest bardzo dużo kantorów i banków, z których wiele skupuje złotówki. Przed transakcją dobrze sprawdzić kurs i wysokość prowizji. Warto korzystać z biur Tomas Cook (Lungrano Acciaiuoli 6/12; ☎055/289781; pn.–sb. 9.00–18.00, nd. 9.00–14.00) i American Express (Via Dante Alighieri 22r; ☎055/50981; pn.–pt. 9.00 –17.30, sb. 9.00–12.30).

Poczta Via Pellicceria 3 (pn.–pt. 8.15–18.00, sb. 8.15–12.00). Dogodnie usytuowane urzędy pocztowe są również na Via Alamanni 1 i Via Pietrapiana 53/55 (te same godz.).

Policja Punkt pomocy turystom i cudzoziemcom (Via Pietrapiana 50r; ☎055/ 203911; pn.–pt. 8.30–19.30, sb. 8.30–13.30); Questura (Via Zara 2; ☎055/ 49771, punkt obsługi cudzoziemców ☎055/4977235 – tu należy zgłaszać utratę dokumentów, kradzież itp.); policja drogowa

(☎055/577777); Straż Miejska (Palazzo Vecchio; ☎055/284926, dworzec kolejowy ☎055/212290).

Rowery Jednoślady można wypożyczyć w Alinari (Via Guelfa 85r; ☎055/280500) i Florence by Bike (Via San Zanobi 120/122r; ☎055/488992), a skutery w Motorent (Via S. Zanobi 9/r; ☎055/ 490113).

Zakupy Główny targ spożywczy to Mercato Centrale (Via dell'Ariento 10/14; pn.–pt. 7.00–14.00, sb. 14.00–20.00), w zabytkowej hali ze schyłku XIX w., nieopodal S. Lorenzo. Następnym jest Mercato di S. Ambroggio we wschodniej części centrum (pt.–pt. 7.00–14.00). Najbardziej znane uliczne targowisko Florencji, gdzie handluje się głównie odzieżą i pamiątkami, znajduje się obok kościoła S. Lorenzo (codz. przez cały dzień). Sklep Standa działa m.in. na Via dei Mille 140, a wielkie centra handlowe skupiają się na obrzeżach miasta (np. Centro Commerciale I Gigli, między Florencją a Prato; wt.–sb. oraz niektóre nd. 9.00–22.00, pn. od 14.00).

OKOLICE FLORENCJI

Komunikacja

Część opisanych atrakcji (Fiesole, La Petraia) znajduje się obecnie w granicach aglomeracji florenckiej i jest dostępna autobusami miejskimi. Do pozostałych można wygodnie i szybko dotrzeć autobusami podmiejskimi, dalekobieżnymi (linie ATAF, CAP, COPIT, Lazzi) lub koleją – podróż z Florencji trwa od kilkunastu minut (Fiesole) do około godziny (S. Miniato).

Pistoia

Informacje

Biuro informacji turystycznej APT (Piazza del Duomo 4; ☎0573/21622, info@pistoiaturismo.it, www.pistoiaturismo.it; codz. 9.00–13.00 i 15.00–18.00) jest obok katedry, a świetnie zaopatrzony punkt informacyjny zaprasza przy wjeździe do miasta od strony autostrady.

Noclegi

Albergo Autisti (Viale Pacinotti 89; ☎0573/21771). Najtańszy hotel w śródmieściu, po południowej stronie murów miejskich.

Firenze (Via Curtatone e Montanara 42; ☎0573/23141). Wygodny hotel w ścisłym centrum. ③

Gastronomia

Il Duomo (Via Bracciolini 5). Dwa kroki od Piazza del Duomo.

La Sala (róg Via S. Anastasio i Piazza della Sala; ☎0573/24108; czw. zamkn.). W ścisłym centrum; ponad 60 rodzajów pizzy.

La Tavernetta di Jack (Via del Presto 9; ☎0573/20491; wt. zamkn.). Przyjemny lokal serwujący dania miejscowej kuchni.

Rozrywki

Pistoia Festival to seria znakomitych imprez, głównie, choć nie wyłącznie, plenerowych (koncerty rockowe i bluesowe, muzyka symfoniczna, kameralna i operowa). Na zakończenie, na Piazza del Duomo, odbywa się efektowny turniej rycerski – **Giostra dell'Orso** (www.turismo.pistoia.it, www.pistoiaturismo.it); VII.

Prato

Informacje

Biuro informacji turystycznej (Piazza S. Maria delle Carceri 15; ☎/fax 0574/24112, info@prato.turismo.toscana.it, www.comune.prato.it; pn.–sb. 9.00–13.00 i 15.00–19.00, zimą do 18.00) działa obok Castello Imperatore.

Noclegi

Giglio (Piazza S. Marco 14; ☎0574/37049, fax 0574/604351, albergoilgiglio@tin.it). Wygodny i schludny hotelik; pokoje z łazienkami lub bez. ③

Roma (Via Carradori 1; ☎0574/31777, fax 0574/604351). Skromny hotelik, najtańszy w mieście, na południe od centrum; pokoje 1-os. bez łazienek, lub 2-os. z łazienkami. ③

Gastronomia

Duel (Piazza del Duomo 44; ☎0574/41980; śr. zamkn.). Dobry lokal z kuchnią toskańską w tradycyjnym wydaniu; wskazana rezerwacja.

Lapo (Pizza Mercatale 141; ☎0574/23745; nd. zamkn.). Tania trattoria z toskańskim jedzeniem w domowej wersji.

Wschodnia Toskania

Wschodnia Toskania • GŁÓWNE ATRAKCJE

- **Kościół San Francesco w Arezzo**
  Potężny kamienny gmach wzniesiony
  w XIV w. dla franciszkanów to jeden z wielu
  kościołów Toskanii, które mimo długiego
  okresu budowy nie doczekały się fasady. We
  wnętrzu najciekawsze jest prezbiterium –
  kaplica grobowa rodu Biccich.

- **Historia Prawdziwego Krzyża
  Piera della Franceski**
  Cykl malowideł w prezbiterium kościoła San
  Franceso w Arezzo został oparty na *Złotej
  legendzie*, spisanej przez Jakuba
  de Voragine'a w XIII w. Dzieło Piera della
  Franceski stanowi kwintesencję stylu mistrza
  z Sansepolcro – monumentalnego, pełnego
  powagi i niewzruszonego spokoju. Każdy
  obraz został przemyślany w najdrobniejszych
  szczegółach. Nie ma w nich ani jednego
  zbędnego czy przypadkowego elementu i nic
  – nawet w scenach bitew – nie mąci wrażenia
  idealnej harmonii. Przedstawione postaci,
  znieruchomiałe w uroczystych pozach,
  charakteryzują się tak plastycznym
  modelunkiem, że sprawiają wrażenie
  posągów. Na szczególną uwagę zasługuje
  scena snu Konstantyna, jeden z pierwszych
  przypadków zastosowania w malarstwie
  efektu sztucznego światła: mroki nocy
  rozświetla blask bijący od anioła ukazującego
  się nad namiotem cesarza.

Niemal cała wschodnia Toskania leży w granicach prowincji Arezzo, dzielącej się na cztery części, tożsame z czterema dużymi dolinami: Val d'Arno (dolina Arno na północny zachód od Arezzo), Casentino (dolina górnej Arno, na północ od Arezzo), Valtiberina (dolina górnego Tybru) i Valdichiana (północna część obniżenia ciągnącego się od Arezzo po Chiusi). U zbiegu wymienionych krain leży stolica prowincji. Ruch turystyczny skupia się głównie w Arezzo i Cortonie. Biegnące na północ, w głąb Apeninów, doliny Arno i Tybru, choć ciekawe, są znacznie rzadziej odwiedzane.

Arezzo

Arezzo, zadbane miasto 65 km na południowy wschód od Florencji, w przeszłości było ważnym centrum Etrusków. Dziś – jako światowego formatu ośrodek złotnictwa i sztuki jubilerskiej – należy do najbogatszych

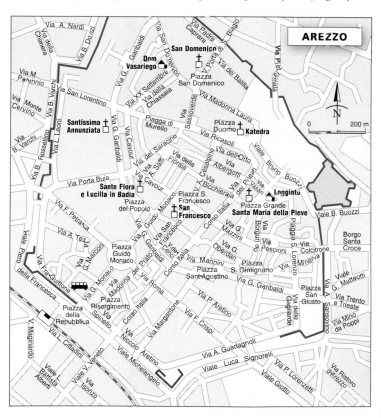

Kościół San Francesco.

w Toskanii. Znane jest również za sprawą ulicznego targu antykami, najstarszego i największego we Włoszech, oraz fresków, wymalowanych w XV w. przez Piera della Franceskę w kościele św. Franciszka.

Historia

Arezzo, starożytne Arretinum, leży w punkcie o strategicznym znaczeniu, w najbliższym sąsiedztwie ważnych szlaków komunikacyjnych biegnących dolinami Arno, Tybru i Valdichianą. Jego wizytówką jest etruska rzeźba z brązu (IV w. p.n.e.), przedstawiająca fantastycznego stwora, zwana

Chimerą z Arezzo. Jej kopie ustawiono w wielu punkach miasta; oryginał powędrował do muzeum archeologicznego we Florencji. Ta ostatnia zdominowała słabszego sąsiada już w 1289 r. Od tego czasu wielu miejscowych wyemigrowało do stolicy Toskanii, a czasami i dalej; wśród nich byli najsłynniejsi w dziejach obywatele Arezzo – Petrarka, Pietro Aretino i Vasari.

Zwiedzanie

Większość turystów udaje się wprost do kościoła San Francesco, w dolnej części zabytkowego centrum.

Pozostałe zabytki Arezzo, całkiem liczne i ciekawe, stoją w cieniu wspomnianej świątyni, ale również zasługują na uwagę. Przed kilku laty miasto rozsławił nagrodzony Oskarami film Roberta Benigniego *Życie jest piękne*, rozgrywający się właśnie w Arezzo.

Potężny kamienny gmach kościoła **San Francesco** wzniesiony w XIV w. dla franciszkanów to jeden z wielu kościołów Toskanii, które mimo długiego okresu budowy nie doczekały się fasady. We wnętrzu najciekawsze jest prezbiterium – kaplica grobowa rodu Biccich. Gdy zlecenie ozdobienia jej

freskami przedstawiającymi Historię Prawdziwego Krzyża przyjął **Piero della Francesca**, na sklepieniu byli wyobrażeni ewangeliści, dzieło Bicci di Lorenza. Piero, którego malowidła pokrywają ściany, pracował nad nimi, z krótkimi przerwami, od 1452 do 1466 r. Dzieło stanowi kwintesencję stylu mistrza z Sansepolcro – monumentalnego, pełnego powagi i niewzruszonego spokoju. Każdy obraz został przemyślany w najdrobniejszych szczegółach. Nie ma w nich ani jednego zbędnego czy przypadkowego elementu i nic – nawet w scenach bitew – nie mąci wrażenia idealnej harmonii.

•**San Francesco**; codz. 8.30–12.00 i 14.00–18.30; bezpł.

•**San Francesco, prezbiterium**; tylko w grupach, co 30 min, pn.–pt. 9.00–17.30, sb. 9.00–17.00, nd. 13.00–17.00; 6 € lub bilet łączony 12 €; rezerwacja biletów ☎0575/352727, www.apt.arezzo.it, www.pierodellafrancesca.it.

•**Biglietto cumulativo** Biglietto cumulativo (12 €) uprawnia do oglądania fresków w kościele San Francesco, domu Vasariego oraz Museo Archeologio i Museo d'Arte Medievale e Moderna. Bilety można kupić w każdym z tych punktów.

Loggia w Arezzo.

• **Dom Vasariego**;
pn. i śr.–sb. 8.30–19.30,
nd. 8.30–13.00; 3 € lub
bilet łączony 12 €.

*Historia Prawdziwego
Krzyża* Piera della
Franceski (fragment).

Przedstawione postaci, znieruchomiałe w uroczystych pozach, charakteryzują się tak plastycznym modelunkiem, że sprawiają wrażenie posągów. Na szczególną uwagę zasługuje scena snu Konstantyna, jeden z pierwszych przypadków zastosowania w malarstwie efektu sztucznego światła: mroki nocy rozświetla blask bijący od anioła ukazującego się nad namiotem cesarza. Freski przetrwały w fatalnym stanie, zniszczone pęknięciami i ubytkami tynku oraz wtórnymi przemalowaniami. Na szczęście zakończone niedawno wieloletnie prace konserwatorskie przywróciły im dawną świetność. Większość turystów poprzestaje na obejrzeniu ich z nawy głównej, skąd są jednak słabo widoczne. Aby lepiej im się przyjrzeć, warto wejść do prezbiterium.

Dwa kroki na północny zachód od San Francesco stoi XVI-wieczny **kościół Sante Flora e Lucilla in Badia** – jedna z kilku budowli zaprojektowanych przez Vasariego, który jest także autorem dwóch obrazów przechowywanych w świątyni. Podążając stąd na północny zachód, mija się ładny renesansowy **kościół Santissima Annunziata** – przy jego budowie zatrudniono kilku wybitnych architektów florenckich. Via XX Settembre doprowadza pod **dom Vasariego**, o wnętrzach ozdobiony malowidłami przez właściciela. Jest swego rodzaju paradoksem, że ten niezwykle pracowity i uzdolniony człowiek, znakomity architekt i autor wiekopomnego dzieła o włoskich artystach renesansowych, sam siebie uważał przede wszystkim za malarza,

Historia Prawdziwego Krzyża

Cykl malowideł Piera della Franceski został oparty na *Złotej legendzie*, spisanej przez **Jakuba de Voragine'a** w XIII w. Artysta zobrazował tylko niektóre epizody tej długiej opowieści, rezygnując przy tym z porządku chronologicznego. Historia zaczyna się, gdy umierający Adam posyła jednego z synów, Seta, do archanioła Michała po gałązkę z rajskiego drzewa (najwyższa scena na prawej ścianie). Zostanie ona później włożona do ust martwego już praojca ludzkości, a drzewo, które z niej wyrośnie, posłuży do wykonania krzyża. W ten sposób zostanie podkreślony związek między tym, który jako pierwszy zgrzeszył, a tym, który odkupił jego winę – w teologii Jezus jest nazywany drugim Adamem. Zanim to nastąpi, wyrosłe na grobie Adama drzewo zostanie ścięte z rozkazu króla Salomona. Ma być wykorzystane w świątyni jerozolimskiej, ale ostatecznie zostaje użyte do budowy mostu. Tam rozpoznaje je i pada przed nim na kolana królowa Saby (na prawej ścianie, pośrodku); to ona wyjaśnia Salomonowi, że jedna z belek mostu stanie się narzędziem męki Syna Bożego (na prawo od poprzedniej sceny). Władca przekonany, że ściągnie to zagładę na lud Izraela, nakazuje zakopać belkę (ściana frontowa, na prawo od okna, pośrodku). Kolejny przedstawiony epizod to Zwiastowanie (ściana frontowa, na lewo od okna, u dołu). Kulminacyjny punkt historii – Pasja – został pominięty, gdyż wyobraża go XIII-wieczny malowany krzyż nad głównym ołtarzem. Opowieść wraca na ścianę frontową, gdzie po prawej u dołu śpiącemu cesarzowi Konstantynowi w noc przed decydującą bitwą – w *Złotej legendzie* z barbarzyńcami, naprawdę z rywalem do tronu, Maksencjuszem – ukazuje się anioł i zapowiada zwycięstwo pod znakiem krzyża. Sama bitwa rozgrywa się na prawej ścianie u dołu. Matka zwycięzcy, św. Helena, udaje się następnie do Jerozolimy, aby odnaleźć relikwię. Miejsce jej ukrycia, razem z krzyżami dwóch łotrów, zna tylko jedna osoba – Żyd, który wyjawia tajemnicę wrzucony do studni (ściana frontowa, na lewo od okna, pośrodku). Trzy krzyże zostają wydobyte, a Chrystusowy od razu powoduje cud: umarły zmartwychwstaje za jego dotknięciem (lewa ściana, pośrodku). Ostatnie epizody to pokonanie przez cesarza bizantyńskiego Herakliusza Persów, którzy w VII w. wykradli relikwię (na lewej ścianie, u dołu) i jej powrót do Jerozolimy, czyli *Podwyższenie Krzyża Świętego* (lewa ściana, u góry).

•Kościół San Domenico;
codz. 8.00–19.00; bezpł.

choć dokonania w tej dziedzinie miał dość mizerne. Między domem Vasariego a murami miejskimi stoi XIII-wieczny **kościół San Domenico**. Warto go odwiedzić ze względu na zawieszony nad głównym ołtarzem malowany krucyfiks – młodzieńczą pracę **Cimabuego** z 1260 r. (www.cimabuearezzo.it). Inspiracją było dlań analogiczne dzieło z kościoła San Francesco, pędzla nieznanego artysty. Wieszanie nad

ołtarzami malowanych krzyży było we Włoszech popularne tak wśród franciszkanów, jak i dominikanów – oba zakony charakteryzował kult Męki Pańskiej, przeżywanej bardzo emocjonalnie.

Wznosząca się pod szczytem wzgórza **katedra** to gotycka budowla z XIX-wieczną kampanilą i fasadą zrekonstruowaną w ubiegłym stuleciu. Wewnątrz, wśród wielu cennych dzieł sztuki, na wyróżnienie

zasługuje niewielki fresk *Maria Magdalena* **Piera della Franceski** (lewa nawa, blisko ołtarza). Obok malowideł z kościoła św. Franciszka jest to jego jedyna praca zachowana w Arezzo. Idąc spod katedry na południe, dociera się po chwili do **Piazza Grande**, wspaniałego placu otoczonego średniowiecznymi domami. Od góry plac zamykają monumentalne arkady budynku zwanego **Loggiato**, kolejnej udanej pracy Vasariego (1573). Sąsiedni kościół, zwrócony w stronę placu ładną romańską absydą, to **Santa Maria della Pieve**. Fasada świątyni, w całości pokryta ażurowymi galeryjkami, jest jedną z najbardziej charakterystycznych budowli Arezzo. Warto zajrzeć do środka: w mrocznymi i surowym wnętrzu lśni od złoceń i bajkowych kolorów poliptyk Pietra Lorenzettiego z 1320 r., na głównym ołtarzu, w prezbiterium.

Piazza Grande.

•**Zamek w Poppi**;
www.castellodipoppi.it;
15 III– X codz.
10.00–18.00, VII i VIII do
19.00, XI–15 III czw.–nd.
10.00–17.00; 4 €.

Doliny Casentino i Valtiberina

Na północ od Arezzo rozciąga się najwyżej położona część doliny Arno, zwana Casentino. Pozbawiona większych miast, jest bardzo ciekawa krajobrazowo, zwłaszcza na odcinku powyżej Bibbieny. Dnem biegnie linia kolejowa i szosa (ss70). Zabytkowe miasteczka leżą na wzgórzach, za każdym razem w pewnym oddaleniu od drogi i torów. Bardziej na wschód rozciąga się Valtiberina – dolina górnego Tybru, którą wykorzystuje autostrada Perugia–Cesena. Głównym ośrodkiem turystycznym jest tu Sansepolcro, gdzie urodził się i spędził większą część życia Piero della Francesca.

Casentino

Zwiedzanie najwyższego odcinka doliny Arno rozpoczyna się zwykle od pobytu w jego stolicy, **Bibbienie**, oddalonej o 35 km od Arezzo. Ładna starówka na wzgórzu nad doliną jest dobrym pretekstem, by zatrzymać się w miasteczku na dłużej. Ciekawszą

miejscowością jest **Poppi**, 5 km w górę doliny, z uroczym *centro storico*, nad którym góruje **XIII-wieczny zamek** – dawna siedziba hrabiów Guidich. Z zamkowej wieży roztaczają się szerokie widoki na okoliczne góry, a w kaplicy można zobaczyć freski, których autorem jest prawdopodobnie Taddeo Gaddi.

W północnej, najwyższej i najsłabiej zaludnionej części Casentino, na granicy Toskanii i Romanii rozciąga się **Park Narodowy Foreste Casentinesi, Monte Falterona e Campigna**, obejmujący fragment głównego grzbietu Apeninów, z bocznymi

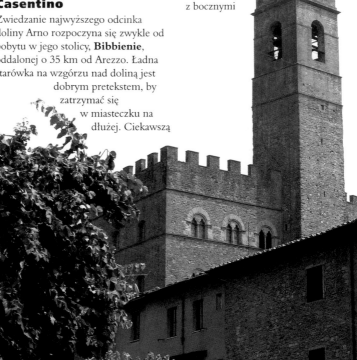

Zamek w Poppi.

Panorama Poppi.

odgałęzieniami i dolinami. Na obszarze objętym ochroną najwyższym szczytem jest Monte Falco (1657 m n.p.m.). Góry są tu bardzo piękne, o stromych zboczach porośniętych gęstym lasem, niemal nietknięte przez masową turystykę. W granicach parku wyznaczono szereg szlaków pieszych: od łatwych i wygodnych ścieżek spacerowych (*sentieri natura* i *sentieri ad alta fruibilità*) po trudniejsze trasy trekkingowe (wykaz szlaków: www.parks.it/ parco.nazionale.for.casentinesi). W niezbędne podczas wędrówek mapy można się zaopatrzyć w jednym z licznych punktów informacyjno-dydaktycznych, zwanych *centri visita*, obecnych niemal w każdym z nielicznych miasteczek.

Na terenie parku, 15 km na północny wschód do Poppi, leży otoczona lasami miejscowość **Camaldoli**

(www.camaldoli.it). Jej chlubą jest klasztor założony przed niemal tysiącem lat przez św. Romualda, kolebka kamedułów – surowego zakonu opartego na regule św. Benedykta, kładącego nacisk na izolację od świata, milczenie, pracę fizyczną i modlitwę. W swoich czasach św. Romuald cieszył się niezwykłym poważaniem – to właśnie do niego zwrócił się Bolesław Chrobry z prośbą o przysłanie do świeżo schrystianizowanej Polski mnichów. Włoscy zakonnicy założyli najstarszy w naszym kraju klasztor – w Międzyrzeczu – w którym zresztą wkrótce zginęli wraz z przyjętymi do wspólnoty Polakami, napadnięci przez zbójów (Kościół czci ofiary tej napaści jako świętych, Pięciu Braci Polskich). Z otoczenia św. Romualda wywodził się także Brunon z Kwerfurtu, wielki orędownik Polski i Bolesława Chrobrego, apostoł pogańskich

•Chiusi della Verna;
www.santuariodellaverna.
com; codz. 6.00–20.30.

•Museo Civico;
codz. VI–IX 9.00– 13.30
i 14.30–19.30,
X–V 9.30–13.00
i 14.30–18.00; 6,20 €.

**•Muzeum
w Monterchi**;
wt.–nd. 9.00–13.00
i 14.00–19.00, zimą do
17.00; 3,10 €.

Jaćwingów. W Camaldoli zachował się kościół z obrazami Vasariego i sąsiadujący z nim romański krużganek. Dużo większą atrakcją jest położona wysoko w górach pustelnia – **Eremo di Camaldoli** – gdzie wciąż mocno odczuwa się ducha ascezy i kontemplacji. Z miasteczka można się doń dostać samochodem (okrężną drogą, około 12 km) albo pieszo (krótszą szosą zamkniętą dla samochodów, około 2,5 km ostro pod górę). W pustelni udostępniono zwiedzającym XVII-wieczny kościół, celę św. Romualda i starą aptekę, obecnie sklep z produkowanymi przez mnichów specyfikami. Przez ogrodzenie można rzucić okiem na właściwy erem – 20 kamiennych domków, w których mieszkają kameduli.

Na południowo-wschodnim krańcu parku leży miejscowość **Chiusi della Verna** (dojazd lokalnym autobusem od stacji kolejowych w Bibbienie i Rassinie). Wznosi się nad nią góra **La Verna**, w spolszczonej wersji Alwernia, z klasztorem zawieszonym na krawędzi urwiska. To wyjątkowo piękne miejsce zostało ofiarowane w 1213 r. przez pewnego rycerza Franciszkowi z Asyżu, który założył tu niewielką pustelnię. W 1224 r. otrzymał stygmaty. Od tego czasu La Verna jest jednym z najważniejszych franciszkańskich sanktuariów.

Sansepolcro

Valtiberina to rozległa dolina, której dnem toczy swe mętne wody Tyber (Tevere) – chyba najsławniejsza włoska rzeka, najdłuższa na Półwyspie Apenińskim i druga, po Padzie, w całej Italii. Ma ona źródła na stokach Monte Fumaiolo (1407 m n.p.m.), na terenie Romanii. Wpływając do Toskanii, przypomina zaledwie większy strumień, jednak podczas opadów błyskawicznie przybiera, zamieniając się w rzekę.

Najważniejszym przystankiem turystów w Valtiberinie jest **Sansepolcro** (San Sepolcro), rodzinna miejscowość **Piera della Franceski**. Miłośnicy jego geniuszu przybywają do tego ładnego, zasobnego w zabytki miasteczka ze względu na **Museo Civico** na skraju *centro storico*, dwa kroki od katedry. W muzeum przechowuje się najstarsze udokumentowane dzieło Piera, *Madonnę Miłosierdzia* (*Madonna della Misericordia*). Jest to złocony poliptyk przedstawiający w środkowej scenie Maryję osłaniającą płaszczem członków bractwa religijnego, które ufundowało obraz w 1445 r. Typowy dla sztuki Piera nastrój powagi bije z umieszczonego w następnej sali fresku *Zmartwychwstanie*, uznawanego zgodnie za jedno z kilku najlepszych dzieł w dorobku mistrza. Obraz charakteryzuje się wyjątkową symetrią i ładem; półnaga postać wychodzącego z grobu Chrystusa emanuje nadludzką siłą i spokojem. Malowidło znajdowało się pierwotnie w jednej z sal ratusza, gdzie służyło za symbol miasta (Sansepolcro znaczy Święty Grób); w obecne miejsce przeniesiono je w XVI w. Opuściwszy muzeum, warto odwiedzić **kościółek San Lorenzo** po drugiej stronie zabytkowego centrum, z pełnym wewnętrznego napięcia, manierystycznym obrazem Rossa Fiorentina *Zdjęcie z krzyża*, stanowiącym świetną przeciwwagę dla powściągliwego stylu Piera.

Przy drodze z Sansepolcro do Arezzo leży **Monterchi**, gdzie zachował się kolejny znakomity fresk Piera della Franceski, *Madonna del Prato*, ukazujący brzemienną Maryję w asyście dwóch aniołów. Malowidło znajdowało się pierwotnie w nieistniejącej już kaplicy cmentarnej koło Monterchi, a obecnie jest przechowywane w małym **muzeum** za murami miasta.

Cortona

Najpiękniejsze miasto wschodniej Toskanii, **Cortona**, leży 37 km na południe od Arezzo, blisko granicy z Umbrią. Choć nie może się poszczycić tak spektakularnym dziełami sztuki jak malowidła Piera della Franceski w stolicy prowincji, góruje nad tą ostatnią z racji urody zabytkowego centrum. Przycupnięta na wzgórzu nad Valdichianą, pośród winnic i gajów oliwnych, składa się niemal wyłącznie ze stromych, ciasnych uliczek biegnących między wysokimi, kamiennymi domami. Z urokliwych zaułków raz po raz odsłaniają się wspaniałe widoki. Cortona, z wielką liczbą sklepów z wyrobami regionalnymi (głównie z toskańską ceramiką), jest dobrym miejscem na zakup pamiątek, choć ceny, jak łatwo zgadnąć, nie należą do najniższych.

Zabytkowe centrum otacza 3-kilometrowy pierścień murów obronnych, zbudowanych w średniowieczu z wykorzystaniem fortyfikacji etruskich i rzymskich. Decydujący wpływ na obecny wygląd miasta miały wieki XII i XIII w., kiedy przekształciło się ono w prężną, samodzielną komunę. W 1411 r. Cortona weszła w orbitę wpływów Florencji, w której pozostawała aż do zjednoczenia Włoch.

Z Piazza Garibaldi w głąb *centro storico* prowadzi reprezantacyjny deptak, **Via Nazionale**, docierający na główny plac starej Cortony, Piazza della Repubblica. Stoi tu masywny gmach **ratusza** (Palazzo Comunale), wzniesiony, jak większość budowli w mieście, z lokalnego szaro-żółtego piaskowca. Na tyłach pałacu rozciąga się Piazza Signorelli, której nazwa upamiętnia

Panorama Cortony.

wybitnego renesansowego malarza
z Cortony – Lukę Signorellego. Wśród
budowli otaczających plac jest m.in.
Palazzo Casali, mieszczący **Museo
dell'Accademia Etrusca e della
Città di Cortona**. Eksponuje się
w nim głównie zabytki kultury
etruskiej, w tym wyroby z brązu,
z cenną lampą z V w. p.n.e. na czele.
Jest też dział sztuki egipskiej
i XVII-wieczna biblioteka. Po
wcześniejszym zgłoszeniu
(☎0575/630415) pracownicy
udostępniają park archeologiczny za
miastem, z grobowcami etruskimi.

Dwa kroki od placówki, nad
krawędzią wzgórza wznosi się
renesansowa katedra. Naprzeciw niej
zlokalizowano nieduże **Museo
Diocesano** z ciekawymi zbiorami
malarstwa, od średniowiecza po
XVIII w. Można tu zobaczyć obrazy
Lorenzettiego, Sassety, Fra Angelica,
Signorellego, Crespiego i innych.

Wspinając się od Piazza della
Repubblica stromo w kierunku szczytu
wzgórza, mija się XIII-wieczny kościół
San Francesco, do którego wiodą schody.
W świątyni został pochowany m.in. Luca
Signorelli. W trzecim ołtarzu po lewej
wisi barokowe *Zwiastowanie* Pietra da
Cortony, kolejnego wybitnego artysty
urodzonego w tym mieście. Za głównym
ołtarzem spoczywa jeden z najbliższych
towarzyszy św. Franciszka z Asyżu – brat
Eliasz, a w zakrystii przechowuje się
tunikę świętego (jedną z kilku).
W górnej części miasta warto odwiedzić
kościółek San Niccolò z dwoma
obrazami Signorellego – tablicowym
i freskiem. Wyżej droga opuszcza
zabudowania i wśród cyprysów pnie się
na szczyt wzniesienia, gdzie stoi
Santuario di Santa Margherita,
z relikwiami patronki miasta,
św. Małgorzaty z Cortony. Wiele
ciekawych budowli jest rozrzuconych na
stokach, jak choćby uroklivy
franciszkański erem **Le Celle**,
renesansowy kościół Santa Maria Nova
czy etruski grobowiec, zwany Tanella
di Pitagora.

Wschodnia Toskania • INFORMACJE PRAKTYCZNE

AREZZO

Orientacja i informacja

Dworzec kolejowy jest zlokalizowany po południowej stronie wzgórza, na którym leży centro storico. Na szczycie pagórka stoi katedra, a nieco poniżej rozciąga się główny plac starego Arezzo – Piazza Grande. Najważniejszy zabytek, kościół S. Francesco, wyrasta w połowie drogi z dworca do katedry, odległy od stacji kolejowej o około 10 min marszu.

Biuro informacji turystycznej działa tuż obok dworca (Piazza della Repubblica 28; ☎/fax 0575/20839, info@arezzo.turismo.toscana.it, www.apt. arezzo.it).

Komunikacja

Arezzo ma bezpośrednie połączenia kolejowe z Florencją (co 30 min lub częściej), Rzymem (mniej więcej co godzina) i Perugią, a autobusowe m.in. ze Sieną. Przystanek autobusów dalekobieżnych jest obok dworca kolejowego. Po mieście kursują autobusy sieci Atam (www.atamarezzo.it). Bilet jednorazowy jest ważny przez 70 min i kosztuje 0,85 €.

Noclegi

Chimera (Via V. Veneto 46; ☎0575/902494). Tani hotel na południowy zachód od centrum; pokoje 1- i 2-os. z łazienkami lub bez.

La Toscana (Via M. Perennio 56; ☎/fax 0575/21692, airmax88@virgilio.it). Hotelik w ścisłym centrum; pokoje z łazienkami lub bez.

Ostello Villa Servi (Via Francesco Redi 13; ☎0575/299047, fax 0575/407476,

mail@peterpan.it). godne polecenia schronisko młodzieżowe, kilometr od centro. ①

Patio (Via Cavour 23; ☎0575/401962, fax 0575/27418, info@hotelpatio.it, www.hotelpatio.it). Luksusowy hotelik w ścisłym centrum. ⑤

Kemping Le Ginestre (Loc. Ruscello; ☎0575/363566, fax 0575/366949, info@campingleginestre.it). Wygodny kemping kilka kilometrów na zachód od miasta, w bok od wyjazdu na autostradę (dojazd dobrze oznaczony).

Gastronomia

Oferta gastronomiczna Arezzo jest tak bogata, że nikt nie powinien mieć kłopotów ze znalezieniem czegoś dla siebie. Lokali najlepiej szukać na odcinku między dworcem a kościołem San Francesco i w rejonie Piazza Grande.

Antica Osteria l'Agania (Via G. Mazzini 10; ☎0575/295381; pn. zamkn.). Tradycyjne dania toskańskie, świetny domowy makaron. Ceny umiarkowane.

Buca di San Francesco (Via di S. Francesco 1; ☎0575/23271; pn. wieczorem i wt. zamkn.). Bardzo drogi lokal w zabytkowym budynku. Znakomita kuchnia toskańska, długa karta win.

Hollywood Cafè (Corso Italia 146; ☎0575/401956; wt. zamkn.). Kawiarnia, bar przekąskowy, pizzeria i restauracja. Kuchnia międzynarodowa; tanio.

Il Gelato (róg Via Cenci i Via S. Francesco). Najlepsza lodziarnia w Arezzo.

Rozrywki

Główne wydarzenia kulturalne w mieście:

Giostra del Saracino – efektowny turniej rycerski i szereg imprez

towarzyszących (www.giostradelsaracino.arezzo.it); kon. VI i pocz. IX.

Concorso Polifonico Internazionale Guido d'Arezzo – renomowany konkurs muzyki chóralnej (www.polifonico.org); II poł. VIII.

DOLINY CASENTINO I VALTIBERINA

Komunikacja

Do Casentino można dotrzeć z Arezzo autobusami lub pociągiem regionalnym TFT relacji Arezzo–Pratovecchio Sita (przejazd do Poppi zabiera niecałą godzinę). Składy odjeżdżają z dworca kolejowego w Arezzo. Bezpośrednie połączenia Casentino ze stolicą Toskanii zapewniają autobusy Sita (linia Florencja–Poppi–Bibbiena; www.sitabus.it; informacje o wszystkich przewoźnikach autobusowych w prowincji: www.etruriamobilita.it). Do Sansepolcro najwygodniej dotrzeć z Arezzo (autobusem, przez Monterchi) lub z Perugii (pociągiem linii regionalnych lub autobusem).

CORTONA

Informacja

Biuro informacji turystycznej działa przy głównej ulicy centro (Via Nazionale 42; ☎0575/630352, fax 0575/630656, infocortona@apt.arezzo.it; latem pn.–sb. 9.00–13.00 i 15.00–19.00, nd. 9.00–13.00, zimą pn.–pt. 9.00–13.00 i 15.00–18.00, sb. i nd. 9.00–13.00). O mieście w Internecie – www.cortonaweb.net.

Komunikacja

Cortona leży w pobliżu ruchliwej drogi łączącej Arezzo i Orvieto (ss71). Do zlokalizowanego na wysokim wzgórzu *centro storico* prowadzi stąd 5-kilometrowa szosa. Osoby zdane na komunikację publiczną najłatwiej dostaną się do Cortony autobusem z Arezzo, Florencji lub Perugii. Pojazdy zatrzymują się u wejścia do *centro storico*, na Piazza Garibaldi. Można także skorzystać z pociągu, ale dworzec jest poniżej wzgórza.

Noclegi

W centrum działa zledwie kilka hoteli i dobre schronisko młodzieżowe. Sporo niedrogich hotelików, pensjonatów typu B&B i pokoi do wynajęcia jest za to w okolicach Cortony, kilka kilometrów od centrum.

Athens (Via S. Antonio 12; ☎0575/630508, fax 0575/604457; poł. III–XI). Najtańszy wśród hoteli w centrum; pokoje 1- i 2-os., wskazana rezerwacja.

Italia (Via Ghibellina 5; ☎0575/630254, fax 0575/605763, hotelitalia@planhotel.com). Wygodny hotel w ścisłym centrum; pokoje 1- i 2-os. z łazienkami. ④

Ostello San Marco (Via Maffei 57; ☎/fax 0575/601392, ostellocortona@ libero.it; poł. III–poł. X). Oficjalne schronisko młodzieżowe w dawnym klasztorze. Pokoje 2-os., rodzinne i zbiorowe; sympatycznie. ①

Gastronomia

W centrum Cortony jest dużo zróżnicowanych lokali: od serwujących pizzę po eleganckie restauracje.

Osteria del Teatro (Via Maffei 2; śr. zamkn.). Świetny lokal z daniami kuchni toskańskiej w wersji tradycyjnej i zmodernizowanej; dwudaniowy obiad od 20–40 €.

Trattoria La Grotta (Piazza Baldelli 3; ☎0575/630271; wt. zamkn.). Kuchnia toskańska w dobrym wydaniu. Specjalność: *gnocchi* z ricottą i szpinakiem.

Prowincja Sieny

Prowincja Sieny • GŁÓWNE ATRAKCJE

- **Campo w Sienie**
Przepiękny rynek w kształcie muszli, miejsce rozgrywania szalonej gonitwy Palio, to jeden z najbardziej oryginalnych średniowiecznych placów w Europie. Główną atrakcją placu pozostaje okazały Palazzo Pubblico, mieszczący Museo Civico. W Sala della Pace można podziwiać *Alegorie dobrych i złych rządów* Lorenzettiego (1338), jeden z najważniejszych cyklów świeckiego malarstwa średniowiecznego.

- **Katedra sieneńska**
Katedra oczarowuje wspaniałą fasadą, wnętrzem oraz posadzką złożoną z 56 intarsjowanych marmurowych płyt (*graffitto*), wykonanych w latach 1369–1547 przez 40 wybitnych sieneńskich artystów. W bazylice podziwiać można także wiele pierwszorzędnych dzieł sztuki, mi.in. wspaniałą ambonę Nicola Pisana z lat 1266–1268.

- **Chianti**
Między Sieną a Florencją rozciąga się kraina pagórków porosłych lasami, gajami oliwnymi i winoroślą, między którymi złocą się szerokie łany zboża i słoneczników. Maleńkie miasteczka pamiętające czasy Etrusków usadowiły się na szczytach i spoglądają na okolicę zza potężnych murów. To właśnie Chianti – kraina uznawana za jedną z najbardziej charakterystycznych części Toskanii, słynąca z pięknych krajobrazów i doskonałego wina.

Siena, dawna konkurentka Florencji, dziś rywalizuje z nią już tylko o względy turystów i miano najpiękniejszego miasta Toskanii. Okolice tego wspaniałego ośrodka to nieprzebrane bogactwo pejzaży, klimatów i smaków; na szczególne wyróżnienie zasługują krainy Chianti i Crete oraz miasteczka San Gimignano, Montepulciano i Pienza. Program zwiedzania warto rozszerzyć o pamiętającą czasy Etrusków Volterrę, leżącą dziś co prawda w prowincji pizańskiej, ale przez turystów odwiedzaną najczęściej przy okazji pobytu w Sienie i San Gimignano.

Siena

Aby poznać Sienę i poczuć jej specyficzny klimat, trzeba się tu zatrzymać przynajmniej na dwa dni, ale nawet ci, którzy zobaczą ją tylko przelotnie, nie pozostaną obojętni na jej urzekające piękno. Najwspanialszy średniowieczny rynek we Włoszech i olśniewająca pasiasta katedra to dwa bieguny *centro storico*, na których skupiają uwagę turyści.

Historia
Symbolem Sieny, podobnie jak Rzymu, jest wilczyca karmiąca bliźnięta. Według miejscowej legendy, dwaj synowie Remusa musieli uciekać z Rzymu, w którym stryj Romulus czyhał na ich życie. Przybywszy do Toskanii, zbudowali zamek i nazwali go imieniem starszego z braci – Senio. Istotnie, w miejscu obecnego miasta już w czasach etruskich, a potem rzymskich istniała osada. Wielkiego znaczenia nabrała jednak dopiero w XII i XIII w., gdy stała się samodzielną, wyjątkowo zamożną republiką, a przy okazji jednym z największych miast Europy. Sieneńscy kupcy pożyczali bajońskie sumy książętom i biskupom, biorąc w zastaw miasta i zamki, zajmowali się też prowadzeniem finansów papiestwa. W mieście działały Compagne, czyli przedsiębiorstwa specjalizujące się w handlu i obrocie pieniędzmi, takie jak Grande Tavola, należąca do rodu Buonsignorich. W 1240 r. w Sienie założono jeden z najstarszych włoskich uniwersytetów. W okresie walk

Sieneńska katedra.

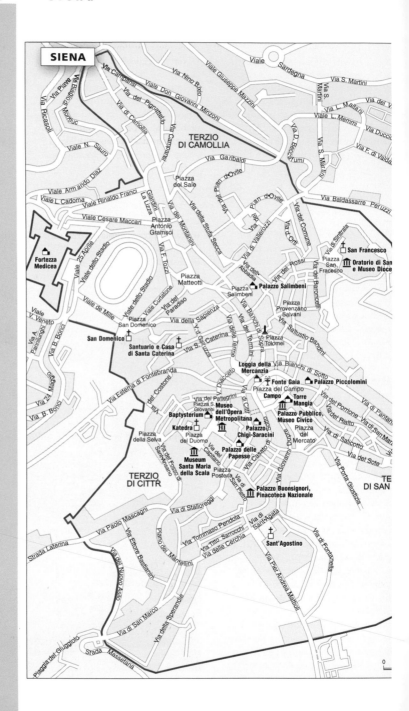

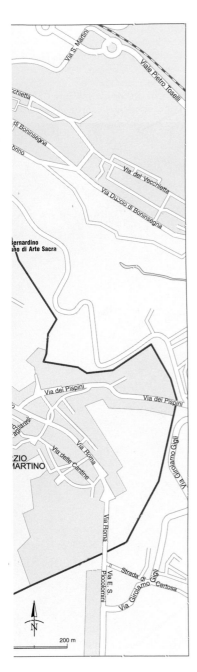

gibelinów i gwelfów (XII–XIV w.)
republika należała do najwierniejszych
stronników cesarza; jak na ironię, to
właśnie cesarz miał kilkaset lat później
zadecydować o jej upadku. Pod koniec
XIII w. rozpoczął się powolny zmierzch
ośrodka, spowodowany wzrostem
potęgi znienawidzonej sąsiadki,
Florencji. W 1348 r. „czarna śmierć"
zdziesiątkowała ludność. Następne dwa
stulecia to „srebrny wiek", okres
względnej pomyślności zakończony
kataklizmem tzw. wojen włoskich,
kiedy miasto było przez dwa lata
oblężone przez wojska cesarza Karola V.
Siena, którą wzięto głodem w 1556 r.,
była zrujnowana i wyludniona. Cesarz
rozwiązał republikę i – co szczególnie
upokarzające – przekazał jej ziemie
księciu Toskanii, Kosmie I
z florenckiego rodu Medyceuszy.

Zwiedzanie

Campo Sieneński rynek, nazywany
Campo (dosł. pole), przypominający
kształtem wielką muszlę, jest chyba
najbardziej oryginalnym
średniowiecznym placem w Europie.
W ciągu wieków stanowił arenę, na
której toczyło się życie miasta. W XV w.
na placu wygłaszał płomienne kazania
św. Bernardyn, tutaj po dziś dzień
odbywa się budzące skrajne emocje
Palio. U schyłku XIII stulecia
postanowiono nadać Campo
reprezentacyjny wygląd i przystąpiono
do zakrojonych na szeroką skalę prac
budowlanych. W ciągu kilkudziesięciu
lat przekształcono lub wzniesiono od
podstaw większość pałaców. W 1347 r.
wybrukowano środkową część
i podzielono ją liniami na dziewięć
części. To symbol Rady Dziewięciu,
najwyższego urzędu w republice
sieneńskiej, a jednocześnie ostrzeżenie,
że w mieście nie ma miejsca dla
jednowładców.

•**Bi**
Szeroka
biletów po
zwiedzającym
zaoszczędzić na w
do muzeów. Bilet do
katedry, Museo dell'Oper
Metropolitana,
baptysterium, krypty
katedralnej, oratorium
św. Bernardyna i Museo
Diocesano jest ważny przez
trzy dni i kosztuje 10 €.
Z kolei karnet „Musei
Comunali" (10 €; 2 dni)
uprawnia do zwiedzenia
Museo Civico, Palazzo
Papesse i Santa Maria della
Scala. Bilety S.I.A.
zapewniają wejście do
Museo Civico, Palazzo
Papesse, Santa Maria della
Scala, muzeum
katedralnego
i baptysterium; zachowują
ważność przez 7 dni i są
sprzedawane w dwóch
wersjach cenowych: letniej
(S.I.A. Estate 16 €)
i zimowej (S.I.A. Inverno
13 €). Koszty zwykłych
biletów można zmniejszyć
o 0,50–1 €, dokonując
uprzednio rezerwacji
(☎0577.41169,
fax 0577/226265,
moira.cencioni@
comune.siena.it).

W górnej części Campo stoi pełna wdzięku fontanna okupowana latem przez zmęczonych upałem turystów. Położona na wzgórzach Siena miała zawsze wielkie problemy z zaopatrzeniem w wodę. W 1334 r. postanowiono sprowadzać ją podziemnym kanałem z oddalonych o 25 km źródeł. Uruchomienie akweduktu, po dziewięciu latach pracy uświetniła trwająca ponad dwa tygodnie feta. Na jej pamiątkę fontanna kończąca wodociąg zyskała nazwę **Fonte Gaia**, czyli Źródło Radości. Architektoniczną

Piazza del Campo.

i rzeźbiarską oprawę zbiornika wykonał w latach 1409–1419 Jacopo della Quercia. Istniejąca na placu konstrukcja to niezbyt udana kopia z 1868 r. – oryginał, nadgryziony zębem czasu, można zobaczyć w muzeum Santa Maria della Scala.

Najokazalszą budowlą przy Campo jest **Palazzo Pubblico** (inaczej Palazzo Comunale), od siedmiu wieków siedziba sieneńskiego magistratu. Trzon budynku powstał w latach 1297–1310. Zwieńczenie środkowej części fasady, z wielkim monogramem Chrystusa na tle tarczy otoczonej promieniami, pochodzi z XV w. Jest to pamiątka po św. Bernardynie ze Sieny, który wzywał bogatych Sieneńczyków do udzielania jałmużny, trzymając przed sobą taki właśnie znak. Na wysokości pierwszego piętra widnieje kartusz herbowy z godłem Medyceuszy, umieszczony tam z okazji likwidacji republiki sieneńskiej i poddania jej księciu Kosmie I w 1559 r. Do fasady przylega **Cappella di Piazza** – loggia wzniesiona w podzięce za ustąpienie „czarnej śmierci" w 1348 r.

Nad ratuszem i całym Campo góruje **Torre Mangia**. Prestiż władz samorządowych często znajdował odbicie w wysokości wieży ratuszowej, a ponieważ Palazzo Pubblico stoi w wyraźnym obniżeniu terenu, wieża musiała być wyjątkowo wysoka: razem ze zwieńczeniem mierzy aż 102 m. Kiedy w 1338 r. bracia Minuccio i Francesco di Rinaldo przedstawili rajcom jej projekt, ci ostatni nie uwierzyli, że można wznieść tak smukłą budowlę. Do prac przystąpiono dopiero po złożeniu przez architektów uroczystej przysięgi, że wieża się nie zawali. Nazwa Torre Mangia ma pochodzić od dzwonnika, który przed zamontowaniem na wieży zegara musiał osobiście wybijać godziny. Był notorycznym żarłokiem i dlatego nadano mu przydomek „Mangiaguadagni", dosłownie „zjadacz zarobków". Panorama z wieży jest wyjątkowo rozległa i piękna, choć chyba ustępuje widokowi z Facciatone.

• **Torre Mangia**;
codz. poł. III–X
10.00–19.00, XI–poł. III
10.00–16.00; 6 €,
z Museo Civico 10 €;
wejście przez dziedziniec
Palazzo Pubblico.

Najciekawsze pomieszczenia Palazzo Pubblico udostępniono jako **Museo Civico**. Można w nim zwiedzić m.in. reprezentacyjne sale pierwszego piętra. Pierwsza, obecnie częściowo w konserwacji, przedstawia losy pochodzącego ze Sieny papieża Aleksandra II i jego zmagań z cesarzem Fryderykiem Barbarossą. W dalszej części muzeum ogląda się m.in. kaplicę rajców z intarsjowanymi stallami z XV w. oraz Salę di Mappamondo, nazwaną tak od wymalowanej niegdyś na jej ścianach, a zachowanej tylko szczątkowo mapy świata. W dobrym stanie przetrwały za to inne malowidła: *Maestà*, czyli tronująca Madonna

z Dzieciątkiem w otoczeniu świętych, i konny **portret kondotiera Guidoriccia da Folignana** (1328), którego autorem jest Simone Martini. Portret należy do przełomowych dzieł w historii malarstwa ze względu na wyjątkowe, jak na swoją epokę, zainteresowanie pejzażem, gloryfikację osoby świeckiej oraz naturalność w ujęciu jeźdźca i rumaka. Warto zwrócić uwagę na detale paradnego stroju kondotiera i konia, oddane z niezrównanym mistrzostwem. Kolejny zespół malowideł zdobi sąsiednie pomieszczenie, zwane Salą Dziewięciu (Sala dei Nove). Tu rozstrzygały się najważniejsze sprawy

republiki. Powstałe w latach 1338–1340 **freski Ambroggia Lorenzettiego** stanowiły rodzaj drogowskazu dla rządzących, gdyż ukazywały skutki dobrych i złych rządów. Po jednej stronie artysta przedstawił miasto rządzone sprawiedliwie (lepiej zachowany fresk), którego obywatele tańcem okazują radość i poczucie bezpieczeństwa lub oddają się codziennym zajęciom. Tłem tych scen jest XIV-wieczna Siena: w lewym górnym rogu wyraźnie widać

kopułę katedry. Drugie miasto, na przeciwległej ścianie, nad którym króluje paskudna Tyrania otoczona Występkami, jest pogrążone w chaosie i bezprawiu.

Katedra i terzio di Città Z Campo można się dostać do katedry na dwa sposoby: albo Via di Città, przy której stoi szereg wspaniałych pałaców, albo skromniejszą Via dei Pellegrini. Na początku Via di Città (nr 2), tuż obok Campo, wznosi się XV-wieczna **Loggia della Mercanzia**, siedziba korporacji kupców sieneńskich, jedna z pierwszych renesansowych budowli w mieście. Nieco dalej, pod nr. 82, stoi **Palazzo Chigi-Saracini**. Gmach wzniesiony w XII i XIV w. ma elegancką półkolistą fasadę i piękne trójdzielne okna – triforia. Niegdyś była to siedziba sławnego rodu, z którego

•Palazzo delle Papesse;
pałac papieżyc;
www.papesse.org; wt–sb.
12.00–19.00; 5 €.

Palazzo Pubblico
(Palazzo Comunale).

wywodzili się wielcy bankierzy oraz papież. Obecnie mieści się tu renomowana instytucja muzyczna – Accademia Chigiana. Warto również zajrzeć na udostępniony turystom niewielki dziedziniec (bezpł.). Niemal naprzeciw pałacu znajduje się jedna z rezydencji kolejnej bogatej sieneńskiej rodziny – Piccolominich. W gmachu ulokowano Centrum Sztuki Współczesnej, prześmiewczo zwane **Palazzo delle Papesse**, gdzie są urządzane wystawy czasowe.

Dedykowana Madonnie, opiekunce miasta, **katedra** była i jest przedmiotem szczególnej dumy mieszkańców. Jej budowę rozpoczęto w XII w., w 1215 r. ukończono ściany, w 1264 r. gotowa była kopuła. Kiedy wydawało się, że prace dobiegły końca, nadeszły niepokojące wieści z Florencji, gdzie podjęto budowę znacznie większej katedry. W 1339 r. postanowiono więc, że wzniesiona dotąd bazylika długości 90 m będzie jedynie nawą poprzeczną nowego gigantycznego kościoła. Sieneńska pycha została jednak srogo ukarana: już w połowie XIV w. prace przy nowej części przerwano ze względu na brak pieniędzy, jak się okazało – na zawsze. Śladem ambitnego zamierzenia są nieukończone filary i mury tworzące niezwykłe kulisy placu Katedralnego przy bocznej elewacji.

Koronkową fasadę katedry, ozdobioną dziesiątkami posągów i wieżyczek, zaprojektował około 1284 r. Giovanni Pisano. Jej realizacja trwała z przerwami ponad 100 lat, a mozaiki wprowadzono dopiero w XIX stuleciu. Większość figur zdobiących elewacje to współczesne kopie oryginałów przeniesionych do Muzeum Katedralnego. Układane na przemian białe i czarne pasy kamienia ożywiają boczne fasady, wieżę, a we

wnętrzu także filary. W bazylice zgromadzono wiele pierwszorzędnych dzieł sztuki. Najcenniejszym z nich jest wspaniała ambona, dzieło Nicola Pisana z lat 1266–1268. Przy jej wykonaniu pomagał ojcu młody Giovanni Pisano, który później kierował pracami przy budowie katedry, oraz Arnolfo di Cambio. Niezwykła jest także marmurowa posadzka – jej wykonanie

Zegar na ścianie Palazzo Publico.

• **Palazzo delle Papesse**;
www.papesse.org; wt–sb.
12.00–19.00; 5 €.

Nad miastem góruje charakterystyczna wieża Palazzo Publico.

zabrało artystom prawie 200 lat. Z powodu konserwacji jest ona w większej części zakryta, a całość eksponuje się jedynie od 21 sierpnia do 27 października. Warto zwrócić uwagę na galerię papieży i cesarzy, wysoko na ścianach głównej nawy, kopuły oraz prezbiterium. Składa się na nią ponad 200 popiersi wykonanych w XV i XVI w. Przy lewym ramieniu transeptu mieści się kaplica św. Jana Chrzciciela z posągiem autorstwa Donatella. Z lewej nawy bocznej przechodzi się do biblioteki, Libreria Piccolomini (ten sam bilet co do katedry), wzniesionej dla pomieszczenia księgozbioru zgromadzonego przez dwóch przedstawicieli sławnego sieneńskiego rodu; pierwszym był wybitny humanista Eneasz Sylwiusz Piccolomini, drugim – jego bratanek Franciszek Todeschini-Piccolomini. Obaj zostali kardynałami, a potem papieżami, przyjmując imiona Piusa II i Piusa III. W latach 1502–1509 Pinturicchio ozdobił bibliotekę freskami poświęconymi działalności obu Piccolominich. W katedrze są też polonika – obraz Matki Boskiej Częstochowskiej i witraż ze św. Maksymilianem Kolbe.

Naprzeciw wejścia widnieje **Complesso Museale Santa Maria della Scala**, mieszczące się w szpitalu działającym od średniowiecza do końca XIX w. Co prawda rzekoma data założenia hospicjum – 832 r. – raczej na pewno nie jest właściwa, nie ulega jednak wątpliwości, że był to jeden z najstarszych szpitali w Europie. Dziś rozległy kompleks budynków poszpitalnych jest udostępniony do zwiedzania. Trasa prowadzi od **kościoła Santissima Annunziata** do **Cappella del Manto**, kaplicy ozdobionej freskami Beccafumiego, opowiadającymi historię rodziców

Maryi – świętych Anny i Joachima (1512). Następne punkty na trasie to Pellegrinaio, główna sala szpitalna z XV-wiecznymi freskami inspirującymi do podejmowania dzieł miłosierdzia, oraz sąsiednia Sagrestia

Vecchia (stara zakrystia), nazywana także Cappella del Sacro Chiodo z powodu przechowywanej w niej relikwii – gwoździa z krzyża Chrystusa. Kolejna kaplica, Oratorio di Santa Caterina della Notte, należąca do bractwa religijnego opiekującego się chorymi, mieści się w podziemiach. Na tym samym poziomie, w dawnym magazynie słomy jest eksponowany oryginał Fonte Gaia, a na najniższej kondygnacji, w labiryncie podziemnych

Katedra, dedykowana Madonnie, opiekunce miasta.

pomieszczeń – bogate zbiory archeologiczne. **Museum dell'Opera Metropolitana** (Muzeum Katedralne) to chyba najciekawsza sieneńska placówka tego typu. Jest stosunkowo nieduże, ale oferuje prawdziwe arcydzieła, a na deser najpiękniejszą panoramę miasta. Mieści się w budynku zajmującym część nieukończonej nawy katedralnej zaprojektowanej w XIV w. Na parterze zgromadzono kolekcję rzeźb dekorujących niegdyś elewacje katedry: większość z nich powstała pod koniec XIII w. w warsztacie Giovanniego Pisana. Figury były przeznaczone do oglądania z dołu, stąd też ich nienaturalnie przygarbienie. Warto zwrócić uwagę na próbę wydobycia przez artystę indywidualnych cech psychofizycznych poszczególnych postaci. W tej samej części muzeum jest eksponowane tondo z płaskorzeźbioną Madonną Donatella. Za najcenniejszy eksponat jest uważana *Maestà*, dzieło Duccia di Buoninsegny z lat 1308–1311 (I piętro). Na stronie frontowej przedstawiono Madonnę z Dzieciątkiem pośród świętych, a na odwrocie sceny z życia Jezusa. Obie strony można oglądać równocześnie, a to dlatego, że w XVIII w. obraz przepiłowano, niszcząc bezpowrotnie część kwater. Dzieło należy do największych osiągnięć malarstwa sieneńskiego: zachwyca subtelnością nastroju, delikatnością kolorów i jubilerską precyzją w oddaniu szczegółów. Ukończenie obrazu wywołało w mieście prawdziwą euforię. Obnoszono go wokół Campo w uroczystej procesji, przy dźwiękach trąb i biciu dzwonów, by wreszcie wnieść do katedry i umieścić w głównym ołtarzu. Warto się również zatrzymać na chwilę przed obrazami Simona Martiniego, Ambroggia Lorenzettiego, Sodomy, a zwłaszcza

przed niezwykłą ikoną – *Madonna o dużych oczach* (*Madonna dagli Occhi Grossi*) z I połowy XIII w. Mocnych wrażeń dostarcza wyjście na szczyt niedokończonej fasady katedralnej (**il Facciatone**), skąd roztacza się wyjątkowo piękny widok.

Schody obok katedry i muzeum sprowadzają na plac przed **baptysterium** (Battistero di San Giovanni) z końca XIV w. Wewnątrz trudno przeoczyć renesansową

• **Museo dell'Opera Metropolitana**; Piazza del Duomo 8; VI–VIII codz. 9.30–20.00, IX i X oraz III–V 9.30–19.00, XI–II 10.00–17.00; 6 €.

Maestà Duccia di Buoninsegny (fragment), Muzeum Katedralne.

Zwiastowanie Simona
Martiniego, Muzeum
Katedralne.

chrzcielnicę, której dekoracja opowiada dzieje Jana Chrzciciela – od momentu, gdy anioł zapowiedział Zachariaszowi narodziny syna, aż po ścięcie proroka z rozkazu Heroda. Płaskorzeźby są dziełem kilku artystów, m.in. Donatella i Lorenza Ghibertiego.

Na południe od placu, przy Via San Pietro 29 stoi Palazzo Buonsignori, w którym ma siedzibę **Pinacoteca Nazionale**. Muzeum szczyci się bogatymi zbiorami malarstwa sieneńskiego, od XII do XVII w., z dziełami Duccia, Simona Martiniego, braci Lorenzettich, Sassetty i wielu innych. Uzupełnieniem tej duchowej uczty może być wizyta w pobliskim **kościele Sant'Agostino**, z szeregiem kolejnych wybitnych prac, m.in. Perugina i Sodomy.

Terzio di Camollia Ulica Banchi di Sopra wyprowadza z rejonu Campo w stronę północnej dzielnicy. W połowie długości ulicy otwiera się niewielka Piazza Tolomei, gdzie stoi starożytna kolumna z rzeźbą wilczycy karmiącej Romulusa i Remusa. Piazza Salimbeni, kawałek dalej, przez kilkaset lat pełniła funkcję sieneńskiego centrum biznesu. Wielka rezydencja zajmująca jeden z boków placu, **Palazzo Salimbeni**, to siedziba **Monte dei Paschi di Siena**. Początki tej instytucji sięgają 1472 r., kiedy w mieście założono Monte di Pietà – bank zajmujący się udzielaniem obywatelom pożyczek. W 1624 r. przedsiębiorstwo rozbudowano, przekazując mu położone w okolicach miasta pastwiska, których dzierżawa

Zamek nad brzegiem jeziora Ambrogia Lorenzettiego, Pinacoteca Nazionale.

zapewniała dodatkowe dochody („paschi" to skrót od „pascoli" czyli „pastwiska"). Bank działa do dziś i jest jednym z największych we Włoszech.

Bardziej na zachód, przy bocznej uliczce stoi sanktuarium wzniesione na miejscu domu rodzinnego św. Katarzyny (**Santuario e Casa di Santa Caterina**). Jeszcze jako dziecko zdecydowała, że wstąpi do zakonu dominikanek. Długo niepiśmienna – czytać nauczyła się dopiero w wieku 30 lat – dyktowała listy do różnych osobistości, zabiegając

Tercje i kontrady

Średniowieczna Siena dzieliła się administracyjnie na trzy obszary zwane tercjami (*terzio*). Ważniejszy był drugi podział, na mniejsze dzielnice zwane kontradami (*contrade*). Niegdyś było ich 59, obecnie ich liczbę ograniczono do 17. Poszczególne kontrady mają odrębnych świętych patronów, organizują własne festyny, posiadają swoje barwy i godła, a nawet muzea. Godłami kontrad są zwierzęta – od najbardziej swojskich jak ślimak czy gęś, poprzez egzotyczne żyrafy i nosorożce, aż po fantastycznego smoka. Od wieków kontrady dzielą głębokie animozje, które dają o sobie znać m.in. podczas Palio.

Palio

Palio, najsłynniejszy lokalny festyn we Włoszech, odbywa się w Sienie dwa razy do roku: 2 lipca i 16 sierpnia. Punktem kulminacyjnym dedykowanego Madonnie święta jest Corsa del Palio – konna gonitwa wokół Campo, po specjalnie na tę okazję przygotowanym torze z ubitej gliny. Tytułowe *palio* to proporzec – nagroda dla zwycięzcy.

W wyścigu startuje dziesięciu jadących na oklep dżokejów, z których każdy reprezentuje inną kontradę (są wybierane do gonitwy przez losowanie odbywające się na trzy dni przed zawodami; w ten sam sposób przydziela się również poszczególnym kontradom jeźdźców i wierzchowców). Czas pomiędzy losowaniem a właściwym wyścigiem wypełniają zawody próbne. W dniu gonitwy uroczystości rozpoczynają się rano, gdy konie święci się w kościołach poszczególnych kontrad. Po południu barwne orszaki poprzebieranych w stroje historyczne chłopaków podążają z poszczególnych dzielnic na plac przed katedrą, prezentując flagi kontrad, podrzucane do góry w efektowny sposób. Miasto wypełnia bicie dzwonów i dźwięk werbli. Wreszcie orszaki udają się na Campo.

Trybuny na placu są zarezerwowane w większości dla miejscowych. Ceny biletów przeznaczonych dla turystów sięgają ponad stu euro, a i tak niełatwo je zdobyć. Przyjezdnym pozostaje więc albo wciśnięcie się w tłum pośrodku Campo (chcąc mieć dobre miejsce, trzeba je zająć już w południe i smażyć się kilka godzin na słońcu), albo ustawienie się w którejś z uliczek wychodzących na rynek.

Na starcie, zawsze w najniższej części placu, uczestnicy – z wyjątkiem jednego – są stłoczeni między dwiema linami. Ostatni, swobodny jeździec, naciera niespodziewanie od tyłu, co jest sygnałem do rozpoczęcia gonitwy. W krótkim, lecz szalonym wyścigu nierzadko zdarzają się wypadki. Na ostrych zakrętach jeźdźcy lądują na bandach lub spadają wprost pod kopyta rozpędzonych koni, a zwierzęta łamią sobie nogi na stromych odcinkach. Połowa wierzchowców kończy wyścig bez jeźdźców, liczy się jednak fakt dotarcia do mety konia, a nie dżokeja.

Tego, co dzieje się później, nie da się opisać. Mieszkańcy pokonanych kontrad są kompletnie przybici, a radość zwycięzców graniczy z histerią. Jedni wskakują na bieżnię, by uściskać zwycięzcę, inni z narażeniem życia wdrapują się po zawieszone na trybunie *palio*. Wiwatom nie ma końca. Na uliczkach wokół Campo panuje nieopisany ścisk. Jeszcze następnego dnia w barach można zobaczyć grupki rozentuzjazmowanych mężczyzn, analizujących wyścig odtwarzany na wideo.

• Santuario e Casa di Santa Caterina;
codz. 9.00–12.30
i 15.00–18.00; bezpł.

• San Domenico;
codz. IV–X 7.00–13.00
i 15.00–18.30,
XI–III 9.00–13.00
i 15.00–18.00; bezpł.

m.in. o zaprzestanie wojen. W ten sposób udało jej się doprowadzić do zaprowadzenia względnego pokoju w środkowych Włoszech. Tradycja przypisuje świętej skłonienie Grzegorza XI do opuszczenia Awinionu i przeniesienia stolicy papiestwa z powrotem do Rzymu. Żyła krótko – 33 lata. Dopiero po jej śmierci, w 1380 r., okazało się, że otrzymała stygmaty, które starannie ukrywała przed światem. W 1970 r. Paweł VI nadał jej tytuł doktora Kościoła. W Casa di Santa Caterina można obejrzeć sanktuarium powstałe po kanonizacji Katarzyny (1464).

Największym po katedrze kościołem Sieny jest **San Domenico**, świątynia Dominikanów, której surowa bryła należy do najbardziej charakterystycznych elementów w panoramie miasta. W bazylice, po prawej stronie nawy, jest kaplica św. Katarzyny, gdzie przechowuje się czaszkę świętej (grób Katarzyny znajduje się w Rzymie). Kaplicę zdobią freski z początku XVI w., autorstwa Sodomy. Polski akcent to duży obraz na lewej ścianie nawy, obok głównego wejścia, przedstawiający pierwszego polskiego dominikanina, św. Jacka Odrowąża, który uchodząc z plądrowanego przez Tatarów Kijowa, przechodzi suchą nogą po wodach Dniepru. Nieopodal San Domenico wznosi się **Fortezza Medicea** – twierdza zbudowana w połowie XVI w., po opanowaniu Sieny przez Medyceuszy. Obecnie mieści się w niej teatr pod gołym niebem, park oraz świetna *enoteca* (piwnica z winem).

Drugą osobą związaną ze Sieną i wyniesioną po śmierci na ołtarze był św. Bernardyn z konkurencyjnego wobec dominikanów zakonu franciszkanów. Przyszły zakonnik urodził się w 1380 r., czyli w roku śmierci Katarzyny. Był jednym z najwybitniejszych kaznodziejów swoich czasów: gromił pychę, zbytek i wyzyskiwanie ubogich. Taka postawa przysporzyła popularności radykalnemu odłamowi zakonu, nazwanemu bernardynami od imienia świętego ze Sieny. Z działalnością Bernardyna jest związana **bazylika San Francesco** w północno-wschodniej części miasta, podobna do dominikańskiej i tylko

Parada otwierająca słynne sieneńskie Palio.

•Oratorio di San Bernardino e Museo Diocesano di Arte Sacra; poł. III–X codz. 10.30–13.30 i 15.00–17.30; 3 €.

Winnica w okolicy Raddy.

nieznacznie od niej mniejsza. Kaplica w prawym ramieniu transeptu upamiętnia cud z 1730 r., gdy odnaleziono 223 z 351 skradzionych uprzednio hostii. Opłatki są do dziś przechowywane w specjalnym relikwiarzu. Obok kościoła, w miejscu, gdzie św. Bernardyn wygłaszał nauki, postawiono oratorium, w którym obecnie ulokowano niewielkie muzeum sztuki sakralnej (**Oratorio di San Bernardino e Museo Diocesano di Arte Sacra**. Najciekawsza jest w nim

kaplica na I piętrze, ozdobiona na początu XVI w. malowidłami przez Sodomę i Beccafumiego.

W terzio di San Martino najciekawszym zabytkiem jest **Palazzo Piccolomini**, dwa kroki od Campo, kolejna (obok Palazzo delle Papesse) siedziba sławnego sieneńskiego rodu. Renesansowy gmach, zaprojektowany przez Bernarda Rosseliniego dla papieża Piusa II, jest jednym z najokazalszych i najpiękniejszych w mieście.

Okolice Sieny

Spośród wszystkich prowincji Toskanii, sieneńska, chociaż nie ma dostępu do morza, uchodzi za najpiękniejszą i najciekawszą. To właśnie tu można znaleźć krajobrazy uchodzące za kwintesencję toskańskiego pejzażu: pagórki i winnice Chianti, bezludne połacie Crete, urokliwe miniaturowe miasteczka w rodzaju Montegiggioni i samotne klasztory, jak choćby San Galgano. Przemierzając prowincję, ma się wrażenie, że można tu spędzić dowolną ilość czasu, niespiesznie wędrując od miejscowości do miejscowości, kosztując doskonałego wina i równie wspaniałych widoków. Poniżej omówiono tylko te części prowincji, które leżą w bezpośrednim sąsiedztwie Sieny. Leżącym nieco dalej San Gimignano i Montepulciano poświęcono osobne podrozdziały.

Chianti

Toskania uchodzi za najpiękniejszy region we Włoszech, ale aby w pełni odkryć jej niezwykły urok, trzeba udać się na prowincję. Między Sieną a Florencją rozciąga się kraina pagórków porosłych lasami, gajami oliwnymi i winoroślą, między którymi złocą się szerokie łany zboża i słoneczników. Maleńkie miasteczka pamiętające czasy Etrusków usadowiły na szczytach i spoglądają na okolicę zza potężnych murów. Wśród pól są rozrzucone stare kamienne domy, pojedyncze dęby i cyprysy. To właśnie **Chianti**: kraina uznawana za jedną z najbardziej charakterystycznych części Toskanii, słynąca z pięknych krajobrazów i doskonałego wina.

Chianti rozciąga się od Castelnouvo Berardegna, 20 km na zachód od Sieny, niemal po Imprunetę, którą od przedmieść Florencji dzieli zaledwie kilka kilometrów. Od zachodu krainę ograniczają doliny rzek Pesa i Elsa, a od wschodu – pas gór sięgających 900 m n.p.m. Region nie ma stolicy; największym „miastem" jest **Greve**, ale za najważniejsze ośrodki uchodzą **Radda, Castellina i Gaiole** (wszystkie z przydomkiem „in Chianti"). To te trzy miejscowości założyły w XIII w. we Florencji Ligę Chianti, służącą początkowo rozstrzyganiu spraw administracyjnych, a z czasem dbającą głównie o interesy miejscowych winiarzy. Znaczenie słowa *chianti*, które w źródłach występuje właśnie od XIII w.,

Chianti

Już w 1716 r. książę Toskanii, Kosma III, wydał edykt określający obszar, na którym może być produkowane **wino Chianti**. Ostatecznie sprawę rozstrzygnął dekret ministerialny z 1932 r. – na jego mocy kraina liczy 70 tys. ha i nie może już zostać powiększona. Kolejne akty prawne regulują z najdrobniejszymi szczegółami zasięg Chianti Classico oraz proces produkcji wina, w tym rodzaj winorośli (od 75 do 100% muszą stanowić winogrona sangiovese), wysokość zbiorów i minimalny czas leżakowania trunku (wino z danego roku podaje się najwcześniej 1 października roku następnego). Mimo swej zasłużonej renomy Chianti – nawet Classico – nie jest winem bardzo drogim. W samej Toskanii droższe bywa Vino Nobile z Montepulciano, a produkowane w Montalcino Brunello osiąga nawet kilkakrotnie wyższe ceny. Różnice wynikają nie tylko z jakości trunków, ale także z powierzchni upraw.

nie zostało ostatecznie wyjaśnione; przypuszcza się, że ma ono łacińską lub może nawet etruską genezę. Nie ulega tylko wątpliwości, że pierwotnie odnosiło się do terytorium, a dopiero wtórnie – do wina. Godłem Ligi był czarny kogut na złotym tle, dziś znak rozpoznawczy **Chianti Classico**, najszlachetniejszej odmiany trunku, produkowanej na ściśle określonym terytorium w historycznym jądrze regionu, obejmującym 7 tys. ha winnic.

W Chianti nie ma zabytków z najwyższej półki, które mogłyby się równać z tymi z San Gimignano czy Montepulciano, jest za to w bród cudownych pejzaży, pięknych willi i kościołów. Największy entuzjazm turystów i tak budzą piwnice, gdzie wśród ogromnych dębowych beczek można degustować wino i wspaniałą grappę (wódka z moszczu winogron). Kantyny znajdują się w każdej wiosce, ale największą popularnością cieszą się te z Raddy, Castelliny i Gaiole.

Crete i Val di Merse

Prowincję sieneńską z północy na południe przecina Via Cassia (ss2), droga o antycznym rodowodzie, łącząca Rzym z ziemiami Etrusków. Współczesna szosa, sukcesorka starożytnej magistrali, jest miejscami bardzo malownicza, ale i dość ruchliwa; obok powstaje wygodna dwupasmówka (superstrada). Na południowy wschód od Sieny, w widłach Via Cassia i ss73 rozciąga się jeden z najbardziej fascynujących zakątków Italii: **Crete**. Jego krajobraz

Wschód słońca nad Chianti.

kształtują pocięte dolinami, obłe i niemal bezleśne grzbiety, z rzadka porosłe cyprysami. Bujniejsza roślinność pojawia się głównie w dolinach. Wskutek erozji stoków tu i ówdzie spod traw wyłania się gliniaste podłoże. Kraina wydaje się być bezludna: nieliczne miejscowości, zamki i domostwa są rozrzucone na wzgórzach, a w trudno dostępnych zakątkach kryją się klasztory. Od wieków jednym z głównych zajęć miejscowej ludności jest pasterstwo i produkcja owczych serów. Wielkie płaszczyzny traw, wiosną intensywnie zielonych i przetykanych makami, latem żółtych, a jesienią rdzawych, skontrastowane z błękitem nieba, tworzą niezwykły obraz. W głąb Crete prowadzi ze Sieny droga ss438,

docierająca do **Asciano**, największego miasteczka w tych stronach.

Najciekawszym zabytkiem Crete jest **Monte Oliveto Maggiore**, niegdyś jeden z największych i najbogatszych klasztorów Toskanii, macierz zakonu oliwetanów (odłam benedyktynów). Pustelnia, oddalona od Sieny o niepełna 30 km, jest łatwo dostępna dla zmotoryzowanych. Ci, którzy nie dysponują własnym środkiem transportu, będą musieli zadowolić się autobusem odchodzącym z dworca kolejowego w Sienie, a docierającym do Chiusure, 2 km od opactwa (jeden kurs dziennie, po południu, podróż trwa około godziny). Klasztor warto odwiedzić ze względu na przepiękną okolicę i wspaniałe renesansowe freski obrazujące żywot św. Benedykta,

Ruiny gotyckiego
kościoła i klasztoru
Cystersów San
Galgano.

namalowane na przełomie XV i XVI w.
na ścianach wielkiego krużganka
(Chiostro Grande). Ich autorami byli
Umbryjczyk Luca Signorelli
i Sieneńczyk Sodoma. Można też
zobaczyć kościół klasztorny,
z budzącymi podziw intarsjowanymi
stallami, oraz grotę, w której mieszkał
założyciel zgromadzenia, błogosławiony
Bernard. Na miejscu jest sklep –
zakonnicy sprzedają własny miód, zioła
i nalewki. Większość budynków jest
nadal użytkowana przez wspólnotę
i z tego względu nie wolno ich zwiedzać.

Już poza Crete, po obu stronach drogi
Siena–Grosseto (ss223) rozpościera się
Val di Merse z dawnym klasztorem
Cystersów **San Galgano**, 25 km na
południowy zachód od Sieny. Po
mnichach pozostały imponujące ruiny
gotyckiego kościoła i klasztoru z XIII w.
Położone z dala od osiedli ludzkich
opactwo, wśród wzgórz i pól
słoneczników, jest poruszającym
miejscem. Jego magii uległ m.in.
Andriej Tarkowski, który kręcił tu
zdjęcia do *Nostalgii*. Na szczycie Monte
Siepi, wzgórza nieopodal ruin, jest
rotunda, a w jej wnętrzu miecz wbity
w kamień. To pamiątka po Galgano
Guidottim, rycerzu żyjącym w XII w.,
który wbił oręż w skałę na znak rozstania
z życiem świeckim i poświęcenia się
kontemplacji. W 1185 r. został ogłoszony
świętym, a potem patronem pobliskiego
opactwa. Dla niezmotoryzowanych
jedyną szansą na dotarcie do San Galgano
jest skorzystanie z autobusu Siena–Massa
Marittima, pod warunkiem, że kierowca
zgodzi się zatrzymać w pobliżu klasztoru.

W stronę Volterry: Val d'Elsa

Północno-zachodni kraniec prowincji
zajmuje dolina rzeki Elsy, lewego
dopływu Arno. To kolejny fragment
Toskanii, o którym można powiedzieć:

wyjątkowo piękny. Aby w pełni
docenić jego walory, najlepiej się
wybrać ze Sieny przez Monteriggioni,
Colle di Val d'Elsa i San Gimignano
w kierunku Volterry. Po drodze można
do woli cieszyć oczy widokiem wzgórz
porośniętych lasem, łąkami i winem
oraz chłonąć sielską atmosferę
mijanych miasteczek. Główny ośrodek
tego mikroregionu, przemysłowe
Poggibonsi, jest co prawda wyjątkowo
paskudne, ale poza nim większość
miejscowości dostarcza zdecydowanie
pozytywnych wrażeń.

W połowie drogi ze Sieny do
Poggibonsi leży prześliczne
Monteriggioni. Ufortyfikowane
miasteczko na wzgórzu jest dobrze
widoczne z biegnącej tuż obok
superstrady, łączącej Florencję ze Sieną.
Pierścień średniowiecznych murów
obronnych z bramami i wieżami
zachował się w Monteriggioni w całości.
Opasują placyk ze starym kościołem oraz
kilka zabytkowych uliczek. Nie brakuje
ładnych widoków – z jednej strony na
Val d'Elsa, z drugiej na Chianti. Większą
miejscowością jest **Colle di Val d'Elsa**,
oddalona od Sieny o 24 km i podzielona
na dwie części: Colle Bassa – dawne
przedmieście, obecnie centrum – oraz
Colle Alta – Stare Miasto. Warto wspiąć
się na wysoki, długi i wąski grzbiet, na
którym leży Colle Alta, z dobrze
zachowaną zabytkową zabudową, niemal
zupełnie wymarłe, a przez to niezwykle
nastrojowe. Starą część miasta przecina
Via del Castello, główna ulica
prowadząca obok katedry do Torre di
Arnolfo – wieżowego domu, w którym
urodził się Arnolfo di Cambio, rzeźbiarz
i architekt, projektant katedry
florenckiej. Zmotoryzowani mogą
wypuścić się z Colle di Val d'Elsa w głąb
doliny, na południe, np. do **Casole
d'Elsa**, czy jeszcze dalej, do uroklowego
Radicondoli.

San Gimignano

Niespełna 25 km na północny zachód od Sieny, pośród łagodnie falujących wzgórz Toskanii rysuje się na tle nieba **San Gimignano**, z kilkunastoma strzelającymi w niebo kamiennymi wieżami. W świadomości turystów San Gimignano pozostaje archetypem włoskiego miasteczka, z zachwycającym pejzażem, zabytkami i urokliwym klimatem. Co istotne, mimo tłumu nie uległo tandecie, którą przynosi ze sobą masowy ruch turystyczny. Jest też wyjątkowo łatwe do zwiedzania: na szybkie obejrzenie głównych atrakcji wystarczy godzina, a w ciągu trzech miejscowość można poznać na wylot. Większość przyjezdnych wpada tu tylko na chwilę, zadowalając się krótkim spacerem, wizytą w kolegiacie i na Torre Grossa. Kto zdecyduje się zostać w miasteczku na noc albo odwiedzi je po sezonie, odkryje jego drugie, jeszcze piękniejsze, bo bardziej naturalne oblicze.

Historia

Nazwa San Gimignano upamiętnia biskupa Modeny, Geminianusa, żyjącego w IV w. n.e. i uznanego później świętym. Okolica była zamieszkiwana już w starożytności, lecz czasy prosperity nastały dopiero w XII stuleciu. Istniejąca tu wówczas osada przekształciła się w samodzielną komunę miejską, jedną z najważniejszych w Toskanii. W następnym stuleciu San Gimignano liczyło już 20 tys. mieszkańców, czyli pięciokrotnie więcej niż obecnie. Włoskim zwyczajem, w mieście osiedliło się sporo rycerskich rodów, które, co także symptomatyczne, pozostawały w stanie permanentnej wojny tak z mieszczanami, jak i ze sobą nawzajem. Spory te były podsycane przez trwający właśnie konflikt papieża z cesarzem. Sprzyjający cesarzowi ród Salvuccich z pomocą sąsiedniej Sieny wypędził z miasta konkurentów – wierny papieżowi ród Ardinghellich. Ci ostatni uciekli do Florencji, skąd przeprowadzili skuteczny kontratak i w połowie XIV w. odzyskali władzę. Zwycięstwo miało jednak swoją cenę – San Gimignano zostało poddane zwierzchności Florencji, co zadecydowało o jego degradacji, przypieczętowanej kilkoma epidemiami, z „czarną śmiercią" na czele (1348). Przekształcenie się dużego ośrodka w prowincjonalną mieścinę miało jednak i pozytywne skutki: San Gimignano uniknęło poważniejszych przekształceń i świetnie zachowało nieco średniowieczny charakter.

Kallimach

Historia San Gimignano ma swój polski wątek. To właśnie tutaj urodził się **Kallimach**, czyli Filippo Buonaccorsi (1437–1496), włoski poeta i dyplomata. Po nieudanym zamachu na życie papieża, Kallimach musiał uciekać z Włoch. Udał się do Krakowa, gdzie trafił na dwór Kazimierza Jagiellończyka. Z czasem awansował na królewskiego sekretarza, został również, razem z Janem Długoszem, wychowawcą synów monarchy. Był jednym z pierwszych humanistów w Polsce.

Zwiedzanie

Najważniejsze budowle San Gimignano stoją przy **Piazza del Duomo** – niewielkim, asymetrycznym placu pośrodku *centro storico*. Przy jego dłuższym boku wznosi się najstarsza siedziba władz samorządowych, Palazzo del Podestà (inaczej Palazzo Vecchio). Zbudowany w XII w. pałac był wielokrotnie przekształcany, czego ślady są widoczne na fasadzie. Nad gmachem góruje wysoka na 51 m

wieża, zwana La Rognosa. Chcąc ukrócić rywalizację wielkich rodów, samorząd zabronił specjalną uchwałą wznoszenia wyższych konstrukcji, co okazało się jednak martwym przepisem. Dwie wieże na lewo od pałacu, przy wylocie Via San Matteo, należały niegdyś do rodu Salvuccich i były głównym bastionem gibelinów. Naprzeciw pałacu stoi **kolegiata Najświętszej Marii Panny** wzniesiona w stylu romańskim

• **Kolegiata Najświętszej Marii Panny**; IV–X pn.–pt. 9.30–19.30, sb. 9.30–17.00, nd. 12.30–17.00, XI–III pn.–sb. 9.30–17.00, nd. 12.30–17.00; 3,50 € lub bilet łączony.

Średniowieczna uliczka San Gimignano.

Wieże San Gimignano

San Gimignano zawdzięcza sławę **czternastu wieżom** wybudowanym między XII a XIV stuleciem. W średniowieczu wznosiło się ich o wiele więcej – podobno aż siedemdziesiąt dwie. W większości były to ufortyfikowane siedziby rycerskich rodów. Pełniły podwójną funkcję: z jednej strony wyrażały aspiracje właścicieli, z drugiej zapewniały im schronienie podczas częstych zamieszek. Wieże tego typu stały w wielu włoskich miastach, np. w znacznie większej Florencji było ich około trzystu. Nigdzie jednak nie zachowały się w tak dobrym stanie, były bowiem burzone na rozkaz władz komunalnych, pragnących zakończenia krwawych porachunków.

i poświęcona w 1148 r. Prace budowlane ciągnęły się jeszcze długo: w XIII w. wykonano fasadę, w XIV w. przesklepiono nawę, w następnym stuleciu powiększono prezbiterium. Wejście do kościoła prowadzi przez portyk, gdzie zwraca uwagę *Zwiastowanie*, fresk Ghirlandaia z 1498 r. We wnętrzu zachował się wielki zespół malowideł ściennych. Freski w części nawowej przedstawiają dzieje ludzkości – od stworzenia świata i wydarzeń opisywanych w Starym Testamencie (po lewej), poprzez życie Jezusa (po prawej) aż po mający nadejść sąd (zgodnie ze średniowieczną tradycją umieszczony na wewnętrznej ścianie fasady). Ten ostatni temat przedstawiono wyjątkowo drastycznie, z sadystycznymi demonami zadającymi potępionym wyrafinowane katusze. Pod Sądem Ostatecznym widnieje znacznie późniejsze malowidło *Męczeństwo św. Sebastiana*, pędzla

Florentyńczyka, Benozza Gozzolego. Święty Sebastian był uznawany za patrona chroniącego przed zarazą, a obraz powstał w podzięce za ustąpienie epidemii w 1464 r. Przy prawej nawie bocznej mieści się **kaplica św. Finy**, rozsławiona przed kilku laty przez Franka Zeffirellego w filmie *Herbatka z Mussolinim*. Pomieszczenie, wybitny przykład florenckiego renesansu, jest dziełem braci da Maiano i Domenica Ghirlandaia, który ozdobił je freskami. Patronka kaplicy, św. Fina, żyła w XIII w. Od czasu, gdy ukazał się jej święty Grzegorz, zapowiadając rychłą śmierć (co przedstawia fresk po prawej), dziewczyna, choć miała zaledwie 10 lat, oddała się intensywnej pokucie. Drugie malowidło przedstawia pogrzeb św. Finy, rozgrywający się

w scenerii San Gimignano. Postać za biskupem odprawiającym egzekwie to autoportret Ghirlandaia. W **Museo d'Arte Sacra** obok kolegiaty można zobaczyć niewielką wystawę dawnej sztuki religijnej. Zdecydowanie należy polecić krótki spacer do ruin zamku, **La Rocca**, za kolegiatą (dojście przez Piazza delle Erbe wzdłuż północnej elewacji kościoła, następnie uliczką w lewo; bezpł.). Ten uroczy zakątek jest wart wizyty ze względu na oryginalny widok na wieże San Gimignano. Twierdza, wzniesiona w XIV w. na rozkaz Florencji, już w XVI była ruiną.

   Palazzo del Popolo obok kolegiaty to kolejna siedziba samorządu miejskiego, tym razem z końca XIII w. Ponieważ wieża starego ratusza, La Rognosa, została zdystansowana

• **Museo d'Arte Sacra**; IV–X pn.–pt. 9.30–19.30, sb. 9.30–17.00, nd. 12.30–17.00, XI–III pn.–sb. 9.30–17.00, nd. 12.30–17.00; 3,50 € lub bilet łączony.

• **Palazzo del Popolo**; Museo Civico i Torre Grossa; III–X codz. 9.30–19.00, XI–II 10.00–17.30; 5 € lub bilet łączony.

Panorma miasteczka San Gimignano.

•**Bilety do muzeów**
Zainteresowani dokładnym
zwiedzeniem miasta mają
do dyspozycji dwa rodzaje
biletów łączonych.
Pierwszy, w cenie 7,50 €,
zapewnia wstęp do
muzeów komunalnych
(Museo Civico
z Pinakoteką, Torre Grossa,
Museo Archeologico,
Museo Ornitologio, Galeria
di Arte Moderna, Spezieria
di Santa Fina), drugi, za
5,50 €, umożliwia
zwiedzenie kolegiaty
i Museo d'Arte Sacra.

**Jedna z wież San
Gimignano.**

przez siedziby miejscowego rycerstwa, samorząd postanowił wznieść nową, jeszcze wyższą. Istotnie, zwieńczenie ukończonej w 1311 r. i mierzącej 54 m **Torre Grossa** pozostało do dziś najwyższym punktem San Gimignano. Kto tylko czuje się na siłach, powinien koniecznie skorzystać z możliwości obejrzenia jedynej w swoim rodzaju panoramy miasta i okolic, wdrapując się na szczyt budowli. W pałacu mieści się interesujące **Museo Civico**, w którego ramach zwiedza się zabytkowe wnętrza i galerię malarstwa. W Sali Dantego – reprezentacyjnej auli na I piętrze – odbywały się najważniejsze debaty władz miejskich. W 1300 r. Dante, jako poseł Florencji, wygłosił tu mowę, w której wzywał mieszkańców San Gimignano do przystąpienia do partii gwelfów (choć sam był czystej krwi gibelinem). **Pinacoteca** (piętro wyżej) kusi interesującymi obrazami mistrzów sieneńskich i florenckich, głównie z XIII i XVI w. Godny uwagi jest obraz Taddea di Bartola przedstawiający świętego Geminianusa trzymającego na kolanach San Gimignano, co symbolizuje opiekę świętego nad miastem. Patrząc na malowidło, można się przekonać, w jak niewielkim stopniu wygląd San Gimignano zmienił się od XIV stulecia. Inne ciekawe dzieła to wielki obraz Pinturicchia przedstawiający Madonnę ze świętymi z 1512 r. oraz dwa tonda Filippina Lippiego, na których wyobrażono Zwiastowanie. Frapującym zabytkiem jest cykl fresków o tematyce weselnej z początku XIV w. w apartamencie podesty, zadziwiający obyczajową śmiałością, sprzeczną ze stereotypowym obrazem średniowiecza. Kobieta jadąca na grzbiecie mężczyzny czy wspólna kąpiel małżonków to tylko niektóre z wyobrażonych tam scen.

Z Piazza del Duomo sąsiaduje **Piazza della Cisterna**, nazwana tak od podziemnej cysterny. Widoczne nieopodal bliźniacze wieże pochodzą z XIII w. i należały do rodu Ardinghellich. Spragnieni mocniejszych wrażeń mogą odwiedzić **Museo di Criminologia Medioevale**, zwane także Museo della Tortura, gdzie można się zapoznać z budzącymi grozę dawnymi narzędziami tortur.

Via San Giovanni prowadzi z Piazza della Cisterna ku południowej bramie miejskiej. Po drodze, zaraz za placem, mija się **Arco dei Becci**, pozostałość najstarszych fortyfikacji San Gimignano z XII w. Z kolei Via San Matteo, którą trzeba uznać za najbardziej reprezentacyjną ulicę w mieście, łączy Piazza del Duomo z Porta San Matteo. Nieco z boku, w północnej części *centro*, rozciąga się **Piazza Sant'Agostino**, nad którą piętrzy się surowa bryła kościoła Augustianów. Jego wnętrze skrywa ciekawe zabytki florenckiego renesansu, m.in. cykl XV-wiecznych malowideł w prezbiterium, przedstawiający życie św. Augustyna, autorstwa Benozza Gozzolego. Miło popatrzeć na fasadę domu obok wejścia do kościoła, na której umieszczono cytat z wiersza Jarosława Iwaszkiewicza. Z placu jest niedaleko do dawnego klasztoru Klarysek, w którym mieszczą się muzea: **Galleria d'Arte Moderna e Contemporanea**, **Museo Archeologico** oraz **Spezieria di Santa Fina**. To ostatnie to zrekonstruowane wnętrze XVI-wiecznej apteki, ze wszystkimi niezbędnymi narzędziami.

Zmotoryzowani powinni uzupełnić wizytę w San Gimignano przejażdżką na południe od miasta, za drogowskazami na kemping: po drodze mija się znakomity punkt widokowy (panorama miasta, efektowna zwłaszcza po południu).

•**Museo di Criminologia Medioevale**; Via del Castello 1/3; pot. VII–pot. IX codz. 9.00–24.00, pot. IX– pot. VII 10.00–18.00; €.

•**Galleria d'Arte Moderna e Contemporanea, Museo Archeologico oraz Spezieria di Santa Fina**; IV– XII codz. 11.00–18.00; 3 € lub bilet łączny.

Volterra

Leżąca nieco na uboczu głównych tras turystycznych **Volterra** jest znacznie ciekawsza niż sugerowałaby to liczba przybywających doń turystów: ma wspaniałą etruską przeszłość i znakomite zabytki z okresu, gdy znajdowała się pod kontrolą Florencji. Wzniesiona z lokalnego wapienia, zwanego *panchino*, leży samotnie na wysokim wzniesieniu, z którego można podziwiać niezwykle rozległe widoki na rozciągające się wokół górzyste pustkowie.

Historia

Volterra jest jednym z najstarszych miast Toskanii. Założona przez Etrusków – nazywała się wówczas Velathri – przeżywała swe najlepsze lata między V a IV w. p.n.e. Podporządkowała sobie wówczas rozległy obszar sięgający od Korsyki i Elby po Luni na granicy dzisiejszej Toskanii i Ligurii. Należała do ligi skupiającej 12 miast-państw Etrurii, co więcej, w niektórych okresach przewodziła temu związkowi. Liczyła

Średniowieczny klasztor na wzgórzu w Balze wisi niemal nad przepaścią.

około 25 tys. mieszkańców, a otaczające ją mury (zachowane we fragmentach) miały ponad 7 km długości. Przed Rzymem skapitulowała dopiero w 260 r. p.n.e. – jako jeden z ostatnich etruskich ośrodków. W średniowieczu na ruinach starożytnego miasta rozwinęła się komuna, która w 1411 r. musiała uznać zwierzchnictwo Florencji. Przypieczętowało to los Volterry, degradując ją na wieki do rangi miasta o lokalnym znaczeniu.

Zwiedzanie

Zabytkowe centrum Volterry otacza pas świetnie zachowanych średniowiecznych murów obronnych. Budowniczowie wykorzystali fortyfikacje starożytnego miasta, czego najlepszym przykładem jest **Porta all'Arco** – brama, której dolne części pamiętają czasy Etrusków. Minąwszy bramę, wchodzi się w stromą uliczkę, wyprowadzającą w kilka chwil na **Piazza dei Priori** – nieforemny plac pośrodku *centro storico*. Wznosi się przy nim okazały, zwieńczony blankami i wieżą **Palazzo dei Priori**, pełniący do dziś funkcję siedziby magistratu. Gmach pochodzi z początku XIII w. i jest uznawany za najstarszy istniejący ratusz w Toskanii – prawdopodobnie inspirowali się nim twórcy florenckiego Palazzo Vecchio. Na

I piętrze pałacu mieści się reprezentacyjna **Sala del Consiglio**, którą można oglądać przy okazji ślubów lub zwiedzając wystawy czasowe. Na tyłach ratusza jest **katedra** o ładnej romańskiej fasadzie utrzymanej w stylistyce pizańskiej i wielokrotnie przebudowywanym wnętrzu. Przed katedrą stoi XIII-wieczne **baptysterium**. Tuż obok, przy Via Roma 15, ulokowano niewielkie **Museo Diocesano d'Arte Sacra**. Kontynuację Via Roma stanowi Via Buopnaperti, doprowadzająca pod piękny renesansowy pałac, w którym mieści się **Museo Civico e Pinacoteca**. Ta niezbyt duża, ale wyśmienita galeria malarstwa z pewnością należy do największych atrakcji Volterry. Na I piętrze jest prezentowany największy skarb muzeum – *Zdjęcie z krzyża* Rossa Fiorentina. Obraz o dysonansowej kolorystyce, przedstawiający wydłużone postaci w wystudiowanych pozach, epatuje niepokojem. Jest arcydziełem florenckiego manieryzmu i jednym z najwybitniejszych dokonań artysty. Nerwowe napięcie tego obrazu znajduje szczęśliwy kontrapunkt w pełnych harmonii pracach mistrzów renesansu, m.in. Ghirlandaia i Signorellego, które można oglądać na tym samym piętrze. Kilkadziesiąt

•Bilet do muzeów
Bilet łączony (biglietto cumulativo; 7 €) pozwala na zwiedzenie Museo Diocesano d'Arte Sacra, Pinakoteki i Museo Guarnacci, czyli trzech najważniejszych muzeów Volterry.

•Museo Diocesano d'Arte Sacra; III–X codz. 9.00–13.00 i 15.00–18.00, XI–II 9.00–13.00.

•Museo Civico e Pinacoteca; III–X codz. 9.00–19.00, XI–II 8.30–13.45.

Alabaster

Volterra jest nazywana miastem alabastru. Położone nieopodal mioceńskie złoża tej krystalicznej odmiany gipsu były wykorzystywane już przez Etrusków, którzy z alabastru wykonywali m.in. urny grobowe i sarkofagi. Cienkie, półprzezroczyste płyty tego kamienia były w starożytności i średniowieczu wprawiane w okna, dzięki czemu wnętrze wypełniało się łagodnie rozproszonym, ciepłym światłem. Dziś w Volterze działa szkoła artystyczna ze specjalnością rzeźba w alabastrze oraz 25 warsztatów, w których obrabia się ten piękny kamień. Dominuje, niestety, produkcja maszynowa, dostosowana do masowych gustów, niemniej jednak ciągle trafiają się tradycyjne, ręcznie wykonane rzeźby o ciekawej formie. Zarówno w śródmieściu, jak w okolicach miasta jest wiele sklepów oferujących wyroby z alabastru – najpopularniejsze pamiątki z Volterry

Położona na wysokim wzniesieniu Volterra.

• **Palazzo Vitti;**
☎0588/84047; IV–X codz.
10.00–13.00
i 14.40–18.30, XI–III tylko
po wcześniejszym
zgłoszeniu; 4 €.

• **Museo Etrusco Guarnacci;**
Via Don Minzoni 15; III–X
codz. 9.00–19.00, XI–II
8.30–13.45.

metrów za Pinakoteką, przy Via di Sarti 41, stoi niezwykły **Palazzo Vitti**, z wnętrzami wykonanymi w całości z alabastru.

Spacerując po mieście, warto odszukać miejsce, nieco na północ od Pinakoteki, skąd rozciąga się widok na **rzymski teatr** – latem odbywają się w nim przedstawienia i koncerty. Niedaleko stąd, przy Via Guarnacci jest kolejna pierwszorzędna atrakcja Volterry – **Museo Etrusco Guarnacci**. Placówka może się poszczycić wyjątkowo bogatymi zbiorami wykopalisk z miasta i okolic. Można tu prześledzić historię miasta od najdawniejszych czasów poprzez okres kultury willanowiańskiej i bezpośredniej jej sukcesorki – kultury etruskiej – po czasy rzymskie. Imponujące są zbiory starożytnych urn pogrzebowych, wykonywanych z na ogół z wypalanej gliny, niekiedy z kamienia. Większość reprezentuje ten sam typ, z postacią

zmarłego ukazaną na wieku podczas uczty w zaświatach i scenami mitologicznymi na bocznych ścianach. Postaci nieodmiennie są przedstawiane w pozycji półleżącej, zawsze na lewym boku. Wśród kilkuset eksponowanych egzemplarzy jest wiele prac wybitnych i jedno arcydzieło – **Urna degli Sposi**. Jest to wieko terakotowej urny z czule obejmującą się parą w podeszłym wieku. Skrajny naturalizm przedstawienia – drastyczne ukazanie starości – i wymowność spojrzenia małżonków czynią z tej pracy dzieło o niezwykłej głębi, jedno z najbardziej poruszających, jakie wydała sztuka etruska. Równie intrygujący, choć zupełnie odmienny, jest inny sławny eksponat, którym szczyci się muzeum – brązowa figurka chłopca o wyjątkowo wydłużonych proporcjach, datowana na II w. p.n.e., nazwana **Ombra della Sera** (Cień Wieczoru). Figurka wygląda na dzieło współczesnego artysty i istotnie, głęboko inspirowała jednego z najwybitniejszych rzeźbiarzy XX w., włoskojęzycznego Szwajcara Alberta Giacomettiego. Jej pierwotne przeznaczenie pozostaje nieznane; większość badaczy dostrzega w niej symbol płodności i nieustannego odradzania się przyrody. Po trudach zwiedzania można odpocząć w **Parco Archeologio** w południowej części miasta. Archeologii jest tu jak na lekarstwo, za to parku w bród – bujna zielona trawa i ładna sceneria stwarzają doskonałe warunki do pikniku.

Ostatnia atrakcja Volterry to **Balze**, 2 km na zachód od Piazza del Priori (dojście z centrum Via S. Lino, Porta S. Francesco i Via Borgo S. Stefano). Zachowały się tu fragmenty etruskich murów z ciosanego kamienia, stojące na skraju płaskowyżu opadającego pionowo wysokimi na kilkadziesiąt metrów ścianami. Niszczone erozją urwiska nieustannie się cofają, podcinając płaskowyż i niebezpiecznie zbliżając się do murów. Stojący tuż obok średniowieczny klasztor – Badia – wisi niemal nad przepaścią.

Porta all'Arco – brama, której dolne części pamiętają czasy Etrusków.

Na południu prowincji

•**Palazzo Pubblico –**
wieża;
codz. 10.00–18.00; 2 €.

•**Museo Civico**
e Pinacoteca Crociani;
wt.–sb. 10.00–13.00
i 15.00–19.00, nd.
10.00–19.00; 4,13 €.

Południowe krańce prowincji sieneńskiej zasługują na baczną uwagę z powodu dwóch arcyciekawych miasteczek – Montepulciano i Pienzy – które warto odwiedzić ze względu na najwyższej klasy dzieła sztuki i urzekające pejzaże. Okolica jest sławna także za sprawą wyśmienitego wina – zainteresowanych tym tematem skusi zapewne Montepulciano i położone bardziej na zachód Montalcino. Zmotoryzowani, przy zachowaniu odpowiedniej dyscypliny, będą w stanie objechać południową Toskanię w półtora dnia, ale pośpiech nie jest wskazany. Lepiej przeznaczyć na to 2–3 dni, zahaczając o takie miejsca, jak etruskie Chiusi, romańskie opactwo Sant'Antimo czy najwyższy szczyt południowej Toskanii – Monte Amiata.

Montepulciano

Turystyczną stolicą południowej Toskanii jest **Montepulciano**. Jak sama nazwa wskazuje, miejscowość założono na szczycie – a ściślej mówiąc: na wąskim i długim grzbiecie, wznoszącym się około 200 m ponad okoliczne doliny. Sąsiednie pagórki i wzgórza porastają winnice, z których pochodzą doskonałe trunki: wytrawne Vino Nobile, słodkie Vin Santo i Aleatico, a także wyśmienita grappa. Na kształt miasta decydujący wpływ miały ambitne przedsięwzięcia podjęte w XV i XVI w.: budowa murów, gmachów użyteczności publicznej, kościołów i prywatnych pałaców, przy których zatrudniano znakomitych architektów (m.in. Michelozza i Antonia da Sangalla starszego). Dzięki

nim Montepulciano wyróżnia się dziś jednolitą, renesansową zabudową o florenckim rodowodzie. Artystyczne wpływy Florencji miały zresztą oparcie w sytuacji politycznej: od 1511 r. miasto było pod władzą Medyceuszy.

Zabytkowe centrum opasują świetnie zachowane XVI-wieczne mury obronne z sześcioma bramami, zaprojektowane przez Sangalla. Centrum stanowi **Piazza Grande**, plac w najwyższej części wzgórza, z **katedrą** o osobliwej, niedokończonej fasadzie. Wewnątrz, na głównym ołtarzu, można zobaczyć obraz Taddea di Bartola *Zwiastowanie*, świetny przykład malarstwa sieneńskiego. Obok katedry stoi zwieńczony blankami i wieżą kamienny ratusz – **Palazzo Pubblico**. Gmach powstał na przełomie XIII i XIV w., ale obecną postać przybrał w XV, gdy został przebudowany – prawdopodobnie przez Michelozza. Warto wspiąć się na wieżę dla wyjątkowo ładnej panoramy okolic. Przy placu stoją jeszcze dwa inne pałace: **Tarugi** – z ładną loggią – oraz **Contucci**. 100 m na północ od Piazza Grande, przy Via Piè al Sasso piętrzy się XIV-wieczny **Palazzo Neri-Orselli** – najciekawszy gotycki budynek w mieście. Wewnątrz ma siedzibę **Museo Civico e Pinacoteca Crociani**, gdzie można zobaczyć m.in. terakotowe reliefy, których autorem był Andrea della Robbia, i *Madonnę z Dzieciątkiem* Sodomy. Spacerując uliczkami *centro*, warto odszukać **Piazza delle Erbe**, ładny plac z renesansowym budynkiem handlowym, znanym jako **Loggia del Mercato**. Bardziej na północ wyrastają kościoły: **Santa Lucia** (z piękną

Piwnice z winem w kantynie w Montepulciano.

Madonną Signorellego) i **Sant'Agostino** (z malowidłami Lorenza di Crediego i Giovanniego di Paola).

Najcenniejszy zabytek Montepulciano znajduje się za murami, niespełna 2 km na południowy zachód od centrum. Jest to stojący na końcu cyprysowej alei **kościół San Biaggio** – jedna z najpiękniejszych renesansowych budowli we Włoszech. Wzniesiony z kremowego wapienia, na planie zbliżonym do krzyża greckiego, zwieńczony wysoką kopułą, jest

zarazem dostojny i wdzięczny, monumentalny, ale nie surowy. Świątynia powstała w latach 1518–1529 i jest najwybitniejszym osiągnięciem Antonia da Sangalla starszego. Warto zwrócić uwagę na fasadę z oryginalnym motywem dwóch wolno stojących wież (ukończono tylko jedną), wciśniętych między nawę a ramiona transeptu. Wnętrze ma zdumiewającą akustykę; aby się o tym przekonać, wystarczy stanąć dokładnie pod szczytem kopuły i klasnąć w dłonie.

Chiusi i okolice

Na zachód od Montepulciano rozciąga się szeroka, płaska dolina, sięgająca aż pod Arezzo – **Val di Chiana**. W przeszłości rozlewało się tutaj wielkie jezioro, potem rozciągały się bagna, a obecnie dominują pastwiska i pola uprawne. W nieckach na dnie przetrwało kilka niedużych jezior, które objęto ochroną rezerwatową. Od wieków Val di Chiana odgrywa ważną rolę komunikacyjną – dziś biegnie tędy Autostrada Słońca.

Na skraju doliny, niespełna 10 km na południe od Montepulciano, leży popularne uzdrowisko **Chianciano Terme**. O wiele ciekawsze jest sąsiednie **Chiusi**, tuż przy granicy z Umbrią, choć za sprawą brzydkiego przedmieścia na pierwszy rzut oka nie robi dobrego wrażenia. Owo przedmieście to **Chiusi Scalò**, gdzie zatrzymują się pociągi i autobusy dalekobieżne. Około 2 km na zachód, na wzgórzu, leży godne uwagi **Chiusi Città**. Miasto, założone przez Etrusków, już w V w. p.n.e. było znaczącym ośrodkiem, a we wczesnym średniowieczu – stolicą lokalnego księstwa Longobardów. Na szczycie wzgórza rozciąga się niewielki plac,

Kościół San Biaggio w krajobrazie Montepulciano.

Panorama Pienzy. Piazza del Duomo, z katedrą i stojącą samotnie dzwonnicą. W kościele zwracają uwagę dwa rzędy kolumn zebranych z rozmaitych starożytnych budowli. Tuż obok świątyni urządzono **Museo della Cattedrale**, gdzie można zobaczyć m.in. XV-wieczne księgi liturgiczne z opactwa Monte Oliveto Magiore, zdobione przez wybitnych artystów, takich jak Liberale da Verona czy Francesco di Giorgio Martini. Przez muzeum schodzi się do tzw. **labiryntu Porsenny**, systemu podziemnych tuneli, zbiorników i studni, wykutych przez Etrusków, służących zaopatrzeniu miasta w wodę, a użytkowanych i rozbudowywanych w następnych stuleciach. Nazwa „labiryntu" pochodzi

od etruskiego króla z VI w. p.n.e., Larsa Poresenny, którego grób ma być rzekomo ukryty w podziemiach Chiusi. Najciekawsza jest przestronna sala z pięknym sklepieniem z ciosanego kamienia, wsparta na centralnym filarze. Jej pierwotne przeznaczenie pozostaje tajemnicą. Ostatni odcinek trasy to, dla kontrastu,

wyjście na szczyt dzwonnicy, skąd roztaczają się szerokie widoki na miasto i Val di Chiana. Jeśli ktoś odczuwa niedosyt, może się udać do sąsiedniego **Muzeo Nazionale Etrusco**. Eksponuje się tu m.in. ceramikę importowaną przez Etrusków z Grecji i urny wyrabiane na miejscu między III a I w. p.n.e. Z kolei **Museo Civico** proponuje kolejną wędrówkę podziemiami i bogate zbiory starożytnych inskrypcji. Za miastem, przy drodze nad Lago di Chiusi, znajduje się podziemna wczesnochrześcijańska nekropolia – **katakumby świętej Mustioli** (porę zwiedzania ustala się w muzeum katedralnym; 5 €).

Pienza

Miasto, wpisane na Listę Światowego Dziedzictwa Kulturalnego i Przyrodniczego UNESCO, leży 11 km na zachód od Montepulciano. Pierwotnie Pienza zwała się Corsignano – pod taką nazwą pojawia się na kartach *Dekamerona*. W 1458 r. Eneasz Sylwiusz Piccolomini, właśnie wybrany papieżem, przybrawszy imię **Piusa II** postanowił przebudować rodzinną miejscowość i łaskawie nadać jej, na własną cześć, nazwę Pienza. Na życzenie papieża **Bernardo Rosselino** z Florencji zaprojektował główny plac, pierwsze w dziejach renesansowe założenie urbanistyczne. Wizję architekta zrealizowano, przy wielkim nakładzie środków, w ekspresowym tempie – prace trwały zaledwie trzy lata (1459–1462). Od tego czasu maleńkie miasteczko niewiele się zmieniło. Wśród licznych wielbicieli jego piękna trzeba wymienić Franka Zeffirellego, który nakręcił tu jeden ze swych najgłośniejszych filmów – ekranizację *Romea i Julii*.

Główne wejście do *centro storico* wiedzie od zachodu, przez Piazza Dante

• **Museo della Cattedrale**; VI–poł. X codz. 9.30–13.00 i 16.00–19.00, poł. X–V pn.–sb. 9.30–12.45, nd. 9.30–12.45 i 15.00–18.00; 2 €, bilet łączony z labiryntem Porsenny 4 €..

• **Labirynt Porsenny**; zwiedzanie w grupach z przewodnikiem; sam labirynt 3 €, bilet łączony 4 €.

• **Muzeo Nazionale Etrusco**; codz. 9.00–20.00; 4 €.

• **Museo Civico**; Via il Ciminia 2; V–X codz. 8.00–20.00, XI–IV czw. i pt. 10.00–13.00, sb. i nd. 10.00–13.00 i 15.00–19.00; 3 €.

i Porta al Prato. Krótka uliczka w kilka chwil doprowadza do **Piazza Pio II** – placu zaprojektowanego przez Rosselina. Artysta miał trudne zadanie, skrępowany brakiem miejsca i istniejącą średniowieczną zabudową. Dzięki umiejętnemu ustawieniu budowli, plac o trapezowatej formie sprawia wrażenie prostokątnego i mimo skromnych rozmiarów uderza monumentalnością i rozmachem. Jego głównym akcentem jest **katedra** o harmonijnej, renesansowej fasadzie z trawertynu. Kryje się za nią zaskakująco krótkie

autorstwa sieneńskich mistrzów, takich jak Giovanni di Paolo, Matteo di Giovanni czy Vecchietta. Osobne wejście prowadzi do **krypty** pod kościołem. Przy dłuższym boku placu stoi wielka rezydencja papieska – **Palazzo Piccolomini** – wzorowana na XV-wiecznych pałacach florenckich. Można wejść na arkadowy dziedziniec, ale za zwiedzenie wnętrz trzeba zapłacić. W gmachu, prócz Piusa II, rezydował jego bratanek, także wybrany papieżem (jako Pius III). W salach pałacu można oglądać np. pamiątki po obu

• **Palazzo Piccolomini**; III–poł. XI i w okresie Bożego Narodzenia wt.–nd. 10.00–12.30 i 15.00–18.00; 3 €.

• **Krypty**; pn. i wt. oraz czw.–sb. 10.00–12.00 i 15.30–17.30; 1 €

Krajobraz Val d'Orcia.

wnętrze (powodem jest uskok terenu), będące oryginalną mieszanką gotyku i renesansu. Nawiązuje ono do środkowoeuropejskich kościołów halowych, które Piccolomini, jeszcze jako kardynał, oglądał podczas licznych podróży dyplomatycznych. W nawach bocznych i kaplicach można podziwiać kilka znakomitych obrazów z XV w.,

Piccolominich, zamówioną przez Piusa II galerię antenatów, sypialnię papieską i belweder, z którego roztacza się widok na Val d'Orcia. Naprzeciw katedry wyrasta siedziba władz miejskich – **Palazzo Pubblico**, a naprzeciw rezydencji papieskiej – pałac miejscowego biskupa, mieszczący dziś **Museo Diocesano**. Eksponuje się

Katedra na piazza Pio II.

•**Museo Diocesano**;
poł. III–X codz.
10.00–13.00
i 15.00–18.30, XI–
poł. III pt.–nd.
10.00–13.00
i 15.00–18.00; 4,10 €.

w nim m.in. wspaniałą kapę z XIV w.,
zwaną *pivale di Pio II*, oraz obrazy Pietra
Lorezettiego i Luki Signorellego.

Val d'Orcia

Nieopodal Pienzy przepływa rzeka
Orcia, której **dolina** należy do
najbardziej malowniczych zakątków
Toskanii. Wpis Pienzy na Listę
Światowego Dziedzictwa Kulturalnego
i Przyrodniczego UNESCO
rozszerzono w 1999 r. właśnie o Val
d'Orcia, ze względu na wyjątkowe
walory krajobrazowe doliny. Okolica

znakomicie się nadaje na łatwe, piesze
i rowerowe wycieczki – wykazy
szlaków zawierają broszury dostępne
w biurach informacji turystycznej
w Pienzy, Montepulciano
i Chianciano Terme. Jedna
z ładniejszych miejscowości w tych
stronach to **San Quirico d'Orcia**, na
wzgórzu nad Via Cassia, w połowie
drogi z Pienzy do Montalcino
(miasteczku przetrwała wyjątkowej
urody romańska kolegiata). 6 km na
południe od San Quirico, po
zachodniej stronie Via Cassia leży

**Opactwo Sant'Antimo
wraz z przyklasztorną
winnicą.**

Bagno Vignoni – miniaturowe uzdrowiskowo z gorącymi siarczanymi źródłami, odwiedzane już przez starożytnych Rzymian. Później leczyli się tu m.in. św. Katarzyna ze Sieny i Pius II. Zachował się rzymski basen kąpielowy, renesansowy portyk i willa Piusa II, zamieniona w hotel *Le Terme*. Kąpiel w antycznej sadzawce jest zabroniona, ale za 10 € można jej zażywać w nowoczesnych basenach Piscina Val di Sole i w hotelu *Posta Marcucci* (www.piscinavaldisole.it, www.hotelpostamarcucci.it).

Montalcino

Miejscowość leży niespełna 20 km na zachód od Pienzy. Spacerując po *centro storico*, warto odszukać ratusz, miniaturę sieneńskiego, i rozciągający się poniżej asymetryczny plac, Piazza del Popolo. Miasteczka strzeże XIV-wieczna bajkowa forteca. Montalcino jest bardzo ładne i leży w pięknej okolicy, ale głównym powodem, dla którego się doń przyjeżdża, jest wino Brunello, uznawane przez koneserów za jedną z najlepszych włoskich marek. Wysokie ceny nie odstraszają miłośników trunku, wypełniających miejscowe kantyny i restauracje. Zaledwie 10 km dzieli Montalcino od **Sant'Antimo** – być może najpiękniejszego klasztoru Toskanii. Budowla wznosi się samotnie pośród winnic i drzew oliwnych na skraju Castelnuovo dell'Abate. Romański kościół klasztorny o ascetycznym wnętrzu zachwyci każdego.

Monte Amiata

Samotny szczyt blisko granicy z Lacjum, najwyższy w południowej Toskanii – **Monte Amiata** (1738 m n.p.m.), to dawno wygasły wulkan, świetnie widoczny ze Sieny, Chiusi i Pienzy. Ponieważ okoliczne wzniesienia są o kilkaset metrów niższe, góra wywiera imponujące wrażenie. Jej stoki porastają gęste lasy mieszane, których intensywna zieleń stanowi latem przyjemną odmianę po spalonych słońcem pustkowiach Crete. Nawet w upalne dni panuje tu ożywczy chłód. Szczyt okrąża prawie 30-kilometrowy szlak pieszy – Anelo della Montagna. Boczne ramiona masywu i liczne doliny, gdzie rzadko kto zagląda, to wyśmienity teren do uprawiania trekkingu. Jesienią w miasteczkach praży się na ulicach

•**Forteca**;
Rocca; bezpł.

Widok na Monte Amiata z okolic Montepulciano.

kasztany, w które obfitują tutejsze lasy. Zimą pod szczytem działa spora stacja narciarska.

Ponieważ samochodem można wjechać prawie na sam wierzchołek, Monte Amiata jest popularnym celem jednodniowych wycieczek. Wiele osób zostaje tu zresztą na dłużej, w jednym z hoteli górskich pod szczytem. Widok z kilku skalistych wierzchołków sterczących nad lasem jest piękny i niezwykle rozległy – doskonale widać np. misę Lago di Bolesna, a w pogodne dni – łańcuch Apeninów.

Największą miejscowością w rejonie Monte Amiata jest **Abbadia San Salvatore**, wysoko na południowo-wschodnim stoku góry. Zachowała się tu średniowieczna dzielnica (*borgo medioevale*) z domami z wulkanicznego kamienia oraz opactwo Najświętszego Salwatora, od

którego miasteczko wzięło nazwę. Klasztor, niegdyś benedyktyński, a obecnie zajmowany przez cystersów, został założony jeszcze w czasach Longobardów. W romańskim kościele zachowała się część pierwotnej świątyni – rozległa krypta z VIII w., z lasem archaicznych granitowych kolumn.

Po drugiej stronie góry głównymi ośrodkami turystycznymi są **Arcidosso** i **Castel del Piano**. Choć nie ma w nich spektakularnych zabytków, warto je odwiedzić choćby dla pięknej górskiej scenerii. Z Arcidosso wybiega kilka ciekawych szlaków pieszych, m.in. na odległą Monte Labbro (1193 m n.p.m.), gdzie znajduje się ostoja dziko żyjącej zwierzyny, **Parco Faunistico del Monte Amiata**. W tej bezludnej okolicy próbuje się ostatnio introdukować sępy.

Prowincja Sieny • INFORMACJE PRAKTYCZNE

SIENA

Orientacja, przyjazd, informacja

Zabytkowe centrum Sieny jest rozległe i z lotu ptaka przypomina odwróconą literę Y. Każde z jej ramion to wzgórze, zajmowane przez dzielnicę zwaną *terzio*. Każda tercja ma główną ulicę, biegnącą grzbietem wzgórza w stronę Campo – rynku w centralnym punkcie. Główna ulica dzielnicy północnej (terzio di Camollia) to Banchi di Sopra, dzielnicy południowo-wschodniej (terzio di San Martino) – Banchi di Sotto, a południowo-zachodniej (terzio di Città) – Via di Città. Poniżej zabytkowego śródmieścia rozciągają się nowsze dzielnice, z dworcem kolejowym w północnej części miasta.

Biuro informacji turystycznej APT działa przy Piazza del Campo 56 (☎0577/280551, fax 0577/270676, infoaptsiena@terresiena.it, www.terresiena.it; pn.–sb. 8.30–19.30, nd. 9.00–13.00).

Komunikacja

Dworzec kolejowy jest niekorzystnie zlokalizowany: około 1,5 km na północ od Campo. Autobusy wahadłowe dowożą stąd na Piazza Matteotti na północno-zachodnim krańcu *centro*. Siena ma bardzo dobrze rozwiniętą sieć połączeń kolejowych z Florencją, ale do pozostałych dużych miast Toskanii, Mediolanu czy Rzymu trzeba jechać z przesiadkami. Pociągi do Florencji odchodzą co 30–60 min, a podróż trwa niewiele ponad 1 godz. 30 min (w przypadku pociągów ekspresowych 70 min). Komunikację autobusową,

zarówno miejską, jak w obrębie prowincji i poza nią zapewniają linie Train (www.trainspa.it, punkt informacyjny m.in. na stacji kolejowej, ☎0577/204245; pn.–sb. 5.50–20.00, nd. 7.20–12.40 i 15.40–20.00). Główny przystanek autobusowy jest koło San Domenico. Bezpośredni (*diretto*) autobus jedzie do Florencji około 1 godz. Zmotoryzowani mają do dyspozycji sieć płatnych parkingów wokół centrum, z których część to parkingi podziemne (np. świetnie zlokalizowany Campo); w sezonie nie zawsze można znaleźć wolne miejsce. Bezpłatnie wolno parkować wyłącznie na dalej położonych parkingach. Po ścisłym centrum, zamkniętym dla zmotoryzowanych, najlepiej poruszać się pieszo.

Noclegi

Rezerwacją hoteli zajmuje się **Hotel Siena Promotions** (Piazza S. Domenico; ☎0577/288084, fax 0577/280290, www.hotelsiena.com; pn.–sb. 9.00–20.00, zimą do 19.00). Rezerwacja przez telefon, faks lub Internet jest bezpłatna; na dzień bieżący musi być dokonana w biurze i kosztuje 1,55 €. Na zbliżonych zasadach działa drugi operator, **Vacanze Senesi** (Via Mattioli 9/c – obok krytego parkingu Campo; ☎0577/45900, 0577/220420, fax 0577/283145, www.bookingsiena.it; pn.–pt. 9.00–13.00 i 15.00–19.00, sb. 9.00–13.00). Mimo że hoteli w Sienie nie brakuje, w sezonie nie zawsze można znaleźć wolne miejsce.

Castagneto Hotel (Via dei Cappuccini 39; ☎0577/45103, fax 0577/283266; XII–

poł. III zamkn.). Z parkingiem strzeżonym; pokoje z łazienkami, telefonem, TV. ④

Centrale (Via Cecco Angiolieri; ☎0577/280379, fax 0577/42152, hotelcentrale.siena@libero.it; V zamkn.). Nieduży hotel bez parkingu; pokoje (7) z łazienkami lub bez. ③

Chiusarelli (Via Curtatone 15; ☎0577/280562, fax 0577/271177, info@chiusarelli.com, www.chiusarelli.com). W eleganckim budynku, z parkingiem i ogrodem; pokoje z łazienkami. ④

Italia (Viale Cavour 67; ☎0577/41177, fax 0577/44554, info@hotelitalia-siena.it, www.hotelitalia-siena.it). Pokoje 1–4-os. o zróżnicowanym standardzie. ④

La Perla (Piazza Indipendenza/Via delle Terme 25; ☎0577/47144, info@hotellaperla.com, www.hotellaperla.com). Pensjonat na II piętrze średniowiecznego pałacu; świetna lokalizacja i widoki, brak parkingu; pokoje z łazienkami; cena nie obejmuje śniadania.

La Toscana (Via Cecco Angiolieri 12; ☎0577/46097, fax 0577/270634; V zamkn.). Cena nie obejmuje śniadania; 40 pokoi 1- i 2-os. z łazienkami. ③

Lea (Viale XXIV Maggio 10; ☎/fax 0577/283207). W XVIII-wiecznej willi z małym ogrodem; pokoje z łazienkami, parking strzeżony. ③

Piccolo Hotel Etruria (Via delle Donzelle 3; ☎0577/288088, fax 0577/288461, info@hoteletruria.com, www.hoteletruria.com). Garaż na miejscu, pokoje z łazienkami. ③

Tre Donzelle (Via delle Donzelle 5; ☎0577/280358, fax 0577/223933). Jednogwiazdkowy hotel, jeden z najtańszych w mieście, w ścisłym centrum; pokoje bez łazienek, cena nie obejmuje śniadania.

Ostello Guidoriccio (Via Fiorentina, Loc. Stellino; ☎0577/52212, fax 0577/ 56172, siena.aighostel@virgilio.it). Oficjalne schronisko młodzieżowe przy Via Cassia (ss2), tuż za tablicą z napisem „Siena". Autobusy z Piazza Matteotti: #3, 10 i 15.

Kemping Siena Colleverde (Strada di Scacciapensieri 47; ☎0577/280044, fax 0577/333298; poł. III–poł. XI). Świetnie wyposażony, wielki, a mimo to przyjemny kemping za miastem, na północny wschód od centrum. Na miejscu restauracja i basen za dodatkową opłatą. Dojazd skomplikowany, ale dobrze oznaczony; autobusy #3 i 8.

Gastronomia

W centrum Sieny nie brakuje lokali na każdą kieszeń – od ekskluzywnych restauracji z toskańskim jedzeniem po liczne bary z przekąskami czy pizzą *al taglio*. Warto skosztować miejscowych specjalności, jak *pappa al pommodoro* (zupa z chleba i pomidorów), *pici* (grubo cięty makaron, zapiekany w bułce tartej), *fagioli all'ucelletto* (kiełbasa z białą fasolą) czy *finocchiona* (siekana wieprzowina z koperkiem). Na uwagę zasługują również słodycze, a zwłaszcza *panforte* – nieco gumowate ciasto przypominające piernik, składające się z bakalii, orzechów i miodu. Sprzedaje się je na wagę w dwóch odmianach: czarnej (*nero*), bardziej korzennej, oraz delikatniejszej białej (*bianco*).

Cane e Gatto (Via Pagliaresi 6; ☎0577/ 287545; tylko wieczorem, czw. zamkn.). Jedna z najlepszych restauracji z toskańskim jedzeniem. Drogo i z klasą.

Ciao e Spicco (Campo 77; V zamkn.). Tani bar samoobsługowy z pizzerią. Dla niewybrednych.

Due Porte (Via di Stalloreggi 62; ☎0577/ 221887; pn. zamkn.). Przyjemny lokal w południowo-zachodniej części *centro*

storico. Dania toskańskie i pizza, smaczne i niedrogie.

Enoceta Italiana (Fortezza Medicea; www.enoteca-italiana.it; 12.00–1.00, pn. do 20.00, nd. zamkn.). Najbardziej renomowana *enoteca* w mieście, a może i w całej Italii. Degustacja i sprzedaż najlepszych włoskich win – w karcie około tysiąca rodzajów. Na przełomie V i VI *enoteca* organizuje Settimana Nazionale dei Vini, z degustacjami włoskich trunków, prelekcjami, wystawami itd.

Grotta del Gallo Nero (Via del Porrione 65/67; ☎0577284356; pn. zamkn.). „Średniowieczna" restauracja z kuchnią sieneńską przy akompaniamencie muzyki; dość drogo.

Il Riccio (Via Malta 44; ☎0577/42033; wt. zamkn.). Sympatyczna restauracja i pizzeria przy Piazza Saracini; stoliki na zewnątrz. Kuchnia miejscowa, unowocześniona – np. wzbogacona o ryby.

La Fortezza (Via Cesare Battisti 8; ☎0577/48095; pn. zamkn.). Poza ścisłym centrum, blisko medycejskiej fortecy; dania toskańskie, pizza, potrawy z ryb. Rozsądne ceny.

Paninoteca San Paolo (Vicolo di San Paolo 2). W zaułku między Campo a Via di Città, tuż przy Loggia della Mercanzia. Przekąski w dużym wyborze, na zimno i gorąco.

Sapor di vino (Via di Banchi di Sopra 85; ☎0577/56011; V zamkn.). Restauracja hotelu *Continental* z daniami miejscowymi w tradycyjnych lub zmodernizowanych wersjach. Ceny powyżej średniej.

Nannini Najsłynniejsza ze sieneńskich cukierni, m.in. na Banchi di Sopra 26, Piazza Salimbeni, Piazza Indipendenza. Panforte. Lody, *panforte* i inne łakocie. W centrum jest dużo małych sklepików oferujących lokalne wyroby spożywcze: wino, oliwę, przyrządzone na rozmaite sposoby trufle. Większy sklep samoobsługowy to Simpatia CRAI przy Via di Città 152.

Rozrywki

Koncerty muzyki klasycznej w zabytkowych wnętrzach organizuje Accademia Chigiana w ramach festiwalu Estate Musicale Chigiana (poł. VII–kon. VIII). O szczegóły można dowiadywać się w biurach informacji turystycznej (rezerwacja i sprzedaż biletów) oraz w siedzibie Akademii w Palazzo Chigi-Saracini (Via di Città 89; ☎0577/22091, www.chigiana.it; codz. 15.00–19.00). W połowie VII odbywa się Settimana Musicale Senense; inne ważne imprezy to m.in. **Siena Jazz** (ostatni tydzień VII–pocz. VIII; www.sienajazz.it) oraz oczywiście **Palio** (2 VII i 16 VIII; www.palio.comune.siena.it).

OKOLICE SIENY

Komunikacja

Okolice Sieny najlepiej zwiedzać własnym środkiem lokomocji. Do ważniejszych miejscowości docierają wprawdzie autobusy, ale połączeń jest niewiele, szczególnie w odludnych zakątkach Crete. Dla niezmotoryzowanych podróżujący po Chianti najbardziej użyteczne będą linie: SITA Florencja–Greve–Castellina–Radda oraz Train #125 (Siena–Castellina–Radda–Lucarelli) i 127 (Siena–Gaiole). W dolinie Elsy głównym węzłem komunikacyjnym jest Colle di Val d'Elsa, gdzie ze Sieny docierają autobusy Train: #124, 126, 130 (do San Gimignano) i 131D (do Florencji).

Informacja

Najlepszym źródłem wiadomości o Crete, Val di Merse i Val d'Elsa jest **biuro informacji turystycznej** w Sienie, a o Chianti – w Sienie i we Florencji. Niektóre mniejsze miejscowości mają własne punkty informacyjne, np. Greve in Chianti (Via Luca Cini; ☎055/8545243,

www. comune.greve-in-chianti.fi.it;
warto również zajrzeć na stronę
www.chianticlassico.com; pn.–sb.
10.00–13.00 i 14.00–17.00).

Chianti
Noclegi
W każdej większej miejscowości Chianti
można znaleźć hotelik czy pensjonat
B&B, ale trzon oferty noclegowej
stanowią liczne kwatery agroturystyczne
i domy do wynajęcia – ich wykazami
dysponują biura informacji turystycznej
we Florencji i Sienie.

Da Omero (Greve in Chianti – Passo dei
Pecorai, Via Giovanni Falcone 68/70;
☎055/850716, fax 055/850495,
casprini@cdaomero.com, www.cdaomero.
com). Wygodny, nieduży hotelik; pokoje
z łazienkami lub bez. ③

Del Chianti (Greve in Chianti, Piazza
Matteotti 86; ☎/fax 055/853763, info@
albergodelchianti.it,
www.albergodelchianti.it). Mały, ale
komfortowy hotel w centrum Greve. ③

Giovanni da Verrazzano (Greve in
Chianti, Piazza Matteotti 28; ☎055/
853189, fax 055/853648,
info@verrazzano.it,
www.albergoverrazzano.it). Tuż obok
poprzedniego, nieco mniejszy i o podobnym
standardzie. ③

Girrarosto (Radda in Chianti, Via Roma 41;
☎0577/738010). Skromny hotelik
w centrum.

Villa S. Michele (Lucolena, Via Fasole 42;
☎/fax 055/851034, info@villasanmichele.it,
www.villasanmichele.it). Schronisko
młodzieżowe 10 km na wschód
od Greve; na miejscu bar, restauracja,
basen; sale wieloosobowe, 2-os.
i apartamenty. Dojazd we własnym
zakresie. ③

Gastronomia
Antica Trattoria La Torre (Castellina
in Chianti, Piazza del Comune 15;

☎0577/740236). Dobry lokal z tradycyjnym
toskańskim jedzeniem, w centrum
miejscowości.

Giovanni da Verrazzano (Greve in
Chianti, Piazza Matteotti 28; ☎055/
853189; pn. oraz poł. I–poł. II zamkn.).
Dobra restauracja z regionalnymi daniami;
ceny powyżej średniej.

SAN GIMIGNANO

Orientacja, przyjazd, informacja
Zabytkowe centrum miasteczka,
o nieregularnym kształcie, otacza pełny
pierścień murów obronnych. Przejście
z jednego krańca San Gimignano na drugi
zajmuje nie więcej niż kwadrans.
Dokładnie pośrodku *centro storico*
rozciąga się Piazza del Duomo, z katedrą
i biurem informacji turystycznej.

Biuro informacji turystycznej **Pro Loco**
mieści się w Palazzo del Popolo (Piazza
del Duomo 1; ☎0577/940008, fax
0577/940903, prolocsg@tin.it,
info@sangimignano.com,
www.comune.sangimignano.si.it,
www.sangimignano.com; codz.
9.00–13.00 i 14.00–19.00, poza
sezonem do 18.00).

Komunikacja
San Gimignano jest dostępne wyłącznie
autobusem, najłatwiej z odległego
o 8 km Poggibonsi, gdzie zatrzymują
się pociągi z Florencji i Sieny. Autobusy
sieci Train #130 i 133 odjeżdżają
sprzed dworca kolejowego
w Poggibonsi mniej więcej co godzina
i po 30–40 min zatrzymują się w San
Gimignano, przed Porta San Giovanni
i Porta San Matteo. Miasteczko ma
również połączenia autobusowe ze
Sieną (Train #130). Zmotoryzowani
mogą zaparkować pojazd na płatnych
parkingach po południowej i północnej
stronie centrum.

Noclegi
Ofertę noclegową San Gimignano i okolic
przedstawia strona
www.sangimignano.com; wykaz
adresów i telefonów można też otrzymać
w biurze informacji turystycznej. Pokój
w hotelu zarezerwuje bezpłatnie
miejscowy oddział Siena Hotels
Promotion (Via San Giovanni 125; ☎/fax
0577/940809; pn.–sb. 9.30–19.30).

Da Graziano (Via Matteotti 39/A; ☎0577/
940101, info@hoteldagraziano.it, www.
hoteldagraziano.it). Poza centrum, 250 m od
Porta San Giovanni; 11 świetnie wyposażonych
pokoi, na miejscu restauracja. ④

La Cisterna (Piazza della Cisterna 24;
☎0577/940328, fax 0577/942080,
lacisterna@iol.it, www.hotelcisterna.it).
W XIV-wiecznym pałacu obrośniętym
bluszczem. Wspaniałe wnętrza i widoki;
pokoje z łazienkami, na miejscu restauracja
i bar. ③–④

San Michele (Loc. Strada 14; ☎/fax 0577/
940596, info@dsanmichelehotel.it, www.
sanmichelehotel.it). 1,5 km km na północny
wschód od miasta; 14 pokoi ze wszystkimi
wygodami, basen. ④

Kemping Il Boschetto di Piemma
(☎0577/940352; IV–poł. X). Oddalony
o kilka kilometrów na południe od miasta;
dojazd z centrum oznaczony
drogowskazami. Recepcja zamknięta od
13.00 do 15.00 i od 20.00 do 21.00, po
21.00 recepcja w barze.

Gastronomia
Ze względu na wielki tłok panujący
w miasteczku, w lecie mogą być problemy
z wolnym stolikiem, zwłaszcza w porze
obiadu. Wiele restauracji nastawia się na
masową, mało wymagającą klientelę, co
odbija się niekorzystnie i na atmosferze
lokali, i na jakości jedzenia. Miejscowa
kuchnia szczyci się przede wszystkim
winami – Vernaccio (uchodzi za najlepsze
białe wino z Toskanii) i czerwonym Rosso
& Rosso.

La Mandragola (Via Berignano 58; ☎0577/940377, 0577/942110; czw. zamkn.). W ścisłym centrum, lecz na uboczu głównych szlaków; potrawy regionalne, m.in. domowy makaron – znakomity, nawet jak na włoskie warunki – dania z grzybami i truflami. Elegancko, ale bez przesady, i dość drogo.

Le Vecchie Mura (Via Piandornella 15; ☎0577/940270; tylko wieczorem, wt. zamkn.). Najpopularniejsza z restauracji specjalizujących się w daniach lokalnych, w zabytkowych wnętrzach dawnej stajni.

Locanda di San Agostino (Piazza S. Agostino 15; ☎0577/943141). Dobre miejsce na lekką przekąskę lub kieliszek wina; stoliki na zewnątrz, miła atmosfera.

Najlepsze lody podają w *Gelateria della Piazza* na Piazza della Cisterna 4. W 1998 r. lokal zdobył tytuł wicemistrza Włoch w przyrządzaniu słodkości.

Rozrywki

Główne wydarzenia kulturalne w mieście:

Ferie delle Messi – festiwal średniowieczny, II poł. VI.

Festiwal muzyki symfonicznej i operowej, VII–IX.

VOLTERRA

Orientacja i informacja

Volterra zajmuje długi, dość wąski płaskowyż, opadający stromo ku okolicznym dolinom. W centralnej części śródmieścia rozciąga się główny plac, Piazza dei Priori, z ratuszem. Spacer od Porta S. Francesco na północno--zachodnim krańcu *centro* do Porta Selci po przeciwnej stronie śródmieścia zabiera nie więcej niż kwadrans.

W mieście są dwa **punkty informacji turystycznej**, oba w rejonie Piazza dei Priori. Pierwsze to Pro Volterra (Via Turazza 2; ☎0588/86150, fax 0588/90350, provolterra@libero.it,

www.provolterra.it; codz. IV–X 9.00–13.00 i 14.00–20.00, XI–III 10.00–13.00 i 14.00–18.00) na tyłach ratusza, gdzie można m.in. wypożyczyć audioprzewodnik (po włosku lub angielsku; 5 €) ułatwiający zwiedzanie. Drugie biuro to Consorzio Turistico Volterra (Piazza dei Priori 20; ☎/fax 0588/87257, info@volterratur.it).

Komunikacja

Miasto ma połączenia autobusowe m.in. z Florencją (linie SITA), Sieną, San Gimignano, Colle di Val d'Elsa (CPT #770 i 863), dworcem kolejowym w Cecinie (CPT #790) i Pizą. Autobusy zatrzymują się u wejścia do *centro storico*, na Piazza dei Martiri della Libertà, dwa kroki od ratusza i katedry. Pod placem urządzono płatny podziemny parking. Pozostałe parkingi są rozlokowane na obrzeżu śródmieścia, za murami. Komunikacja lokalna sprowadza się do dwóch linii autobusowych CPT, zbiegających się pod szpitalem.

Noclegi

W Volterrze jest dziewięć trzy- i czterogwiazdkowych hoteli, a następne, znacznie tańsze, skupiają się w bliskich okolicach miasta (Saline di Volterra, Lustignano). Nocleg można zarezerwować za pośrednictwem Associazione Albergatori Volterra przy Via Giusto Turazza 2 (☎0588/86150).

Fioretti (Lustignano, Via Castello 136; ☎/fax 0588/75148). Skromny hotel, najtańszy w okolicach Volterry.

Ostello S. Pietro (Via del Porgetto 3; ☎/fax 0588/85577). Schronisko młodzieżowe na wschodnich obrzeżach Volterry. ①

San Lino (Via S. Lino 26; ☎0588/85250, fax 0588/80620, info@hotelsanlino.com, www.hotelsanlino.com). Jeden z najlepszych w mieście; pokoje 1- i 2-os. z łazienkami, parking, ogród i basen. ③

Kemping Le Balze (Via di Mandringa 15; ☎0588/87880; IV–IX). Nieduży, sympatyczny kemping tuż obok rezerwatu „Le Balze", 2 km na północny zachód od centrum. W sezonie trudno o miejsce, a samochody trzeba zaostawiać na sąsiednim parkingu (bezpł.).

Gastronomia

Il Poggio (Via Porta dell'Arco 7; ☎0588/85257; wt. zamkn.). Przyjemna toskańska *trattoria*, dobre miejsce na pizzę.

Inghirami (Via Ricciarelli 38; ☎0588/81512). Restauracja samoobsługowa, winiarnia i pizzeria (*forno a legna*).

Vecchia Osteria dei Poeti (Via Matteotti 55; ☎0588/86029). Najlepszy lokal w mieście. Kuchnia miejscowa, m.in. ze znakomitymi daniami z dziczyzny i trufli.

Rozrywki

Główne wydarzenia kulturalne w mieście:

Volterrateatro – międzynarodowy festiwal teatralny, VII.

Festiwal Teatro Romano – spektakle w ruinach teatru rzymskiego (www.teatroromanovolterra.it), I poł. VIII.

Volterra Jazz – koncerty jazzowe w klubach i pod gołym niebem, VIII.

Astiludio – festiwal historyczny; chorąży w strojach z epoki popisują się sprawnością w żonglowaniu sztandarami; pierwsza nd. IX.

NA POŁUDNIU PROWINCJI

Komunikacja

Najdogodniejszymi środkami komunikacji publicznej pozostają lokalne autobusy sieci Train. Dla turystów zwiedzających opisane niżej miejscowości największe znaczenie będą miały linie: #112 (Siena–Buonconvento– Montepulciano), #114 (Siena–Buonconvento– Montalcino), #139 (Siena–Sinalunga–

Montepulciano), #P1 (Montalcino–Monte Amiata–Abbadia S. Salvatore), #R53 (Montepulciano–Abbadia S. Salvatore–Arcidosso), #R55 (Arcidosso–Abbadia S. Salvatore), #T2 (Montepulciano– Chiusi) i #T9 (Chiusi–Abbadia S. Salvatore). Do dyspozycji są także autobusy innych przewoźników, np. LFI, kursujące między Montepulciano a stacją kolejową Chiusi Saclò. Turyści podróżujący pociągami powinni pamiętać, że stacja Monte Amiata znajduje się w odległości kilkunastu kilometrów od szczytu, nieopodal wioski Castelnuovo dell'Abate (przy stacji przystanek autobusowy).

Abbadia S. Salvatore
Noclegi
Cesaretti (Via Trentino 37/41; ☎0577/778198, fax 0577/775589). Wygodny, zaskakująco tani hotelik przy drodze przelotowej; pokoje z łazienkami i TV.

Chiusi
Noclegi
La Fattoria (Via Le Paccianese 48; ☎0578/21407, fax 0578/20644). Bardzo wygodny hotel z kempingiem w zacisznej okolicy, między zabytkowym centrum Chiusi a Lago di Chiusi. ④

Gastronomia
Il Bucchero (Via Boni 36; ☎0578/222092). Sympatyczna i niedroga restauracja z zacisznym tarasem na tyłach, w ścisłym centrum. Pizza, lasagne oraz miejscowe dania, m.in. z dzika i królika.

Montalcino
Informacja
Biuro **Pro Loco** (Costa del Municipio 8; ☎0577/849331, info@prolocomontalcino, www.prolocomontalcino.it; latem codz.

10.00–13.00 i 14.00–17.50, zimą wt.–nd. 10.00–13.00 i 14.00–17.40) mieści się w ratuszu. Inne – **Abbadia S. Salvatore** (Via Ada 25; ☎0577/775811, fax 0577/775877, info@amiataturismo.it, www.amiataturismo.it) – w bocznej uliczce na skraju centrum.

Noclegi
W miasteczku jest kilka hoteli, ale ciekawszym sposobem na nocleg będzie wynajęcie prywatnej kwatery lub pokoju w jednym z licznych gospodarstw agroturystycznych w okolicach Montalcino. Ich pełną listą dysponuje miejscowe biuro Pro Loco.
Il Giardino (Via Cavour 2; ☎/fax 0577/848257). Najtańszy hotel w miasteczku, ale o dość niskim standardzie.
Il Giglio (Via S. Saloni 5; ☎0577/848167, 0577/88666, hotelgiglio@tin.it). Wygodny, nieduży hotel blisko Piazza del Popolo. ③

Gastronomia
Grappolo Blu (Via Scale di Mogli 1; ☎0577/847150; pt. zamkn.). Dobra toskańska *trattoria*.
Agrodolce (Via Matteotti 19; ☎0577/847 207; śr. zamkn.). Jedna z tańszych *trattorii* w mieście; w karcie typowe toskańskie jadło.

Montepulciano
Informacja
Biuro informacji turystycznej jest przy Piazza Minzoni (☎0578/757341, www.comune.montepulciano.si.it; IV–IX pn.–sb. 9.00–12.30 i 15.00–20.00, nd. 9.00–12.30, X–III pn.–sb. 9.30–12.30 i 15.00–18.00, nd. 9.30–12.30).

Noclegi
La Terrazza (Via Pié al Sasso 16; ☎/fax 0578/757440,

terrazzamontepulciano@tiscalinet.it, www.laterrazzadimontepulciano.com). Blisko Piazza Grande; 10 schludnych, dobrze wyposażonych pokoi, własny ogród i taras widokowy. ③
Duomo (Via S. Donato 14; ☎0578/757473, albergoduomo@libero.it). Rodzinny hotel w ścisłym centrum; 13 dobrze wyposażonych pokoi z łazienkami. ③
Sangallo (fraz. S. Albino, Via dei Fiori 30; ☎/fax 0578/798005, info@albergosangallo.it, www.albergosangallo.it). Wygodny hotelik między Montepulciano a Chianciano Terme. ③

Gastronomia
Cafè Polizano Il Griffon d'Oro (Via Voltaia 27; ☎0578/758615; codz. 7.00– 24.00). Kawiarnia i herbaciarnia z tradycjami, założona w 1868 r. Stylowy wystrój, tradycyjne toskańskie przekąski, posiłki i slodycze; niewygórowane ceny.
Il Cantuccio (Via delle Cantine 1; ☎0578/757870; pn. zamkn.). Tradycyjna kuchnia toskańska, sporo dań z dziczyzny. Tanio.
La Grotta (Loc. S. Biaggio 2; ☎0578/757 607; śr. zamkn.). W zabytkowym budynku, obok sanktuarium Madonna di S. Biaggio. Kuchnia toskańska w świetnym wydaniu; smacznie i przyjemnie, ale drogo.

Pienza
Informacja
Biuro informacji turystycznej działa w ratuszu przy Piazza Pio II (☎/fax 0578/749071, infopienza@quipo.it, www.comunedipienza.it; pn.–sb. 9.00–13.00 i 15.00–18.30); drugie, czynne także w niedziele, zaprasza na Piazza Dante Alighieri (info@ufficioturisticodipienza.it, www.ufficioturisticodipienza.it).

Noclegi

Il Chiostro di Pienza (Corso Rosselino 26; ☎/fax 0578/748400, ilchiostro@ virgilio.it, www.relaisilchiostro.com). Ekskluzywny hotel w dawnym klasztorze Franciszkanów. ⑤

Rutiliano (Via della Madonnina 18; ☎0578/749408, 0578/749409, info@albergorutiliano.it, www.albergorutiliano.it). Komfortowy hotelik blisko centrum. ④

Gastronomia

La Terrazza del Chiostro (Corso Rosselino 26; ☎0578/748400; pn. zamkn.). Świetna i droga restauracja z widokowym tarasem; w karcie miejscowe wina, dziczyzna, toskańskie sery i inne lokalne przysmaki.

Lo Sperone Nudo (Piazza di Spagna; ☎0578/748641; pn. zamkn.). Dobra restauracja i pizzeria, dwa kroki od głównego placu.

Trattoria dal Falco (Piazza Dante; ☎0578/748551; pt. zamkn.). Przy głównym wejściu do ścisłego centrum. Smaczne jedzenie w rozsądnych cenach.

W centrum jest zatrzęsienie sklepików z lokalnymi winami, serami, wędlinami z dziczyzny i innymi miejscowymi specjałami. Dobrym miejscem na zakupy są sklepy Enoteca Delizie della Valdorcia przy Via Dogali 2, Corso Rosselino 40 i Via I Magio 19.

Północno-zachodnia Toskania

Północno-zachodnia Toskania • GŁÓWNE ATRAKCJE

• **Campo dei Miracoli w Pizie**
Oprócz słynnej Krzywej Wieży, na Polu Cudów
w Pizie można podziwiać katedrę,
baptysterium i średniowieczny cmentarz
Camposanto. O niezwykłej urodzie tego
miejsca decyduje z jednej strony artystyczna
doskonałość poszczególnych elementów jego
zabudowy, z drugiej zaś sposób, w jaki
zostały wyeksponowane. Na trawniku
przypominającym wielki zielony dywan
swobodnie rozsiadły się śnieżnobiałe
budowle, obsypane koronkową dekoracją,
cieszące oko rozmaitością kształtów
i wielobarwnych marmurowych inkrustacji.

• **Lukka**
Centrum malowniczego miasteczka wyznacza
piękny romański kościół San Michele in Foro
na Piazza San Michele, dawnym rzymskim
forum. Główny portal wspaniałej Duomo
di San Martino zdobią reliefy Nicoli Pisana.
We wnętrzu warto obejrzeć ośmioboczną
kaplicę Tempietto (1482–1485)
i przechowywaną w niej cedrową rzeźbę Volto
Santo (Święta Twarz), czczoną od wieków jako
prawdziwy wizerunek Zbawiciela.

• **Carrara**
Charakterystycznym elementem krajobrazu
gór w okolicach miasta są oślepiająco białe
kamieniołomy marmuru. Kamieniarskie
tradycje Carrary sięgają starożytności, ale do
dziś życie miasta jest zdominowane przez
jego wydobycie i obróbkę.

Za największą, obok Florencji, atrakcję turystyczną Toskanii jest uważane pizańskie Pole Cudów. Pochylona dzwonnica tamtejszej katedry to, obok rzymskiego Koloseum i Bazyliki św. Piotra, najbardziej znana włoska budowla na świecie. Piza z rozległym i ciekawym zabytkowym śródmieściem zasługuje na co najmniej jednodniowy pobyt. To samo można powiedzieć o położonej za miedzą Lukce, choć ta nie może się poszczycić tak spektakularnymi budowlami. Północno-zachodni kąt Toskanii jest zdominowany przez wielkie kurorty Versilii, gdzie jedynymi atrakcjami są piaszczyste plaże i morze; poza tym panuje tu dość drętwa atmosfera, powodowana wyjątkowo wysokimi cenami. Ciekawsza się wydaje leżąca bliżej Ligurii Carrara, z wielkimi kamieniołomami marmuru, oraz piętrzące się za nią piękne Alpy Apuańskie.

Piza

Zapewne niewiele jest osób, które odwiedzając Włochy, zrezygnują z zobaczenia jednego z architektonicznych cudów świata, jakim jest sławna wieża w **Pizie** (Pisa). Choć jej charakterystyczną sylwetkę znają niemal wszyscy, każdego roku dzwonnica przyciąga miliony turystów, którzy na własne oczy chcą się przekonać, czy aby na pewno jest aż tak krzywa jak na fotografiach. W rzeczywistości wieża i towarzyszący jej zespół budowli są jeszcze piękniejsze i jeszcze bardziej niezwykłe, niż można się spodziewać – nie na darmo plac, gdzie stoją, nosi nazwę Campo dei Miracoli, czyli Pole Cudów.

Najlepszą porą na zwiedzanie Pizy jest poranek, zanim zdążą tu dotrzeć liczne autokarowe wycieczki, lub późne popołudnie, gdy większość z nich już opuści miasto. Przez większą część dnia w rejonie katedry panuje taki tłok, że zwiedzanie przestaje być przyjemnością. Na pobieżne zwiedzenie Campo dei Miracoli trzeba przeznaczyć godzinę, ale ze względu na liczbę i jakość atrakcji bardziej zainteresowani tematem mogą spędzić na placu nawet pół dnia.

W rozciągającym się nieopodal *centro storico* też jest na co popatrzeć, a komu znudzi się już oglądanie kościołów, może wyskoczyć na plażę do pobliskiej Marina di Pisa.

Brama wejściowa na Campo dei Miracoli.

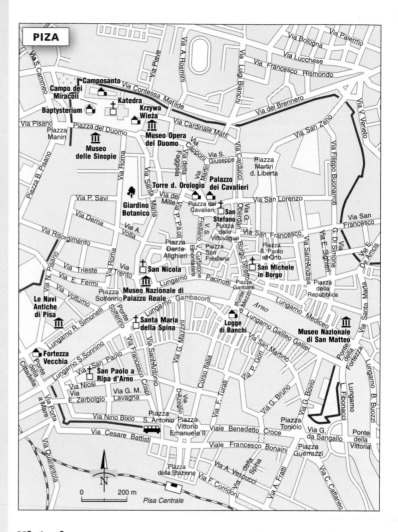

PIZA

Historia

Choć Piza jest dziś miastem śródlądowym, jej historia jest nierozerwalnie związana z morzem, gdyż założona została przy ujściu Arno do Morza Liguryjskiego. W czasie ostatnich kilkuset latach linia brzegowa odsunęła się o ponad 6 km na zachód, ale w średniowieczu, gdy morze było jeszcze całkiem blisko, w Pizie znajdował się wielki port. Miasto przekształciło się w końcu w republikę morską, która między XI a XIII stuleciem była jedną z pierwszych potęg ówczesnego świata. Ośrodek rozwijał się nie tylko politycznie i gospodarczo, ale i artystycznie: narodziła się tutaj lokalna odmiana

sztuki romańskiej, zwana szkołą pizańską, polegająca na ozdabianiu budowli z kararyjskiego marmuru zielonymi lub szarymi pasami kamienia, wielobarwnymi inkrustacjami i galeryjkami o półkolistych arkadach. Styl ten, kontynuowany w zmodyfikowanej postaci w okresie gotyku, reprezentują prawie wszystkie średniowieczne kościoły Pizy i Lukki.
Potęgą republiki zachwiała rywalizacja z Genuą. Po trwającej ponad 100 lat wymianie ciosów, Piza uznała się za pokonaną po bitwie morskiej u brzegów wyspy Mellori (1284). Wyczerpane wojną miasto stało się łatwym łupem Florencji, która włączyła je do swoich posiadłości (1406). Tak zakończyła się złota era w historii Pizy. Na szczęście tutejszy uniwersytet zachował renomę, co złagodziło rozmiary upadku. Akademia, założona w 1343 r., słynęła z wysokiego poziomu nauczania matematyki i przedmiotów ścisłych: to właśnie w Pizie prowadził badania **Galileusz**, najsławniejszy obywatel miasta.
Odsunięcie się morza na zachód i zamulenie dawnego portu współcześnie przyczyniły się do rozwoju ośrodka. W XX w. osuszono większą część mokradeł, a na odzyskanych terenach założono kurort

Marina di Pisa, z szerokimi piaszczystymi plażami. Część dawnych rozlewisk przetrwała zamieniona w rezerwat ptactwa, który przyciąga miłośników przyrody.

Zwiedzanie

Celem turystów przybywających do Pizy jest Campo dei Miracoli – rozległy plac w północno-zachodniej części *centro*, na którym wznosi się **katedra**, wystająca zza niej pochyła kampanila (**Krzywa Wieża**), koliste **baptysterium** i schowany nieco z boku monumentalny cmentarz **Camposanto**. O niezwykłej urodzie Pola Cudów decyduje z jednej strony artystyczna doskonałość poszczególnych elementów jego zabudowy, z drugiej zaś sposób, w jaki zostały wyeksponowane. Na trawniku przypominającym wielki zielony dywan swobodnie rozsiadły się śnieżnobiałe budowle, obsypane koronkową dekoracją, cieszące oko rozmaitością kształtów i wielobarwnych marmurowych inkrustacji.
Całość można porównać do gigantycznego tortu z bitej śmietany. Choć na pierwszy rzut oka zabudowa Campo może sprawiać wrażenie jednolitej, nie powstała w wyniku realizacji jednego projektu. Wznoszono ją etapami, wprowadzając kolejne

Campo dei Miracoli – bilety wstępu

Wstęp do wszystkich budowli i muzeów na Campo dei Miracoli jest płatny (z wyjątkiem wejścia do katedry na nabożeństwa), dlatego najlepiej zwiedzać je, korzystając z **systemu biletów łączonych**. Kasa znajduje się na wysokości fasady katedry, obok Museo delle Snopie. Wejście do świątyni to wydatek 2 €, do jednego z pozostałych obiektów 5 €, do dwóch zabytków lub muzeów 6 €, do trzech 8 €, a do pięciu 10,50 €. System nie obejmuje Krzywej Wieży, dostępnej za 15 €, wyłącznie w grupach z przewodnikiem, co pół godziny (dzieci poniżej 8 lat nie są wpuszczane). Przed wejściem na wieżę należy zostawić plecaki w bezpłatnej przechowalni bagażu obok kasy, w północno-wschodniej części placu. Kto się nie wdrapie na wieżę, może zdecydować się na spacer po miejskich murach i na Torre di Santa Maria, skąd rozciągają się przepyszne widoki na budowle wokół Campo dei Miracoli (III–XII codz.; 2 €).

modyfikacje, a budowa całości trwała mniej więcej 300 lat. Najstarsza jest katedra, stawiana od 1063 do 1119 r., choć prace przy jej ozdabianiu ciągnęły się jeszcze przez dwa stulecia, nie licząc późniejszych ingerencji. Baptysterium zaczęło powstawać w roku 1153, wznoszenie dzwonnicy rozpoczęto po upływie kolejnych 20 lat, wreszcie w 1254 r. położono kamień pod budowę Camposanto. Prace zakończono około połowy XIV w. i dopiero wówczas zespół katedralny uzyskał mniej więcej obecny wygląd.

Krzywa Wieża Co prawda najważniejszą budowlą na Campo dei Miracoli jest katedra, a wszystkie pozostałe na dobrą sprawę stanowią tylko jej uzupełnienie, jednak turyści przybywają do Pizy przede wszystkim dla Krzywej Wieży (Torre Pendente). W średniowieczu, ze względu na mizerię ówczesnej matematyki i fizyki, architekci opierali się wyłącznie na intuicji i doświadczeniu. Na ogół ich kalkulacje okazywały się trafne, zdarzały się jednak pomyłki, a chyba najbardziej spektakularną jest właśnie pizańska dzwonnica. W 1173 r. błędnie

wybrano miejsce, na którym zaczęto stawiać budowlę, nie bacząc na niestabilny grunt. Na skutki nie trzeba było długo czekać: już w trakcie prac przy trzeciej kondygnacji kampanila zaczęła się zapadać i wyraźnie odchylać od pionu. Po niemal stuletniej przerwie i długotrwałych naradach prace wznowiono, powodując pogłębienie się przechyłu. Roboty znowu stanęły na kilka dziesięcioleci. Wreszcie w 1350 r. wzniesiono zwieńczenie i zakończono prace, wtedy też na najwyższym piętrze zawieszono siedem dzwonów. Cylindryczna kampanila, pokryta od zewnątrz ażurowymi galeryjkami, składa się z ośmiu kondygnacji i liczy 58,5 m wysokości. Wewnątrz, wokół pustej części środkowej, biegnie kolista klatka schodowa z 293 schodami. Pierwsze prace ratunkowe, mające na celu zabezpieczenie wieży przed katastrofą, podjęto już w XIX w., ale przyniosły one więcej szkody niż pożytku (z tego okresu pochodzi wyłożona marmurem fosa). W latach międzywojennych kamienne fundamenty dzwonnicy podbito betonem, ale i to nie przyniosło spodziewanych efektów. Oblicza się, że

•Krzywa Wieża;
IV–IX codz. 8.00–20.00,
X 9.00–19.00, XI–II
10.00–17.00, III
9.00–18.00; 15 €.

Słynna Krzywa Wieża.

Campo dei Miracoli.

•**Katedra;**
IV–IX codz. 10.00–19.30,
III i X 13.00–16.40, XI–II
10.00–13.00; 2 €.

Bazylika Zaśnięcia
Najświętszej Marii
Panny.

od czasu zakończenia budowy
w XIV w. do schyłku ubiegłego stulecia
krzywizna powiększyła się o około
4 metry. Gdy w 1990 r. osiągnęła prawie
5,5 m, dzwonnica została zamknięta dla
zwiedzających. Opracowaniem metody
ratowania budowli zajęła się
politechnika w Turynie,
a koordynatorem całej akcji został jej
profesor, Polak – Michał Jamiołkowski.
Kampanilę spięto w kilku miejscach
ściągami i przymocowano do
pobliskiego budynku za pomocą
stumetrowych stalowych smyczy, co
pozwoliło uniknąć katastrofy. Gdy
osadzono sięgającą 45 m w głąb gruntu
przeciwwagę, służącą utrzymaniu
budowli we właściwej pozycji, ważącą,
bagatela, 900 ton (wobec 14,5 tys. ton

samej wieży), stalowe smycze można
było zdemontować. Operacja ratowania
zabytku trwała 12 lat i pochłonęła
30 mln dolarów. W 2001 r. kampanilę
ponownie udostępniono turystom. Jak
zapewniają konstruktorzy, jest dobrze
zabezpieczona i powinna przetrwać
następne stulecia.

Katedra Pizańska katedra to
pięcionawowa bazylika Zaśnięcia
Najświętszej Marii Panny. Pokryta
galeryjkami fasada, inkrustowana
różnymi rodzajami kamienia
i ceramiką, jest arcydziełem stylu
pizańskiego. Obecny wygląd wnętrza
pochodzi z czasów odbudowy kościoła
po pożarze w 1595 r., z którego
uratowano zaledwie kilka elementów

średniowiecznego wystroju. Jednym z nich jest mozaika z około 1300 r. w głównej absydzie, przedstawiająca tronującego Chrystusa pomiędzy Maryją i św. Janem; pracował przy niej m.in. sławny toskański malarz Cimabue. W głównej nawie warto zwrócić uwagę na świecznik z 1587 r., zwany **Lampą Galileusza**. Według tradycji, obserwacja ruchu świecznika doprowadziła uczonego do odkrycia prawideł rządzących ruchem wahadła. W prawym ramieniu transeptu jest grób patrona Pizy, żyjącego w XI w. San Ranieri. Sławne wrota z brązu **(Porta di San Ranieri)**, wykonane w 1181 r. przez Pizańczyka Bonnana, wykazują silne wpływy greckie i rzymskie. Zostaną wkrótce zastąpione

kopią, a oryginał zostanie umieszczony w muzeum katedralnym.

Osobnej uwagi wymaga artystycznie najcenniejszy element wyposażenia kościoła – **ambona** wykonana przez Giovanniego Pisana w latach 1302–1311. Gdy katedrę odnawiano po pożarze w 1595 r., gotycka ambona, jako niemodna, została usunięta. Szczęśliwie odkryta w 1926 r., powróciła po ponad 300 latach na swoje pierwotne miejsce. Kazalnica wspiera się na kolumnach i figurach wyobrażających Chrystusa, świętego Michała, ewangelistów oraz personifikacje cnót: Roztropności, Sprawiedliwości, Męstwa i Umiarkowania. Trzy kariatydy tworzące środkową podporę przedstawiają Wiarę, Nadzieję i Miłość.

Dekoracja boków pulpitu to cykl płaskorzeźb szczelnie zapełnionych kłębiącymi się postaciami, opowiadających historię życia Jezusa i zakończonych wizją jego powtórnego przyjścia podczas Sądu Ostatecznego. Całość jest znakomitym przykładem dramatycznego, pełnego patosu i ekspresji stylu, któremu hołdował młodszy Pisano. Katedralną ambonę warto porównać z podobnym dziełem w pobliskim baptysterium, młodszym o lat 40 i wykonanym w całkowicie odmiennym stylu przez ojca Giovanniego – Nicolę.

Baptysterium Trzeci człon katedralnego zespołu – baptysterium – nosi piętno kilku stylów. Pękata bryła budowli i jej przysadziste proporcje to dzieła architektury romańskiej, zdobiące elewacje pinakle i trójkątne szczyty są dziedzictwem gotyku, wewnątrz zaś dostojny rytm półkolistych arkad zapowiada nadejście renesansu. Wznoszenie baptysterium, po 130 latach prac, doprowadzono do końca około roku 1280. W ostatnim etapie budową kierowali Nicolò Pisano i jego syn Giovanni – oni też, razem z uczniami, są autorami rzeźb zdobiących baptysterium. Znaczna część oryginalnej dekoracji została przeniesiona do katedralnego muzeum, a na elewacjach pojawiły się wierne, współcześnie wykonane kopie. Czerwono-białe pokrycie kopuły nawiązuje do barw republiki pizańskiej. W ascetycznym wnętrzu zwraca uwagę basen chrzcielny z połowy XIII w., zwieńczony postacią św. Jana Chrzciciela, oraz **ambona Nicola Pisana** z 1260 r., ozdobiona reliefami. Dzieło jest uznawane za najwybitniejszy przykład protorenesansu w rzeźbie włoskiej. Artysta pozostawał pod wyraźnym

• **Baptysterium;**
IV–IX codz. 8.00–19.30,
III i X 9.00–16.40, XI–II
10.00–16.30; 5 €.

wypływem sztuki starożytnej: w scenie pokłonu Trzech Króli Madonna wygląda jak dostojna rzymska matrona, a brodaci królowie przypominają antycznych filozofów. Z kolei wśród podtrzymujących pulpit postaci, wyobrażających chrześcijańskie cnoty, można odszukać muskularną figurę Herkulesa, symbolizującą Męstwo.

Camposanto i muzea

Najmniejszym powodzeniem wśród zwiedzających cieszy się czwarta budowla Pola Cudów, **Camposanto**, choć z całą pewnością jest to zabytek nie mniej ciekawy od pozostałych. Nazwa tego cmentarza (dosłownie Święte Pole) przypomina o rozsypaniu tu ziemi z Palestyny, którą

w charakterze relikwii przywieźli do
Pizy krzyżowcy. Centrum nekropolii
stanowi prostokątny dziedziniec
z wirydarzem (ogrodem), z czterech
stron otoczonym gotyckim
krużgankiem. W krużganku są
grobowce i sarkofagi z różnych epok.
Do wschodniego boku budowli
przylega kopułowa Cappella del Pozzo,
dostawiona w końcu XVI w. W czasie
ostatniej wojny Camposanto zostało
poważnie uszkodzone, gdy w 1944 r.
samoloty aliantów bombardowały
miasto. Szczególnie ucierpiała
dekoracja malarska krużganków. Po
wojnie najcenniejsze ocalałe freski
zostały zdjęte ze ścian i przeniesione na
nowe podłoże; obecnie można je
oglądać w salach obok krużganków.
Najsławniejszymi malowidłami są
Triumf śmierci i *Sąd Ostateczny*,
znakomite odbicie nastrojów
panujących po wielkiej epidemii
dżumy, która w 1348 r. zdziesiątkowała
ludność Europy i została uznana za
zapowiedź nadchodzącej apokalipsy.

W **Museo dell'Opera del Duomo**,
za Krzywą Wieżą,
w południowo-wschodniej części
Campo, zgromadzono znakomitą
kolekcję rzeźb z katedry i baptysterium.
Warto zatrzymać się przy posągu
Maddona del' Colloquio autorstwa
Giovanniego Pisana. Artyście udało się
zerwać z panującą wcześniej w sztuce
frontalnością i oddać bezpośredni
kontakt Madonny z Dzieciątkiem, które
zwraca ku niej twarz. Cennym
eksponatem jest kamienny grobowiec
patrona Pizy, zwany Arca di San
Ranieri, wykonany na początku XIV w.
przez Tina di Camaina. Najciekawszą
część wystawy stanowi **skarbiec**, gdzie
można zobaczyć kolejne dzieła
Giovanniego Pisana, w tym jeszcze
jedną Madonnę z Dzieciątkiem (tym
razem z kości słoniowej) i piękny

krucyfiks. Są tu także łupy zdobyte
przez Pizańczyków w czasie wypraw
krzyżowych, naczynia i szaty
liturgiczne, relikwiarze, ołtarze oraz
intarsjowane wyroby z drewna. W tej
ostatniej dziedzinie Toskania nie miała
sobie równych w całej Europie.

Museo delle Sinopie zainteresuje
raczej tylko miłośników fresków.
Wystawiono w nim szkice sporządzane
na tynku czerwoną farbą, zwaną synopią,
co poprzedzało wykonanie właściwego
malowidła. Nazwa pochodziła od miasta
Sinope nad Morzem Czarnym, gdzie
w starożytności wytwarzano ów
poszukiwany barwnik. W późniejszych
wiekach wiele innych ośrodków
wyspecjalizowało się w produkcji
czerwonego pigmentu, ale stara nazwa
pozostała. Pizańskie synopie pozyskano
podczas ratowania malowideł
z Camposanto, uszkodzonych w czasie
II wojny światowej. W muzeum można
obejrzeć freski w ich wczesnym,
przygotowawczym stadium i wniknąć
w tajniki sztuki dawnych mistrzów.

Prawobrzeżne centrum Via Santa
Maria wyprowadza z Campo dei
Miracoli w stronę *centro*, w którego
wąskich zaułkach kryje się wiele
pięknych kościołów i kamienic.
Kierując się tą ulicą na południe, mija
się m.in. uniwersytecki ogród
botaniczny (**Giardino Botanico**)
i **kościół San Nicola**, z drugą
pizańską krzywą wieżą, po czym
dociera się nad brzeg Arno. Kilka
kroków w dół rzeki (na zachód) stoi
dość niepozorna rezydencja władców
Toskanii mieszcząca **Museo
Nazionale di Palazzo Reale**. Można
w nim zobaczyć dzieła sztuki
zgromadzone przez dawnych
rezydentów – cenne zbiory malarstwa
i rzemiosła artystycznego, w tym
tkaniny, broń i porcelanę. Za główną

•**Camposanto**;
IV–IX codz. 8.00–19.30,
III i X 9.00–16.40, XI–II
10.00–16.30; 5 €.

•**Museo dell'Opera
del Duomo**;
IV–IX codz. 8.00–19.30,
III i X 9.00–16.40, XI–II
10.00–16.30; 5 €.

•**Museo delle Sinopie**;
IV–IX codz. 8.00–19.30,
III i X 9.00–16.40, XI–II
10.00–16.30; 5 €.

•**Ogród botaniczny**;
pn.–sb. 8.30–13.00;
bezpł.

•**Museo Nazionale di
Palazzo Reale**;
Lungarno Pacinotti 46;
śr.–pn. 9.00–14.30; 3 €,
bilet łączony z Museo San
Matteo 6 €.

•Torre Guelfa;
VI–VIII wt.–pt.
14.00–18.00, sb. i nd.
11.00–13.30
i 15.30–19.00, IV, V, IX
wt.–pt. 14.00–17.00,
sb. i nd. 14.00–19.00,
X–III sb. i nd.
14.00–17.00; 1,60 €, bilet
łączony z S. Maria della
Spina 2,50 €.

atrakcję trzeba uznać wyśmienity portret Eleonory z Toledo, żony wielkiego księcia Toskanii Kosmy I Medyceusza, pędzla Bronzina. Kilkaset metrów dalej w dół rzeki, w dawnym arsenale z końca XVI w. urządzono muzeum **Le Navi Antiche di Pisa**, poświęcone odkrytym w 1998 r., podczas prac budowlanych przy dworcu kolejowym San Rossore, pozostałościom antycznego portu z kilkunastoma statkami etruskimi i rzymskimi. Wystawa jest obecnie zamknięta ze względu na prace konserwatorskie przy eksponatach – unikalnych w skali światowej – a jej otwarcie jest planowane na 2009 r. Nieopodal arsenału stoi Fortezza Vecchia z wysoką ceglaną wieżą – **Torre Guelfa** – którą warto odwiedzić dla rozległej panoramy.

Główny strumień turystów omija wymienione atrakcje i z Via S. Maria skręca w Via delle Mille, która mijając romański **kościół San Sisto** (XI/XII w.) o urzekającym wnętrzu, doprowadza do **Piazza dei Cavalieri**. Jest to ładny plac o nieregularnym kształcie, niegdysiejszy pizański rynek. Jego ozdobą jest duży pałac pokryty sgraffitową dekoracją, zaprojektowany przez Giorgia Vasariego dla **Zakonu Kawalerów św. Stefana**. Zakon ów, skupiający rycerzy walczących z Turkami i piratami, został założony przez księcia Kosmę I Medyceusza. Umieszczone na fasadzie popiersia przedstawiają członków rodu, a pomnik przed pałacem – samego księcia. Gdy Kosma przyłączył Pizę do swych posiadłości, nakazał zburzenie stojącego wcześniej w tym miejscu ratusza – symbolu samorządności – stawiając w zamian budowlę gloryfikującą jego własną osobę. Obecnie w budynku mieści się jeden z wydziałów uniwersytetu. Obok wznosi się kościół św. Stefana Papieża, także należący do zakonu, dzieło Vasariego. Na lewo od fasady pałacu widać dawne miejskie więzienie, nazwane **Torre dell'Orologio** z racji zdobiącego fasadę zegara. W czasie wojen Pizy z Genuą w wieży zamurowano żywcem dowódcę wojskowego Ugolino della Gherardesca,

oskarżonego o szpiegowanie na rzecz
wroga. Kara dosięgła nie tylko
winowajcę, ale objęła wszystkich
męskich członków jego rodziny, nie
wyłączając małoletnich wnuków.
Wszyscy zostali zagłodzeni na śmierć.

Główną arterię przecinającą
z północy na południe *centro storico*
stanowią eleganckie **Via Oberdan**
i **Borgo Stretto**, przebiegające
nieopodal Piazza dei Cavalieri. Przy
Borgo Stretto wznosi się romański
kościół San Michele in Borgo
o fasadzie zwieńczonej galeryjkami,
zbudowany na miejscu starożytnej
świątyni Marsa. Ulica kończy się przy
Piazza Garibaldi, nieopodal Arno.
Można się stąd udać Via Lungarno
Mediceo do odległego o kilku minut
marszu **Museo Nazionale di San
Matteo**. Zgromadzono w nim obrazy
i rzeźby przeniesione z rozmaitych
pizańskich kościołów, dzieła m.in.
Simona Martiniego, Massaccia,
Donatella, Gentilego da Fabriana
i Benozza Gozzolego.

Na lewym brzegu Arno Z placu
Garibaldiego wiedzie na lewy brzeg
Arno **Ponte di Mezzo**, pod wieloma
względami najważniejszy most w Pizie.
Wiążą się z nim uroczystości i festyny,
które na stałe wpisały się w miejscowy
kalendarz. Podczas dorocznej
zabawy Gioco del Ponte przedstawiciele
obu głównych dzielnic (Tramontana
i Mezzogiorno) spotykają się na moście
i biorą udział w rywalizacji polegającej
na przeciąganiu Carello – wozu
ważącego 7 ton. Impreza, poprzedzona
paradą w strojach historycznych, odbywa
się co najmniej od XVI w. Jeszcze starszą
metrykę mają regaty na Arno,
początkowo poświęcone Madonnie, a od
1718 r. patronowi miasta (Regata di San
Ranieri). Biorą w nich udział
przedstawiciele wszystkich kwartałów,

na jakie dzieliła się dawna Piza.
Spektakularną uroczystością jest
iluminacja budowli nad rzeką –
Luminaria di San Ranieri. Od 1956 r. na
Arno odbywają się też wyścigi załóg
wystawianych przez dawne republiki
morskie (Regata delle Antiche
Repubbliche Marinare). Zawody
organizują na zmianę Genua, Piza,
Wenecja i Amalfi – jedynie liguryjskie
Noli, jako zbyt mała miejscowość, nie
bierze udziału w festynie.

Przy Ponte di Mezzo, na lewym
brzegu rzeki, stoi hala ozdobiona
herbami Pizy i Medyceuszy, zwana
Logge di Banchi, w której handlowano
niegdyś suknem. Tuż obok zaczyna się
Corso Italia – reprezentacyjna ulica
lewobrzeżnej Pizy, łącząca rzekę
z rejonem dworca. Na jej południowym
końcu rozciąga się Piazza Vittorio
Emanuele, gdzie zbiegają się główne
arterie dzielnicy Mezzogiorno. Obok
placu stoi kościół San Agostino; boczną
elewację przylegającego doń budynku
zdobi sugestywne malowidło *Tuttomondo*
(1989) amerykańskiego artysty Keitha
Haringa.

Z Ponte di Mezzo można się
również udać w dół rzeki (na zachód),
w stronę pobliskiej **kaplicy Santa
Maria della Spina**, perły pizańskiego
gotyku. Zbudowano ją XIV w. dla
pomieszczenia cząstki korony
cierniowej. Pierwotnie kościółek stał
bliżej rzeki, ale w 1871 r. przesunięto
go w obecne miejsce w obawie przed
powodzią. Ozdobiona koronkową
dekoracją kaplica przypomina wielki
relikwiarz. Rzeźby na elewacjach to
współczesne kopie – oryginały
przeniesiono do muzeum San Matteo.
Kawałek dalej, po tej samej stronie
rzeki, w ładnym parku stoi **kościół San
Paolo a Ripa d'Arno** z marmurową
fasadą utrzymaną w stylistyce szkoły
pizańskiej.

•**Museo Nazionale di
San Matteo**;
wt.–sb. 8.30–19.00, nd.
8.30–13.00; 4 €, bilet
łączony z Palazzo Reale
6,50 €.

• **Certosa di Pisa;**
zwiedzanie kościoła
i klasztoru w grupach
z przewodnikiem; 4 €.

• **Museo di Storia
Naturale;**
VII–poł. IX
wt.–pt.10.00–19.00,
sb. i nd. 10.00–20.00,
16 XI–VI wt.–sb.
9.00–18.00, nd.
10.00–19.00; 5 €.

Okolice Pizy

Wybiegająca z Pizy na zachód droga
(ss224) prowadzi wzdłuż Arno do
kurortu **Marina di Pisa**, mijając
niewielką miejscowość **San Piero di
Grado**, do której średnio co 30 min
docierają autobusy CPT z centrum
Pizy. Ozdobą miasteczka jest
romański kościół z początku XI w.,
stojący nieopodal miejsca, gdzie
Arno uchodziła niegdyś do
nieistniejącej już laguny. Wewnątrz,
pod baldachimem, przechowuje się
fragment antycznej kolumny
nakrytej płytą – ołtarz, przy którym –
jak chce tradycja – św. Piotr
sprawował mszę św. Ściany nawy

zdobią średniowieczne malowidła,
przedstawiające dzieje świętego
i portrety jego następców – papieży.

Na zachód od miasta wznosi się
niewysoki, ale wdzięczny masyw
Monte Pisano. Na jego skraju, około
12 km od centrum, stoi **Certosa di
Pisa**, inaczej Certosa di Calci, od
nazwy najbliższej miejscowości. Jest to
ufundowany w XIV stuleciu klasztor
Kartuzów, gruntownie przebudowany
cztery wieki później. W części
klasztornych zabudowań urządzono
Museo di Storia Naturale,
prezentujące środowisko przyrodnicze
regionu i wystawę poświęconą
ewolucji.

Lukka

Rodzinne miasto Giacoma Pucciniego
– **Lukka** (Lucca) – należy do miejsc,
które odwiedza się z przyjemnością.
Ma nieprzytłaczające rozmiary
i interesujące zabytki, a stosunkowo
bogate życie kulturalne (głównie
muzyczne) sprawia, że latem zawsze
jest tu co robić. Nie należąc do ścisłej
czołówki najpopularniejszych
ośrodków Toskanii, Lukka nie została
do końca opanowana przez turystów,
więc ciągle żyje własnym,
niespiesznym rytmem – i chyba w tym
właśnie tkwi tajemnica jej wielkiego
uroku.

Historia

Przepływająca obok Lukki rzeka
Serchio rozgraniczała niegdyś tereny
Etrusków i Ligurów. W 180 r. p.n.e.
prowadzący podbój Italii Rzymianie
założyli w tym miejscu kolonię, którą
w 89 r. p.n.e. podnieśli do rangi

municipium (samorządnej gminy).
Pozostałości rzymskiego miasta,
z regularną siecią ulic i kwadratowym
forum (rynkiem), widać do dzisiaj
w planie miasta. Najazdy
barbarzyńców i upadek Rzymu nie
przerwały rozwoju osady. W czasach
Longobardów (VI–VIII w.) Lukka
stała się największym ośrodkiem
regionu. Karol Wielki, podbiwszy
Italię, ustanowił ją stolicą marchii,
przemianowanej później na hrabstwo
Toskanii. Formalnie stanowiło ono
część odrodzonego cesarstwa,
cieszyło się jednak dużą autonomią.
Miasto żyło z handlu lnem
i jedwabiem. Stojąc po stronie
cesarza, a przeciw papieżowi, było
ostoją gibelinów. Za okazane poparcie
Henryk V nadał miejscowym
kupcom w 1105 r. wielki przywilej,
dzięki czemu mogli swobodnie
handlować w całym cesarstwie.

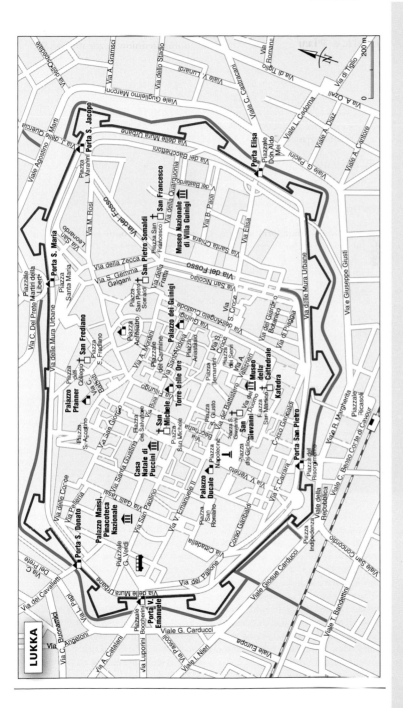

Lukka – widok na Centro Storico.

Mieszczanom udało się wkrótce wyrwać spod dominacji hrabiów i stworzyć samorządną komunę, która przetrwała aż do 1799 r., kiedy Napoleon ustanowił tu republikę pod protektoratem Francji. Kilka lat później podarował ją swojej siostrze Elizie i jej mężowi, Felicemu Bacciocchiemu. Po upadku cesarza Lukka przeszła w ręce dynastii Burbonów, a w 1860 r. weszła w skład zjednoczonych Włoch.

Piazza Napoleone i katedra

Wysadzany drzewami skwer w południowej części *centro*, wytyczony w 1806 r. przez okupujących miasto Francuzów, nosi miano Piazza Napoleone. Pośrodku stoi pomnik Marii Luizy de Burbon z 1843 r. Nad placem dominuje **Palazzo Ducale**, którego budowę rozpoczął florencki architekt Bartolomeo Ammanati w 1578 r. Pałac był siedzibą władz miejskich, a potem stał się rezydencją

książąt rządzących Lukką od 1804 do 1860 r. Obecnie jest siedzibą władz prowincji. Nie więcej niż 300 m dzieli Piazza Napoleone od **katedry św. Marcina**, której budowę rozpoczął w 1060 r. biskup Anzelm da Baggio, przyszły papież Aleksander II. Inkrustowana marmurem fasada z trzema rzędami ażurowych galerii wygląda bardziej na dzieło jubilera niż kamieniarza. Posąg pod najniższą galerią przedstawia św. Marcina

z żebrakiem. Oryginalną rzeźbę z XIII w. przeniesiono do wnętrza (stoi nieopodal wejścia), a na fasadzie umieszczono jej XIX-wieczną kopię. Dzwonnica obok fasady została wzniesiona w dwóch etapach: dolna, ciemniejsza część powstała po 1060 r., dwa najwyższe piętra dodano w II połowie XIII w. We wnętrzu, przebudowanym w stylu gotyckim w XIV i XV w., zwraca uwagę ośmioboczne tempietto, rodzaj kaplicy, którą w latach 1482–1484 postawił Matteo Civitali dla pomieszczenia najcenniejszej relikwii przechowywanej w kościele. Jest nią drewniana rzeźba **Volto Santo**, czczona od wieków jako prawdziwy wizerunek Zbawiciela, wykonany przez jednego z jego uczniów – Nikodema. Drewniany posąg przedstawiający Chrystusa na krzyżu, w długiej tunice szczelnie zasłaniającej ciało, powstał, jak wykazali specjaliści, dopiero w XII w. Szczególną cześć oddaje się wizerunkowi w uroczystość Podwyższenia Krzyża (14 IX), gdy odbywa się odpust połączony z ulicznymi festynami. W kościele przechowuje się ponadto kilka doskonałych obrazów z XV i XVI w., pędzla Bartolomea della Porty (*Madonna z Dzieciątkiem*), Bronzina (*Oczyszczenie Marii*) i Tintoretta (*Ostatnia Wieczerza*). Kto chce zobaczyć renesansowy nagrobek **Ilarii del Carretto**, arcydzieło Jacopa della Quercii z 1408 r., musi się udać do zakrystii. Ilaria była żoną Paola Guinigiego, używającego tytułu Signore di Lucca (Pan Lukki). W zakrystii jest jeszcze eksponowany obraz *Madonna z Dzieciątkiem i świętymi* Domenica Ghirlandaia.

W budynku na lewo od fasady katedry mieści się **Museo della Cattedrale**, gdzie można zobaczyć

• **Katedra św. Marcina;** pn.–pt. 9.30–17.45, sb. 9.30–18.45, nd. 11.20–11.50 i 13.00–16.45; bezpł.

• **Zakrystia katedry;** 2 €, bilet łączony z muzeum katedralnym i wykopaliskami w kościele S. Giovanni e S. Reparata 6 €.

• **Museo della Cattedrale;** poł. III–X codz, 10.00–18.00, XI–poł. III sb. i nd. 10.00–17.00; 4 €.

Koronkowa fasada
kościoła San Michele
al Foro.

• **Wystawa**
archeologiczna;
te same godz. co muzeum
katedralne; 2,50 €.

m.in. sukienkę i koronę, w które
niegdyś ubierano Volto Santo, a także
rzeźby z katedralnej fasady oraz
relikwiarze. Warto zajrzeć do
sąsiedniego **kościoła San Giovanni
e Santa Reparata**, do VIII w. katedry,
wyróżniającego się przylegającym doń
baptysterium. W kościele i baptysterium
– a raczej pod nimi – urządzono
wystawę archeologiczną,

prezentującą skomplikowane dzieje
budowli, od rzymskiego domu sprzed
naszej ery, stojącego niegdyś w jej
miejscu, po późne średniowiecze.

Okolice San Michele Kierując się
z Piazza Napoleone na północ,
dochodzi się do Piazza San Michele,
zajmującego forum starożytnego
miasta. Ozdobą placu jest **kościół San**

Michele al Foro z XII w. Koronkowa fasada, pochodząca z czasów rozbudowy świątyni w XIII stuleciu. Efekt jest cudowny, górne loggie są jedynie parawanem. Ze szczytu spogląda na miasto patron kościoła, archanioł Michał depczący smoka. Podobnie jak w przypadku większości tutejszych świątyń, wnętrze jest dość mroczne i zapuszczone. Przed wyjściem z kościoła warto rzucić okiem na obraz Filippina Lippiego w prawym ramieniu transeptu, przedstawiający świętych: Rocha, Sebastiana, Hieronima i Helenę.

Na rogu Piazza S. Michele i Via del Poggio stoi dom, w którym urodził się najsłynniejszy obywatel Lukki,

Giacomo Puccini (1858–1924), ostatni klasyk włoskiej opery, autor *Toski* i *Madame Butterfly*. Urządzono tutaj muzeum poświęcone mistrzowi (**Casa Natale di G. Puccini e Fondacione G. Puccini**) z licznymi eksponatami związanymi z jego życiem i twórczością. Oprócz partytur i rozmaitych drobiazgów jest tu m.in. fortepian, przy którym Puccini skomponował swój ostatni utwór, słynną operę *Księżniczka Turandot*.

Dwa kroki na wschód od San Michele, przy ciasnej Via Fillungo (jedna z głównych ulic handlowych Lukki) stoi najwyższa wieża w mieście, ceglana **Torre delle Ore**, z której rozpościera się wspaniała panorama.

•**Kościół San Michele al Foro**;
pn.–sb. 7.30– 12.30 i 15.00–18.00,
nd. 9.00–12.30 i 15.00–18.00; bezpł.

•**Casa Natale di G. Puccini e Fondacione G. Puccini**;
Corte San Lorenzo 9;
wt.–nd. VI–IX 10.00–18.00, XI–V 10.00–13.00 i 15.00–18.00; 3 €.

•**Torre delle Ore**;
latem codz. 10.00–19.00; 3,50 €.

Torre delle Ore.

Piazza Anfiteatro.

Jedna z przecznic Via Fillungo, Via
Sant'Andrea, doprowadza do
najważniejszego niegdyś Palazzo dei
Guinigi. Jest to ciąg gotyckich domów
stanowiących siedzibę potężnego
rodu Guinigich, któremu na początku
XV w. udało się zdobyć władzę
w mieście. Najważniejszym elementem
zespołu jest wysoka na 41 m wieża
(**Torre dei Guinigi**) z wdzięcznym
ogrodem na szczytowym tarasie. Spod
rosnących tam dębów można oglądać
wspaniały widok na miasto i Apeniny.
Kto spod San Michele pójdzie na
zachód, po chwili dotrze do Palazzo
Mansi, gdzie mieści się
Pinacoteca Nazionale z bogato
zdobionymi salami i cennymi

zabytkami włoskiego malarstwa,
głównie z XVI w.

Północna część miasta Jedno
z najbardziej charakterystycznych
miejsc Lukki to **Piazza Anfiteatro**,
zajmująca miejsce rzymskiego
amfiteatru, któremu zawdzięcza nazwę
i eliptyczny kształt. Domy otaczające
plac wzniesiono na murach trybun, co
jest dobrze widoczne od strony Via
dell'Anfiteatro. Trzy metry poniżej
nawierzchni placu zachowały się
pozostałości areny, na której
rozgrywano pojedynki gladiatorów. Po
zaniechaniu krwawych widowisk
amfiteatr zamieniono w targowisko;
stąd wzięła się druga nazwa placu –

Piazza del Mercato. Choć miejsce leży zaledwie dwa kroki od reprezentacyjnej części Lukki, zaskakuje naturalną, wręcz swojską atmosferą – na fasadach domów wiszą sznury z suszącym się praniem. Bardziej na zachód wznosi się trzeci pod względem atrakcyjności kościół – **San Frediano**, zbudowany w latach 1112–1147. Najciekawszą częścią świątyni znów jest fasada, ozdobiona tym razem wielką mozaiką z Wniebowstąpieniem (XIII w.).

W prawej nawie wzrok przykuwa efektowna chrzcielnica – *fontana lustrale*, ozdobiona romańskimi płaskorzeźbami przedstawiającymi m.in. Dobrego Pasterza, apostołów oraz dzieje Mojżesza. Cappella Trenta to nazwa czwartej kaplicy przy lewej nawie, z początku XV w., zawierającej marmurowy ołtarz Jacopa della Quercii z 1422 r. W jednej z sąsiednich kaplic zachwycają ciekawe freski z początku XVI w., opowiadające historię Volto Santo i ukazujące wygląd Lukki przed pięcioma wiekami.

Palazzo Pfanner to piękny XVII-wieczny pałac przy Via Cesare Battisti, nieopodal wspomnianego San Frediano. Wewnątrz można podziwiać zabytkowe wyposażenie sal, z tkaninami i freskami. Na tyłach budowli rozciąga się wdzięczny park, prawdziwa oaza spokoju, z fontanną i widokiem na dzwonnicę pobliskiego kościoła.

Podążając z Piazza Anfiteatro w przeciwnym kierunku, na wschód, mija się romański **kościółek San Pietro Somaldi**, a potem znacznie większy kościół San Francesco, docierając w końcu do Villi Guinigi, mieszczącej **Museo Nazionale di Villa Guinigi**. Zebrano w nim wykopaliska archeologiczne oraz malowidła, rzeźby i wyroby rzemiosła artystycznego z XIII–XVII w.

Mury obronne Wycieczka do Lukki byłaby niepełna, gdyby pominąć dobrze zachowane fortyfikacje z XVI w., których budowa pochłonęła bajońską sumę 900 tys. skudów. Pierścień murów okalających *centro* ma prawie 4,2 km długości. Umocnieniom nie było dane ani razu dowieść swojej przydatności, gdyż XVII i XVIII stulecia były tu wyjątkowo spokojne. W 1830 r. na życzenie Marii Luizy de Burbon przekształcono je w piękne założenie parkowe. Spacerowiczów trzeba przestrzec przed wdrapywaniem się na mury – ewentualny mandat może sięgnąć nawet 1000 €.

•**Palazzo Pfanner**;
III–XI czw.–wt.
10.00–18.00; sam ogród lub sam pałac 3 €, całość 4,50 €.

•**Museo Nazionale di Villa Guinigi**;
Via della Quarquonia; wt.–sb. 8.30–19.30, nd. 8.30–13.30; 4 €, bilety łączony z muzeum w Palazzo Manisi 6 €.

Kościół San Frediano.

Wybrzeże i Alpy Apuańskie

W okolicy można wyróżnić dwa typy krajobrazu: płaskie, gęsto zabudowane wybrzeże z szerokimi piaszczystymi plażami oraz słabiej zaludnione Alpy Apuańskie – wysokie góry o śmiałej rzeźbie, oddalone od morza od kilku do kilkunastu kilometrów. Nadmorski pas plaż, najlepszych w okolicach Viareggio, zapewnia doskonałe warunki do wypoczynku, ale rozczarowuje ze względu na nijakość atmosfery, na ogół nieciekawą zabudowę oraz astronomiczne ceny. Jedynym ważniejszym zabytkowym miastem jest w tych stronach Carrara, gdzie znajdują się złoża najsłynniejszego w świecie marmuru – kararyjskiego.

Viareggio.

Versilia

Wybrzeże ciągnące się na południowy wschód od Massy, nieciekawego ośrodka miejskiego, zaliczane do najbardziej renomowanych regionów wypoczynkowych we Włoszech, nosi nazwę **Versilia**. Eleganckie kurorty ciągną się tu nieprzerwanie na odcinku około 30 km, a szerokie plaże i łagodnie opadające piaszczyste dno sprawiają, że okolica jest znakomitym miejscem na rodzinne wakacje. Stolicą Versilii jest **Viareggio**, które swoje najlepsze czasy przeżywało w latach międzywojennych i powojennych, jako ulubione miejsce wypoczynku włoskiej elity. Kurot spalił się w 1917 r., ale został szybko odbudowany. O Viareggio jest również głośno za sprawą wyjątkowo hucznego **karnawału**. Odbywają się wówczas parady, w czasie których obnosi się po mieście wielkie podobizny znanych osobistości, zwane *carri*. Najbardziej udane egzemplarze przechowuje się w Hangar Carnevale na Via Marco Polo.

Najpiękniejsze plaże Versilii rozciągają się w **Forte dei Marmi**. Publiczne odcinki można znaleźć przy granicach kurortu, a środek zajmują drogie plaże prywatne. Słonecznych kąpieli można zażywać również w **Torre del Lago Puccini**, na południe od Viareggio. Nazwa tej miejscowości pochodzi od nazwiska ostatniego klasyka włoskiej opery, Giacoma Pucciniego, który nad pobliskim jeziorem oddawał się swojej drugiej po muzyce pasji – polowaniu. Tutaj też w 1924 r. został pochowany.

Carrara i Alpy Apuańskie

Jadąc autostradą lub koleją z La Spezii do Pizy, nie sposób przeoczyć potężnego masywu Alp Apuańskich – wyrastają niemal z morza, a ich bezwzględna wysokość sięga 1900 m n.p.m. Nazwa łańcucha, który nie leży w Alpach, lecz jest odnogą Apeninu Toskańsko-Emiliańskiego, jest nieco myląca. Alpy Apuańskie to wyśmienity teren do aktywnego wypoczynku, przede wszystkim pieszych wycieczek. Charakterystycznym elementem krajobrazu gór w okolicach miasta **Carrara** (7 km od Massy i 8 km od morza) są oślepiająco białe **kamieniołomy marmuru**. Kamieniarskie tradycje Carrary sięgają starożytności, a i dziś życie miasta jest zdominowane przez jego wydobycie i obróbkę. Przedmieścia ciągnące się aż po Marina di Carrara składają się w dużej części z pracowni rzeźbiarskich i wielkich magazynów, gdzie starannie oznaczone sterty kamiennych płyt czekają na załadunek na statki.

•Plaże prywatne; wstęp od 20 €.

Marmury kararyjskie

Kamieniołomy w Carrarze są nie tylko najsławniejszymi, ale i najdłużej eksploatowanymi złożami marmuru na świecie. Marmur kararyjski służył za tworzywo wielu znakomitym rzeźbiarzom, w tym Michałowi Aniołowi, który wykuł w nim m.in. postać Dawida. Jednym z najbardziej znanych współczesnych twórców pracujących w kamieniu z Carrary jest Polak, Igor Mitoraj, mieszkający w Pietrasanta koło Massy. Od pewnego czasu zwolennicy ochrony przyrody walczą o ograniczenie eksploatacji złóż i utworzenie na tym terenie parku narodowego. Zwiedzanie Carrary, złóż marmuru i zakładów kamieniarskich organizuje m.in. Conftourist (Marina di Massa, Via Modena 21; ☎0585/255292, fax 0585/865564, info@conftourist); południowa wycieczka z przejazdem i opieką przewodnika kosztuje 12 €.

•Museo del Marmo;
Viale XX Settembre; V, VI
i IX pn.–sb. 10.00–18.00,
VII i VIII 10.00–20.00,
X–IV 9.00–17.00; 4,50 €.

**Kamieniołomy
marmuru.**

W mieście działa Accademia di Belle Arti, kształcąca specjalistów w artystycznej obróbce marmuru.

Wyjąwszy zabytkowe centrum, miasto jest niezbyt piękne, czego nie zmienią nawet nowoczesne rzeźby w jego najbardziej eksponowanych punktach. W porównaniu z kurortami Versilii Carrara wydaje się być zapuszczoną, biedną mieściną. Nie jest ona jednak pozbawiona swoistego uroku i góruje nad skomercjalizowanym wybrzeżem bezpretensjonalną atmosferą. Godne odwiedzin jest na pewno **Museo del Marmo**, przy głównej alei wiodącej do śródmieścia, gdzie można się zapoznać z geologiczną charakterystyką złóż oraz z dziejami i technikami ich eksploatacji. Warto się również zapuścić w uliczki śródmieścia

i odnaleźć romańską **katedrę** w stylu pizańskim, wzniesioną z miejscowego kamienia. Blisko kościoła stoi dom, w którym mieszkał Michał Anioł, gdy przyjeżdżał wybierać materiał na swoje rzeźby. Kto chce z bliska obejrzeć złoża, a jest to widok fascynujący, powinien się udać za miasto, w stronę wioski Colonnata, za znakami „Cave di Marmo" (8 km, dojazd autobusem CAT).

Między Massą a granicą toskańsko-liguryjską jest sporo plaż, wciąż piaszczystych i szerokich, ale zdecydowanie mniej ekskluzywnych od tych w okolicach Viareggio. Za sprawą cen, zdecydowanie niższych niż w Versilii, tutejsze nadmorskie miejscowości pękają w szwach od wczasowiczów.

Północno-zachodnia Toskania • INFORMACJE PRAKTYCZNE

PIZA

Orientacja i informacja

Rozległe centrum miasta,
o nieregularnym układzie ulic, jest
otoczone murami i podzielone przez
rzekę na część północną (Tramontana)
i południową (Mezzogiorno).
W pierwszej rozciąga się Pizza dei
Miracoli z najważniejszymi zabytkami,
w drugiej jest zlokalizowany dworzec
Pisa Centrale. Z dworca pod
Krzywą Wieżę (ponad 1,5 km) idzie się
minimum 20 min. Dystans można
pokonać autobusem #1 lub
(dogodniej) 4.

Główne biuro informacji turystycznej
APT, obok katedry (☎050/560464),
w czasie zbierania informacji do
przewodnika było nieczynne. Pozostałe
punkty działają m.in. na lotnisku
(Aeroporto Galileo Galilei;
☎050/503700; codz. 10.00–22.00) oraz
nieopodal dworca kolejowego, na Pizza
Vittorio Emanuele (róg Via Benedetto
Croce; ☎050/42291; pn.–pt.
9.00 19.00, sb. 9.00 13.00). Dyrekcja
APT ma siedzibę przy Via Silvio Pellico 6
(☎050/929777, fax 050/929764,
aptpisa@pisa.turismo.toscana.it, www.
apt.pisa.it). Przydatne strony:
www.comune.pisa.it,
www.pisa.turismo.toscana.it,
www.pisaturismo.it.

Przyjazd i komunikacja

Piza ma dobre bezpośrednie połączenia
kolejowe z Florencją (co 30–60 min;
podróż trwa 60–90 min) i Rzymem oraz
– rzadsze – z Mediolanem. W mieście są
dwa dworce kolejowe, oba poza ścisłym
centrum: główny (Pisa Centrale, po

południowej stronie centrum) i Pisa-San
Rossore (400 m na zachód od Piazza dei
Miracoli). Korzystniej – z punktu
widzenia turysty zainteresowanego
zwiedzaniem Pola Cudów – jest
zlokalizowany ten drugi, ale zatrzymują
się na nim tylko nieliczne pociągi.
Autobusy dalekobieżne przystają
w rejonie głównego dworca kolejowego
– na Piazza Vittorio Emanuele lub Piazza
S. Antonio. Autobusy firmy Lazzi
(www.lazzi.it) jeżdżą z Pizy m.in. do
Viareggio, Florencji, Lukki oraz Livorno.
Na południe od miasta jest lotnisko
(Aeroporto Galileo Galilei), mające
połączenia autobusowe z centrum (m.in.
z dworcem i okolicami Pizza dei Miracoli)
oraz z Lukką i Viareggio.

W centrum można parkować wyłącznie
w wyznaczonych miejscach (w obrębie
murów 1,50 €/godz.). Większe, dogodnie
zlokalizowane parkingi znajdują się poza
pierścieniem fortyfikacji. W rejonie Campo
dei Miracoli o wolne miejsce jest bardzo
trudno. Po mieście i prowincji kursują
autobusy CPT (punkt informacyjny na
Piazza S. Antonio; ☎050/500717,
www.cpt.pisa.it). Zwykły bilet kosztuje
1 €. Po centrum najwygodniej poruszać
się pieszo, można też wynająć rower
lub rikszę (4 €/godz. od osoby) albo
dorożkę (z przewodnikiem,
30 €/25 min) – najłatwiej w rejonie
Campo dei Miracoli.

Noclegi

Alessandro della Spina (Via A. della
Spina 5–7–9; ☎050/502777, fax
050/20583, info@hoteldellaspina.it,
www.hoteldellaspina.it). Luksusowy hotel
w nowym budynku, w rejonie dworca, ale
w spokojnym miejscu. ④

Europa Park (Via Andrea Pisano 23;
☎050/500732, fax 050/554930). Wygodny,
dobrze wyposażony hotelik dwa kroki od
Campo dei Miracoli. ③

Francesco (Via S. Maria 129; ☎050/555453,
fax 050/556145, info@hotelfrancesco.com,
www.hotelfrancesco.com). Nieduży,
komfortowy hotel w centrum. ③

Gronchi (Piazza Arcivescovado 1;
☎050/561823). Tani hotel w pobliżu
Campo. Łazienki (nieliczne) wspólne; bez
śniadania.

Pisa (Via Manzoni 22; ☎/fax 050/44551).
Śniadanie za dopłatą, pokoje z łazienkami. ③

Villa Primavera (Via Bonanno Pisano 43;
☎050/23537, fax 050/27020). Hotel
z własnym parkingiem; śniadanie wliczone
w cenę; pokoje z łazienkami. ③

Serena (Via Cavalca 45; ☎/fax 050/580809).
W ścisłym centrum; pokoje bez łazienek;
można wykupić śniadanie.

Ostello della Gioventù (Centro Turistico
Madonna dell'Aqua, Via Pietrasantina 15;
☎/fax 050/890622). Schronisko
młodzieżowe (wbrew nazwie nie jest to
obiekt IYH, choć spełnia wszelkie standardy).
Pokoje 2–4-os. Minusami są chmary
owadów i lokalizacja – kilometr na północny
zachód od Campo dei Miracoli, praktycznie
poza miastem. Dojazd z dworca kolejowego
lub Piazza Manin autobusem #3.

Kemping Torre Pendente (Viale delle
Cascine 86; ☎050/561704, fax
050/561734). Duży i dobrze wyposażony,
po zachodniej stronie miasta, kilometr od
centrum.

Inne **kempingi** skupiają się nad morzem,
w Marina di Pisa (*Internazionale*;
☎050/36553, fax 050/35211) oraz na
południe od niej, w kurorcie Calambrone.
Są tam trzy jednogwiazdkowe obiekty:
Mare e Sole (☎050/32757, fax

050/30488), *Pineta* (☎050/32038, fax 050/38479) i *Saint Michael* (☎050/33103 fax 050/35211). Kempingi na wybrzeżu są zazwyczaj bardziej zatłoczone niż Torre Pendente.

Gastronomia

W Pizie jest dużo zarówno drogich, jak i dość tanich lokali. Restauracje w rejonie Campo dei Miracoli są nastawione przede wszystkim na obsługę turystów – często panuje w nich tłok, w związku z czym niełatwo o stolik, a obsługa, oględnie mówiąc, nie jest błyskawiczna.

Antica Trattoria da Bruno (Via L. Bianchi 12; ☎050/560818, fax 050/550607, pn. wieczorem i wt. zamkn.). 300 m od Krzywej Wieży, za murami, koło Porta a Lucca. Kuchnia lokalna. Miło i bardzo smacznie, ale drogo.

Da Nando (Via Contessa Matilde 6/8; ☎050/830672, fax 050/8310918). Wyborna, droga restauracja z pizańskimi potrawami rybnymi; na tyłach Piazza dei Miracoli.

La Grota (Via S. Francesco 103; ☎050/578105; w południe i nd. zamkn.). Tradycyjna knajpa z włoskim jedzeniem, okupowana głównie przez miejscowych.

Osteria dei Cavalieri (Via S. Frediano 16; ☎050/580858; sb. w południe oraz nd. zamkn., VIII na ogół przerwa urlopowa). Bardzo przyjemnie, choć nie tanio; w karcie dania włoskie.

Sant'Ombono (Piazza S. Ombono 6; w porze obiadu i kolacji; nd. zamkn.). *Trattoria* w ścisłym centrum, obok targu spożywczego. Domowa atmosfera. Ceny umiarkowane.

Panetteria (Piazza S. Ombono 1). Dobry sklep z pieczywem, m.in. ze świetną *focaccią*.

Santa Maria (Via S. Maria). Popularna restauracja samoobsługowa z pizzerią. Dla mniej wybrednych.

La Bottega del Gelato (Piazza Garibaldi 11). Jedna z najlepszych lodziarni w Pizie, przy Ponte di Mezzo.

Yogurteria di Fabiano Rosetta (Via S. Maria 54, róg Piazza Cavalotti). Kolejna doskonała lodziarnia.

Rozrywki

Najważniejszy lokalny **festyn**, związany ze świętem patrona Pizy, San Ranieni, ma miejsce w czerwcu. Odbywają się wówczas m.in. **Regata delle Antiche Repubbliche Marinare** (V/VI, co 4 lata; najbliższe w 2010 r.), **Luminaria di S. Ranieni** (16 VI), **Regata di S. Ranieni** (17 VI; dzień odpustu) i **Gioco del Ponte** (ostatnia nd. VI).

Informacje o aktualnych wydarzeniach kulturalnych zawiera bezpłatny miesięcznik „ViviPisa".

Informator

Targ Via Brennero, pn.–pt. do południa; uliczne stragany spożywcze, czynne od poniedziałku do soboty, są przy Piazza delle Vettovaglie (dwa kroki od Piazza Garibaldi). Targ staroci: *centro storico*, drugi weekend miesiąca, IX–V.

LUKKA

Orientacja i informacja

Rozległe *centro storico*, o kształcie zbliżonym do owalu, otaczają mury, park i pierścień wewnętrznej obwodnicy. W centrum można wydzielić część zachodnią – jądro starej Lukki, gęsto pocięte uliczkami, gdzie skupia się ruch turystyczny – i wschodnią, o luźniejszej zabudowie. Oba główne place – Piazza Napoleone i Piazza San Michele – rozciągają się po zachodniej stronie śródmieścia.

Główne **biuro informacji turystycznej APT** jest w północnej części centrum (Piazza Santa Maria 35; ☎0583/919931; IV–IX codz. 9.00–19.00, X–III 9.00–17.00), a drugie działa na dziedzińcu Palazzo Ducale (te same godz.). Są też komunalne punkty

informacji turystycznej (Centri Accoglienza Turistica): główny na Piazzale G. Verdi (☎0583/442944, 0583/583150, aptlucca.info@lunet.it, www.lucca.turismo.toscana.it; IV–IX codz. 9.30–18.30, X–III 9.30–14.00) i dalsze na dworcu kolejowym (☎0583/495730; czynne cały rok), przy Porta Elisa i na Viale Luporini (oba IV–IX codz. 10.00–13.00 i 14.00–18.00). Zob też: www.comune.lucca.it.

Przyjazd i komunikacja

Lukka, leżąca na trasie z Florencji do Pizy i kurortów nad morzem, jest łatwo dostępna koleją i autobusami firmy Lazzi (www.lazzi.it). Dworzec autobusowy jest na Piazzale Verdi, na zachodnim krańcu *centro storico*, a kolejowy usytuowano poza ścisłym centrum, kwadrans spacerem od Piazza Napoleone (dojście przez Piazza Risorgimento i Porta San Pietro). Komunikację publiczną w mieście i prowincji zapewniają autobusy CLAP (www.clapspa.it). Parkingi (płatne) są rozlokowane na zewnątrz miejskich murów. W ścisłym centrum jest jeden kryty parking strzeżony (Pasquinelli, Via Vittorio Emanuele 78; codz. 8.00–20.00).

Noclegi

W znalezieniu noclegu w mieście i okolicy pośredniczą bezpłatnie **Centri Accoglienza Turistica**. Oferta noclegowa Lukki nie jest przesadnie bogata: w centrum hoteli jest niewiele i na ogół nie należą do najtańszych. Lepiej sytuacja wygląda na przedmieściach, gdzie skupia się sporo kwater prywatnych i pensjonatów B&B. W Lukce nie ma kempingu (najbliższe w Pizie i nad morzem).

Diana (Via del Molinett 11; ☎0583/492202, fax 0583/467795, info@albergodiana.com, www.albergodiana.com). Sympatyczny hotelik dwa kroki od katedry; dwie jedynki bez łazienek i siedem dwójek z łazienkami;

jedna z najtańszych ofert w ścisłym centrum. W drugim budynku, 40 m od hotelu, bardziej luksusowe pokoje 1- i 2-os. ③–④

Napoleon (fraz. Lucca – San Concordio, Viale Europa 536; ☎0583/316516, fax 0583/418398, info@hotelnapoleonlucca.com, www.hotelnapoleonlucca.com). Luksusowy hotel w nowoczesnym budynku, 500 m na południowy zachód od centrum, za torami. ⑤

Piccolo Hotel Puccini (Via di Poggio 9; ☎0583/55421, 0583/55239, fax 0583/53487, info@hotelpuccini.com, www.hotelpuccini.com). Dwa kroki od San Michele, przy krytym parkingu Pasquinelli. Sympatyczny hotel, 14 komfortowych pokoi. ③

Universo (Piazza del Giglio 1; ☎0583/493678, fax 0583/954854, info@universolucca.it, www.universolucca.it). Pięć jedynek i 48 dwójek – wszystkie z łazienkami, telefonem, TV, lodówką i klimatyzacją. ③

Ostello San Frediano (Via della Cavallerizza 12; ☎0583/469957, ostellosanfrediano@virgilio.it). Schronisko młodzieżowe w północnej części centrum. ①

Gastronomia

W Lukce jest dużo dobrych restauracji specjalizujących się w tradycyjnej toskańskiej kuchni, ale trudniej tu o tani lokal niż w sąsiedniej Pizie.

Antica Drogheria (Via Elisa 5/7; ☎0583/467732; codz. od 7.30 do późnej nocy). *Enoteca*, jadłodajnia, bar i sklep w południowo-zachodniej części centrum. Jedno z najlepszych miejsc na tani posiłek i zakup regionalnych smakołyków.

Buca di San Antonio (Via della Cervia 1/3; ☎0583/55881; pn.–sb. w południe i wieczorem, nd. wieczorem i pn. zamkn.). Renomowany, drogi lokal; wyszukany wystrój i kuchnia toskańska w świetnym wydaniu.

Caffè di Simo (Via Fillungo 58). Kawiarnia z wielkimi tradycjami, uważana za najlepszą w mieście; ulubiony lokal Pucciniego.

Trattoria da Leo (Via Tegrimi 1; ☎0583/492236, www.trattoriadaleo.it; nd. zamkn.). Kuchnia toskańska w domowej wersji, niewygórowane ceny.

Trattoria dalla Gigia (Via Aquacalda 128; ☎0583/490022; obiady codz., kolacje czw.–sb.). Lokalne przysmaki i niedrogie *menu turistico*.

Rozrywki

Główne wydarzenia kulturalne w mieście:

Summer Festiwal (www.summer-festival. com) – koncerty słynnych wykonawców (w 2006 r. m.in. Roger Waters, Tracy Chapman, Santana) na Piazza Napoleone i Piazza Anfiteatro; VII.

Lucchese Settembre – seria świąt religijnych, ulicznych festynów i koncertów muzycznych we wrześniu, których punkty kulminacyjne wyznaczają uroczystości Podwyższenia Krzyża (14 IX), św. Mateusza (21 IX) i św. Michała (29 IX). Obchody rozpoczyna Festiwal Muzyki Kameralnej (VII/IX). Najbardziej spektakularną uroczystością jest La Luminaria, czyli nocna procesja w strojach historycznych z San Freddiano do katedry, ze świecami, ku czci Volto Santo (13 IX). Przez cały miesiąc targ na Piazza San Michele z wyrobami regionalnymi.

Festiwal Pucciniego (www.puccinifestival.it) – w pobliskiej miejscowości Torre del Lago Puccini.

Informator

Targ Na Piazza San Giusto i Piazza Anteminelli stają w każdy trzeci weekend miesiąca kramy z antykami, a w ostatni weekend każdego miesiąca na Piazza San Giusto wystawiają swoje wyroby lokalni rzemieślnicy.

Wypożyczalnie rowerów przy biurach informacji turystycznej na Piazzale Verdi i Piazza Santa Maria.

WYBRZEŻE I ALPY APUAŃSKIE

Przyjazd i komunikacja

Linia kolejowa łącząca Lukkę i Pizę z Ligurią biegnie wybrzeżem, kilka kilometrów od morza. Pociągi zatrzymują się w miejscowościach Torre del Lago Puccini, Viareggio, Pietrasanta, Massa i Avenza koło Carrary. Spod dworców odjeżdżają autobusy linii CAT (www.catspa.it) lub CLAP (www.clapspa.it), umożliwiające dotarcie na plaże lub podróż w głąb lądu. Viareggio i Massa są również dostępne autobusami dalekobieżnymi, m.in. z Lukki, Pizy i Florencji.

Informator

Targi uliczne Piazza Cavour, Viarregio: pn.–sb. 8.00–20.00; Viale Marconi, Viareggio: czw. 8.00–13.00; Forte dei Marmi, Viareggio: śr. i nd. 8.00–13.00.

Noclegi

Wybrzeże od Torre del Lago Puccini po Marina di Carrara jest usiane dziesiątkami kempingów i hoteli o bardzo zróżnicowanym standardzie, mimo to w czasie wakacji znalezienie wolnego miejsca nie jest takie proste, zwłaszcza w sierpniu i nad samym morzem. Największe zagęszczenie hoteli występuje w Versilii, ale w większości proponują drogie lub bardzo drogie noclegi. Znacznie skromniejsza jest oferta miejscowości oddalonych od wybrzeża, wyjąwszy Massę i Carrarę. W górach jest kilka schronisk (*rifugi*), oferujących tanie noclegi w spartańskich warunkach (①).

Alpy Apuańskie
Informacja
Najlepiej skierować się do biur informacji turystycznej w Marina di Massa i w Lukce oraz do **Ufficio Promozione del Parco delle Apuane** (Seravezza, Via Corrido del Greco 11; ☎0584/75821; pn.–sb. 10.00–12.00).

Massa i Carrara
Informacja
Największym i najlepiej zaopatrzonym biurem informacji turystycznej w prowincji Massa-Carrara jest to w Marina di Massa (Viale A. Vespucci 24; ☎0585/240063, fax 0585/869015, info@aptmassacarrara.it, www. aptmassacarrara.it), przy promenadzie wzdłuż plaży. Punkty informacji turystycznej są również w Carrarze: jeden przy głównej drodze prowadzącej do centrum, naprzeciw Museo dei Marmi, drugi u wejścia do *centro storico.*

Noclegi
Michelangelo (Carrara, Corso Roselli 3; ☎0585/777161, fax 0585/74545, htm. carrara@tin.it). Wygodny hotel blisko centrum; pokoje z łazienkami. ③
Radar (Carrara, Via delle Maccchiace 13; ☎0585/842840, fax 0585/848756). Skromny hotelik poza centrum.

Gastronomia
Osteria della Contrada (Via Ulivi 2a; ☎0585/776961; pn. zamkn.). Kuchnia lokalna w dobrym wydaniu.
Conte Max (Via Ghibellina 1b; ☎0585/71698; latem nd. i pn. w porze obiadu, zimą śr. zamkn.). Kuchnia lokalna; dania z ryb i owoców morza; obok katedry.

Rozrywki
Biennale Internazionale di Scultura di Carrara – coroczna wystawa dzieł uznanych artystów współczesnych tworzących w marmurze kararyjskim i konkurs młodych rzeźbiarzy, także z Polski; w muzeum w dawnym klasztorze S. Francesco (☎0585/641394, infocultura@comune.carrara.ms.it, www.labiennaledicarrara.it; VIII codz. 10.30–12.30 i 17.00–23.00; 5 €).

Versilia
Informacja
Główne biuro informacji turystycznej jest w Viareggio (Viale Carducci 10; ☎0584/962233, 0584/47336, viareggio@aptversilia.it) blisko morza i Piazza Mazzini. W sezonie jest czynne drugie biuro, na stacji kolejowej, oraz kilka dodatkowych punktów uruchamianych przez władze w różnych miejscach. Własne biura informacji turystycznej mają m.in. Forte dei Marmi (Via A. Franceschi 8/b; ☎0584/80091) i Torre del Lago Puccini (Viale Kennedy; ☎0584/359893).

Noclegi
Degli Artisti (Via Veneto 244; ☎0584/ 962938, fax 0584/434134, hoteldegliartisti@ virgilio.it). Stosunkowo tani, jak na miejscowe warunki; pokoje z łazienkami. ③
Sara (Via S. Martino 59; ☎/fax 0584/46042). Siedem dwójek z łazienkami.

Rozrywki
Il Carnevale di Viareggio – huczny karnawał w Viareggio, odbywający się od 1873 r.
La Versiliana – spektakle muzyczne i teatralne oraz koncerty. Biuro festiwalu i kasa mieszczą się w Pietrasanta (Viale Morin 16; ☎0584/265757, info@laversilianafestival.it, www.laversilianafestival.it; pn.–pt. 10.00–13.00 i 16.30 23.00); II poł. VII.
Festiwal Pucciniano – renomowany festiwal muzyki Pucciniego w Torre del Lago Pucini (www.puccinifestival.it); VII/VIII.

Viareggio
Gastronomia
Romano (Via Mazzini 120; ☎0584/31382; pn. zamkn.). Świetne dania z ryb i owoców morza. Dość drogo.

Od Livorno
do granic Lacjum

Od Livorno do granic Lacjum • GŁÓWNE ATRAKCJE

• Elba

Jeden z najpiękniejszych zakątków Toskanii – trzecia co do wielkości włoska wyspa, największa w Archipelagu Toskańskim. Elba została skolonizowana przez Etrusków zainteresowanych bogatymi złożami rud żelaza i innych minerałów, w które obfitują góry zajmujące wnętrze wyspy. Przyjezdni znajdują na Elbie czyste morze, malownicze krajobrazy i sporo ciekawych zabytków, z których najbardziej znane łączą się z Napoleonem, przebywającym tu na zesłaniu w latach 1814–1815. Gwarne kurorty nad morzem wypełnia latem wielojęzyczny tłum wczasowiczów, za to ukryte w głębi gór spokojne wioski zdają się niezmiennie trwać w swoim własnym świecie.

• Parco Naturale della Maremma

Krajobraz parku kształtują porosłe pięknym lasem lub makią niewysokie, ale zupełnie dzikie góry, skaliste klify i małe urocze zatoki. Bardziej na północny zachód, w rejonie ujścia rzeki Ombrone rozciągają się bagna będące ostoją ptactwa, w tym flamingów.

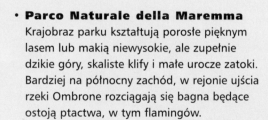

• Pittigliano

Niezwykle malownicze miasteczko ze starą kamienną zabudową stłoczoną na wysokiej skale z tufu.

Południowa część toskańskiego wybrzeża jest w większej części umiarkowanie interesująca, ale jest tu kilka miejsc wybijających się ponad przeciętność. Największe miasta to Livorno, z wielkim portem, zakładami przemysłowymi i zaniedbaną starówką, oraz Grosseto, którego zwiedzanie można sobie z czystym sumieniem darować. Spośród atrakcji turystycznych na pierwszym miejscu trzeba wymienić wyspy Archipelagu Toskańskiego, z przepiękną Elbą na czele – ta ostatnia jest bodaj jedynym miejscem na opisywanym terenie, gdzie latem spotyka się tłumy wczasowiczów. W prowincji Grosseto, chyba najmniej skomercjalizowanej części Toskanii, najpopularniejszy odcinek wybrzeża to półwysep Monte Argentario. Atrakcje w głębi lądu są tak mocno porozrzucane, że ich zwiedzanie bez własnego środka transportu praktycznie mija się z celem.

Livorno

Największy port i drugie co do wielkości miasto regionu, **Livorno**, leży 20 km na południowy zachód od Pizy i jest stolicą prowincji obejmującej środkową część toskańskiego wybrzeża i Elbę. Zbombardowane w czasie wojny przez aliantów, a obecnie zdominowane przez stocznię, hutę i rafinerię, dla turystów pozostaje miejscem przesiadki z pociągu na prom w drodze na Korsykę lub Sardynię. Ma jednak, o czym warto pamiętać, długą historię oraz malowniczą, choć niezbyt dużą i nieco zapuszczoną zabytkową dzielnicę. Na południe od Livorno aż po Piombino ciągnie się wybrzeże nazwane na potrzeby przemysłu turystycznego **Costa degli Etruschi** (Wybrzeże Etrusków), z kilkoma kurortami o lokalnym znaczeniu. Najbliższe dobre kąpielisko to Tirrenia, na północ od miasta, często, niestety, zatłoczone.

Historia

Livorno zwało się w starożytności Portus Liburni. Od 1421 r. należało do Florencji. Większego znaczenia nabrało w XVI w. za sprawą książąt Toskanii, którzy uczynili z niego główny port swojego państwa. W 1577 r. Livorno otrzymało prawa miejskie, a w następnym stuleciu –

Pomnik Quatro Mori.

szeroką autonomię, mającą
sprzyjać rozwojowi portu. Prócz
toskańskich katolików w mieście
zaczęli się osiedlać Żydzi, Grecy,
muzułmanie i protestanci z Anglii
i Niderlandów. Wkrótce Livorno
zdystansowało Genuę, zajmując
czołową pozycję w handlu
śródziemnomorskim.
    Wejścia do portu w Livorno
strzeże **Fortezza Vecchia**.
Twierdza o surowych ceglanych
murach, została wzniesiona na
rozkaz kardynała Giulia de'Medici
w 1521 r. na miejscu wcześniejszych
budowli: strażnicy z 1377 r. i wieży
postawionej przez hrabiów Toskanii
w IX w. (obie przetrwały we
fragmentach). Przy nabrzeżu główną
atrakcją jest intrygujący pomnik
Quatro Mori, z czterema zakutymi
w łańcuchy Maurami u stóp księcia
Toskanii Ferdynanda I. Była to

aluzja do rozprawienia się przez
Medyceusza z muzułmańskimi
korsarzami, nieszczera, bo port
w Livorno chętnie przyjmował
wyładowane towarem statki, i to bez
względu na ich banderę. Za
nabrzeżem rozciąga się *centro*,
otoczone pierścieniem kanałów.
Przy **Piazza Grande**, wśród nowej
zabudowy stoi zrekonstruowana po
wojnie katedra. Najciekawsza część
miasta to położony bardziej na
północ, pocięty krętymi kanałami
kwartał zwany **Venezia**. Stoi tu
duży nieukończony kościół
Dominikanów z XVIII w. oraz
Fortezza Nuova – opasana fosą
twierdza budowana przez
Medyceuszy od 1590 r. (obecnie
park). Pomimo rzucającego się
w oczy zaniedbania ze względu na
specyficzny urok Venezia zasługuje
choćby na krótki spacer.

Livorno.

Elba

Jednym z najpiękniejszych zakątków Toskanii jest **Elba** – trzecia co do wielkości włoska wyspa, największa w Archipelagu Toskańskim. Jej maksymalna długość wynosi 29, a szerokość – 19 km. Linia brzegowa mierzy 147 km, z czego ponad 17 km przypada na żwirowe i piaszczyste plaże, w większości niewielkie i ukryte w skalistych zatokach. Elba została skolonizowana przez Etrusków zainteresowanych bogatymi złożami rud żelaza i innych minerałów, w które obfitują góry zajmujące wnętrze wyspy. Właśnie górnictwo, obok pasterstwa oraz uprawy oliwek i winorośli, było podstawą miejscowej gospodarki aż do połowy XX w. Obecnie pierwsze miejsce bezapelacyjnie zajmuje turystyka. Przyjezdni znajdują na Elbie czyste morze, malownicze krajobrazy i sporo ciekawych zabytków, z których najbardziej znane łączą się z Napoleonem, przebywającym tu na zesłaniu w latach 1814–1815. Gwarne kurorty nad morzem wypełnia latem wielojęzyczny tłum wczasowiczów, za to ukryte w głębi gór spokojne wioski zdają się niezmiennie trwać w swoim własnym świecie.

Prócz Elby w skład archipelagu wchodzi kilka nieprzeciętnej urody wysepek, mogących stanowić cele ciekawych jednodniowych wypraw. Największa to **Capraia**, na północny zachód od Elby, pozostałe to **Giglio**, **Pianosa**, **Gorgona**, **Giannutri** i – rozsławiona dzięki powieści Aleksandra Dumasa – **Montechristo**. Wszystkie mają przepiękne, kameralne plaże i oferują doskonałe warunki do nurkowania. Te niemal

• **Parco Nazionale dell'Archipelago Toscano**;
punkt informacyjny przy Viale Elba;
☎0565/919494,
www.isoleditoscana.it.

Latarnia morska w Portoferraio.

niezamieszkane wyspy są siedliskiem wielu rzadkich zwierząt. W morzu żyją m.in. gigantyczne kaszaloty i finwale oraz kilka gatunków delfinów. Archipelag objęto ochroną jako największy w Europie park morski – **Parco Nazionale dell'Archipelago Toscano**, z siedzibą w Portoferraio.

Większość turystów rozpoczyna zwiedzanie Elby od Portoferraio

Portoferraio

Pierwotnie **Portoferraio** – największa miejscowość, licząca 12 tys. mieszkańców, położona na północnym wybrzeżu – była osadą etruską, potem grecką kolonią Fabricia, wreszcie rzymskim portem, przez który wywożono wytapiane na wyspie żelazo (łac. *ferrum* – stąd nazwa). Dziś jest to kurort przyciągający turystów wspaniałą scenerią i pamiątkami po

Napoleonie, po klęsce pod Lipskiem i kapitulacji Paryża zmuszonym do abdykacji i zesłanym na Elbę wiosną 1814 r. Cesarz Francuzów przebywał w Portoferraio niespełna rok, pełniąc funkcję gubernatora wyspy, by następnie samowolnie wrócić do Francji i na 100 dni ożywić złudne nadzieje na wskrzeszenie imperium, ostatecznie pogrzebane pod Waterloo.

Portoferraio leży na długim półwyspie osłaniającym od północy zaciszną zatokę. Wzdłuż nabrzeża ciągnie się gwarna Via Calata Italia. Można z niej w kilka chwil przejść na północną stronę cypla, gdzie jest długa i wąska, najlepsza w miasteczku plaża **Le Ghiaie**, z licznymi barami i restauracjami. Inny wariant to wspinaczka na wzgórze nad przystanią, gdzie wznosi się imponujący zespół **fortów** (Fortezze Medicee) zbudowany z polecenia księcia Toskanii Kosmy I w połowie XVI w. Z wyżej położonych tarasów twierdzy, porośniętych częściowo drzewami i kaktusami, rozciągają się piękne widoki na Starówkę, góry i majaczącą w oddali Capraię. Spacerując uliczkami Starego Miasta, dochodzi się do **Villa dei Mulini** – miejsca odosobnienia Napoleona. Ten nieduży budynek o klasycystycznych, powściągliwych formach, kryje kilka sal, w których urządzono niewielkim muzeum. Można w nim zobaczyć m.in. sztandar z godłem Elby (trzy pszczoły na czerwonej taśmie, przecinającej ukośnie białe tło), którego wzór opracował sam Bonaparte. Warto pamiętać o niewielkim parku na tyłach willi, z ładnymi widokami na zatokę. Spod szczytu cypla, gdzie stoi kolejna zbudowana przez Medyceuszy twierdza (**Forte Stella**), długie i wąskie schody sprowadzają na **Piazza della Repubblica**, ładny plac z mnóstwem sympatycznych kawiarni i restauracji. Blisko stąd do starego portu (Darsena Medicea), gdzie obecnie cumują statki turystyczne i prywatne łodzie. Wejścia do przystani strzeże kolejna twierdza – **La Linguella**, mieszcząca **Museo Archeologico**. Prezentowane są tu m.in. przedmioty wyłowione z wraków starożytnych statków zatopionych

•Zespół fortów; latem codz. 9.00–20.00; 3 € lub bilet łączony.

•Villa dei Mulini; śr.–sb. i pn. 9.00–19.00, nd. 9.00–13.00; 5 € lub bilet łączony.

•Forte Stella; latem codz. 9.00–19.00; 1,30 €.

•Museo Archeologico; pt.–śr. 9.00–13.00, latem także 15.30–19.40; 3 € lub bilet łączony.

•Muzea w Portoiferraio
Warto wykupić bilet łączony do obu willi Napoleona za 9 €. Inny, obejmujący Fortezze Medicee, Villa Romana delle Grotte, muzeum archeologiczne La Linguella i Teatro dei Vigilanti, kosztuje 5,50 €.

u wybrzeży wysp Archipelagu Toskańskiego.

Za firmowy zabytek Elby jest uważana tonąca w zieleni elegancka **Villa di San Martino**, 5 km na południowy zachód od Portoferraio (dojazd z Calata Italia autobusem #1 zabiera 15 min). Jest to okazała, letnia rezydencja Bonapartego, z wyposażeniem w stylu empire. Po wyjeździe Napoleona willę rozbudował jego kuzyn, książę Demidoff, w połowie XIX w. Spośród eksponatów najciekawszy jest portret Pauliny Borghese, siostry Napoleona, jako mitologicznej Galatei – dzieło przypisywane Canovie. Jak chce barwna, lecz mało wiarygodna legenda, Paulina przyjeżdżała na Elbę, by kąpać się w morzu nago.

Plaże

Kto szuka dobrego miejsca do kąpieli, może się udać niespełna 10 km na zachód od centrum, na półwysep **Enfola**, gdzie z Portoferraio kursują prywatne busy (do najładniejszych plaż można jednak dotrzeć wyłącznie pieszo). Na południe od cypla ciągną

się atrakcyjne skrawki wybrzeża w wioskach **Scaglieri** i **Biodola** (także bez komunikacji publicznej), a bardziej na południowy zachód leży popularny kurort **Procchio** (autobus #116). Na wschód od Portoferraio, po drugiej stronie zatoki przycupnęło kąpielisko **Bagnaia** (dojazd prywatną łodzią lub autobusem #118, 25 min z centrum). W poszukiwaniu miejsc do kąpieli można się także wybrać na południowe wybrzeże, gdzie leżą dwie piękne zatoki – Golfo di Stella i Golfo di Lacona. Nad tą drugą leży **Lacona** (autobus #118, z Portoferraio 50 min), również słynąca z plaż.

Elba wschodnia

Na wschodzie Elby dominują dwa duże, górzyste półwyspy, między które wcina się głęboka zatoka. Leży nad nią popularny kurort **Porto Azzurro** – druga co do wielkości miejscowość Elby (dojazd z Portoferraio autobusem #117, 45 min, 8 kursów dziennie). Zachowało się tutaj trochę starej zabudowy i twierdza postawiona na początku XVII w. przez Hiszpanów, a obecnie mieszcząca więzienie.

Villa di San Martino –
letnia rezydencja
Bonapartego.

Najbliższa dobra plaża jest
w **Naregno**, po drugiej stronie zatoki,
gdzie z Porto Azzurro regularnie
kursują łodzie. Nieco ponad 5 km
dzieli Porto Azzurro od **Capoliveri**
(dojazd prywatnymi busami),
z krytymi czerwoną dachówką domami
o wyblakłych od słońca fasadach,
w pobliżu wyniosłego masywu Monte
Calamita. Choć osada nie leży
bezpośrednio nad morzem, uchodzi za
najbardziej malowniczą na wyspie.
W odległości kilku kilometrów od
Capolivieri jest kilka ładnych plaż
(Morcone, Pareti, Innamorata), do
których można dojechać busami.

Elba zachodnia

Największą osadą w zachodniej części
wyspy jest **Marciana Marina**, gwarny
port na północnym wybrzeżu. Osiem
kilometrów w głąb lądu leży maleńka
miejscowość **Marciana**, jedna
z najstarszych i najładniejszych na całej
Elbie. Maleńkie nastrojowe *centro* na

stoku wzgórza zachęca do spaceru
uliczkami i schodami kluczącymi
pośród kamiennych domów. W pobliżu
wioski jest dolna stacja kolejki linowej
na najwyższą górę Elby – **Monte
Campanne** (1018 m n.p.m.). Z tarasu
na szczycie rozciągają się wspaniałe
widoki, przy dogodnych warunkach
obejmujące wyspy Archipelagu
Toskańskiego, Korsykę i wybrzeże
Toskanii. Spośród wielu znakomitych
miejsc do kąpieli i plażowania trzeba
wymienić wioskę **Sant'Andrea** przy
północno-zachodnim przylądku oraz
tłumnie odwiedzane kąpieliska
Fetovaia, **Cavoli** i **Marina di
Campo** na południowym wybrzeżu.
W pobliżu tej ostatniej miejscowości,
przy drodze do Lacony warto zwiedzić
Aquario dell'Elba, prezentujące
wielkie bogactwo podwodnego świata
Archipelagu Toskańskiego.
  Wszystkie wymienione miejscowości
zachodniej Elby leżą na trasie autobusu
#116 z Portoferraio.

•**Aquario dell'Elba**;
latem codz. 9.00–19.30;
6 €

Prowincja Grosseto

Najbardziej na południowy zachód wysuniętą częścią Toskanii jest **prowincja Grosseto**, odludna, górzysta, słabo zagospodarowana i niemal nieznana turystom. Jej stolica, a zarazem największe miasto, również **Grosseto**, jest pozbawiona większych atrakcji i służy przyjezdnym wyłącznie jako węzeł komunikacyjny. Specyficznym charakterem wyróżnia się częściowo pagórkowata, częściowo równinna **Maremma**. Nazwa tej krainy, ciągnącej się wzdłuż wybrzeża pasem szerokim na kilkanaście kilometrów, pochodzi od przymiotnika *marittima*,

czyli nadmorska (w folderach turystycznych nazwy Maremma używa się ostatnio na określenie całej prowincji Grosseto). Na tym pustkowiu, z rzadka ożywianym przez kasztanowce, dęby i drzewa oliwne, od stuleci wypasa się stada białego bydła o bardzo długich, zakrzywionych rogach. Pilnują ich *butteri*, pasterze-kowboje, dosiadający półdzikich koni. Nad morzem leży kilka kurortów o lokalnym znaczeniu. Stosunkowo dużą popularnością cieszy się **półwysep Monte Argentario**, ale nawet tu nie spotyka się tłumów. Osoby zainteresowane przyrodą będą

Massa Marittima.

usatysfakcjonowane, odwiedzając **Monti dell'Ucellina**, najmniej skażony cywilizacją odcinek toskańskiego wybrzeża. Najładniejszymi zabytkowymi miastami, czy raczej miasteczkami prowincji są **Massa Marittima** na północy i **Pitigliano** blisko granicy z Lacjum.

Massa Marittima

Na zachód i południowy zachód od Sieny ciągnie się pas niewysokich gór, miejscami zupełnie bezludnych, bogatych w rudy metali i zwanych z tej racji **Colline Metallifiere**. Na ich skraju leży **Massa Marittima**, główny ośrodek regionu **Alta Maremma**. Od czasów etruskich po XX w. był to teren intensywnie eksploatowany górniczo. W 1225 r. mieszczanie pozbawili swego biskupa świeckiej władzy nad miastem i proklamowali samorządną republikę. Kontrolowała ona rozległe terytorium,

sięgające odległego o 20 km morza, stąd zachowany do dziś przymiotnik „nadmorska" (*marittima*) w nazwie miasta. W 1335 r. republikę podbiła Siena, a w połowie XVI w. Massa znalazła się w granicach Wielkiego Księstwa Toskanii. Wkrótce miejscowość podupadała, a ludność dziesiątkowały kolejne fale malarii (największa w 1737 r.). Sytuację poprawiło dopiero osuszenie okolicznych bagien w XIX w. i rozwój turystyki w ostatnich latach.

Centro storico leży na wzniesieniu, skąd rozciągają się widoki na szeroką dolinę rzeki Pecora i ciągnące się po horyzont wzgórza. Sercem Massy jest **Piazza Garibaldi**, nieregularny plac, przy którym wznoszą się m in. pizańska w stylu **katedra** i zwieńczony blankami kamienny gmach **Palazzo Comunale**. W katedrze na uwagę zasługuje chrzcielnica, na prawo od wejścia;

• **Museo Archeologico;**
IV–X wt.–nd. 10.00–12.30
i 15.30–19.00,
XI–III 10.00–12.30
i 15.00–17.00; 3 €.

• **Torre del Candeliere;**
IV–X wt.–nd. 10.00–13.00
i 15.00–18.00,
XI–III 10.00–13.00
i 14.30–16.30; 2,50 €.

Torre del Candeliere.

właśnie tutaj ochrzczono Bernardina Albizeschiego, późniejszego św. Bernardyna ze Sieny. W lewej nawie wzrok przyciąga piękny obraz Madonny z Dzieciątkiem ze szkoły Duccia, a w gotyckim prezbiterium grobowiec patrona kościoła – San Cerbone, który w VI w. głosił ewangelię mieszkańcom Maremmy. Obok kościoła stoi **Palazzo del Podestà** mieszczący **Museo Archeologico**. W jego zbiorach wyróżnia się archaiczna kamienna stela w kształcie ludzkiej postaci, datowana na III tysiąclecie p.n.e. Z Piazza Garibaldi na zachód prowadzi Via della Libertà – reprezentacyjna ulica śródmieścia. Z kolei Via Moncini wiedzie z placu w górę, pod twierdzę (**Cassero Senese**) zbudowaną przez Sieneńczyków w XIV w. Po drodze mija się mury miejskie i efektowną kamienną arkadę spinającą fortecę z **Torre del Candeliere**. Z wieży można podziwiać wspaniały widok na miasto i okolicę. Za twierdzą rozciąga się **Città Nuova**, dzielnica rozplanowana w I połowie XIII w. W jej północnej części zachował się średniowieczny klasztor **San Pietro all'Orto**, zamieniony ostatnio w muzeum (**Museo di Arte Sacra**). Najciekawszym eksponatem jest wspaniała *Maestà* Ambroggia Lorenzettiego, przedstawiająca Maryję z Dzieciątkiem wśród aniołów i świętych.

Monti dell'Ucellina

Na południe od Grosseto, nad samym morzem, na odcinku niespełna 12 km ciągnie się malownicze pasmo Monti dell'Ucellina, objęte ochroną jako **Parco Naturale della Maremma**. Krajobraz parku kształtują porosłe pięknym lasem lub makią niewysokie,

ale zupełnie dzikie góry, skaliste klify i małe urocze zatoki. Bardziej na północny zachód, w rejonie ujścia rzeki Ombrone rozciągają się bagna będące ostoją ptactwa, w tym flamingów. Z kilku maleńkich wiosek na uwagę zasługuje **Alberese**, gdzie jest brama parku. Można się tu bezpłatnie zaopatrzyć w mapkę i pójść na wycieczkę jednym z kilku znakowanych szlaków. Wnętrze parku jest niedostępne dla prywatnych samochodów (z wyjątkiem dojazdu do Marina di Albarese, gdzie trzeba opłacić parking), a w okolicy nie ma też hoteli ani restauracji. Wstęp do parku jest płatny, a cena zależy od trasy; niektóre szlaki pokonuje się wyłącznie w towarzystwie przewodnika.

Monte Argentario

Jedyny ośrodek turystyki masowej z prawdziwego zdarzenia w prowincji Grosseto to skalisty półwysep Monte

• **Museo di Arte Sacra**;
IV–X wt.–nd. 10.00–13.00
i 15.00 18.00,
XI–III 11.00–13.00
i 15.00–17.00; 5 €.

• **Parco Naturale della Maremma**;
zwiedzanie tylko
z przewodnikiem 3–9 €.

Las Tombolo di Feniglia w okolicy Monte Argentario.

Argentario. Życie koncentruje się tutaj na wąskim pasie przybrzeżnym, a wnętrze półwyspu – górzyste, dzikie i piękne – jest niezamieszkane. **Porto Santo Stefano** to wdzięczne miasteczko na północnym wybrzeżu, wokół portu, z którego odpływają statki na wyspy Archipelagu Toskańskiego. Na wschodzie leży **Porto Ercole**. W starożytności był tu etruski, a potem rzymski port, w zacisznej zatoce ujętej dwoma wysokimi cyplami. Dziś jego miejsce zajmuje malownicza marina, której strzegą fortece zbudowane przez Hiszpanów w XVI w. Na szczycie południowego przylądka wyrasta Rocca; poniżej, na zboczu, przycupnęło ładne *centro storico*. W 1610 r., w wieku 38 lat, w Porto Ercole zmarł gwałtowną śmiercią **Caravaggio**, który zawinął tu w drodze do Rzymu – przyczyną zgonu był prawdopodobnie atak malarii.

Zarówno w okolicach Porto Ercole, jak Porto S. Stefano jest kilka urokliwych zatoczek z kameralnymi plażami.

Półwysep Argentario łączą ze stałym lądem trzy wąskie groble rozdzielone płytkimi lagunami; skrajne są pochodzenia naturalnego, środkową zbudowali Rzymianie. Północną groblę okupuje kilkanaście kempingów i ośrodków wczasowych (tu właśnie kumuluje się masowy ruch turystyczny), na środkowej leży największa w okolicy miejscowość, **Orbetello**, z przyjemnym zabytkowym centrum i nadmorską promenadą wysadzaną palmami; południowa grobla, rezerwat ptactwa, jest zamknięta dla zmotoryzowanych.

W głębi lądu

Przy granicy Toskanii i Lacjum, 20 km na wschód od Orbetello rozciąga się **Giardino dei Tarocchi**. Jest to

Miasteczko Pittigliano rozłożyło się na wysokiej tufowej skale.

surrealistyczny ogród z wielkimi, kolorowymi rzeźbami przedstawiającymi figury tarota, zaprojektowany przez ekscentryczną francuską artystkę Niki de Saint-Phalle. Bardziej na wschód, 50 km od morza, leży niezwykle malownicze **Pittigliano**, ze starą kamienną zabudową stłoczoną na wysokiej skale z tufu. W czasie ostatniej wojny miasteczko zostało zbombardowane, ale i tak sprawia wrażenie wiekowego i może się poszczycić nie byle jakimi zabytkami. W panoramie wyróżniają się: wieża katedry, ogromne arkady akweduktu (XVII w.) oraz dawna siedziba miejscowych książąt, Palazzo Orsini. W tej renesansowej twierdzy-rezydencji dziś są ulokowane dwa muzea. Pierwsze to **Museo Diocesano**, gdzie można zobaczyć zabytki rzemiosła artystycznego, obrazy, rzeźby i monety, drugie to

Museo Civico, poświęcone kulturze Etrusków. Poniżej twierdzy rozciąga się Piazza della Repubblica, skąd przez Via Zuccarelli można w kilka chwil dojść do świetnie zachowanej dzielnicy żydowskiej. Stoi tutaj synagoga z 1598 r. (uszkodzona w czasie wojny, ostatnio odrestaurowana); jest także mykwa, rzeźnia koszerna, farbiarnia, piwnica na wino i piekarnia. Obiekty są udostępnione do zwiedzania jako część **Museo Ebraico**. Po wcześniejszym zgłoszeniu można również obejrzeć cmentarz żydowski, założony w II połowie XVI w.

19 km na zachód od Pitigliano leży Manciano, skąd na północ prowadzi boczna droga, docierąca po niespełna 13 km do **Terme di Saturnia**, z cieszącymi się wielką popularnością gorącymi źródłami o wysokiej zawartości siarki. W starożytności miejsce to było ośrodkiem kultu Saturna, dziś znajduje się tu ekskluzywne centrum rekreacyjne z wszelkimi luksusami i basenami wypełnionymi gorącą wodą. Kto woli się wykąpać za darmo i bezpośrednio w rzece, moze to uczynić albo poniżej ośrodka, albo jeszcze niżej, przy kaskadach (*cascatelle*), przypominających słynne tureckie Pamukale. Mlecznobiała spieniona woda spada z hukiem przez obrośnięte wapiennym nalotem progi, tworząc charakterystyczne misy, w których godzinami pławią się wczasowicze. Niestety, bezpłatny dostęp do tych atrakcji i możliwość noclegu na dziko mają negatywne skutki w postaci wielkiego tłoku i zaśmiecenia okolicznego lasu. Dojazd do kaskad od strony Manciano: 200 m przed stacją benzynową i skrętem do ośrodka rekreacyjnego, na ostrym witrażu szosy należy zjechać w lewo, na drogę gruntową, prowadzącą do dzikiego parkingu.

• **Giardino dei Tarocchi**;
IV–poł. X codz.
14.30–19.30,
XI–III pn.–pt. 8.00–16.00;
10,50 €, młodzież
i studenci 6 €, dzieci do
7 lat bezpł.

• **Museo Diocesano**;
wt.–nd. 10.00–13.00
i 15.00–19.00; 3 €.

• **Museo Civico**;
IV–X wt.–nd. 10.00–13.00
i 15.00–19.00; 2,50 €.

• **Museo Ebraico**;
VI–VIII nd.–pt.
10.00–12.30
i 15.30–18.30,
IX–V 10.00–12.30
i 15.00–18.00; 2,50 €.

• **Terme di Saturnia**;
18 € za cały dzień, 16,50 €
za popołudnie, cena nie
obejmuje parkowania.

Livorno • INFORMACJE PRAKTYCZNE

LIVORNO

Orientacja i informacja

Główne punkty orientacyjne to port, *centro* i dworzec kolejowy, prawie 3 km na wschód, w głąb lądu. Najważniejszy punkt centrum to Piazza della Repubblica na północy, skąd wybiega Via Grande, która – przecinając główny plac (Piazza Grande), dociera do nabrzeża.

Najdogodniej zlokalizowany **punkt informacji turystycznej** mieści się w kiosku na Piazza del Municipio, pośrodku *centro storico* (☎0586/820111). Główne biuro APT jest przy wjeździe do centrum od południowo-wschodniej strony (Piazza Cavour 6; ☎0586/204611, fax 0586/896173, info@ costadeglietrusci.it, www.costadeglietrusci.it). Punkt informacyjny działa również w porcie (☎0586/895320).

Przyjazd i komunikacja

Jako stolica prowincji Livorno ma bezpośrednie połączenia kolejowe i autobusowe z Florencją, a także z Pizą, Lukką, Rzymem i Mediolanem. Pociągi zatrzymują się na niedogodnie zlokalizowanym dworcu, Stazione Centrale FS, skąd na Piazza Grande kursują linie #1 i 2. Autobusy dalekobieżne stają na Piazza Manin lub Piazza Grande.

Z Livorno wypływają promy do Bastii i Porto Vecchio (Korsyka), Golfo Aranci, Olbio i Cagliari (Sardynia), Palermo (Sycylia) oraz wysp Archipelagu Toskańskiego (Gorgona, Capraia, Elba). Większość promów wyrusza z głównego portu (Stazione Marittima), a niektóre z przystani Varco Galvani; tam także skupiają się biura operatorów promowych.

Po mieście i prowincji kursują autobusy ATL (www.atl.livorno.it).

Noclegi

Hoteli w mieście, także w centrum, jest sporo, ale ich poziom nie zawsze jest satysfakcjonujący.

Ariston (Piazza della Repubblica; ☎0586/ 880149, www.hotelaristonlivorno.com). Komfortowy hotel w północnej części centrum, obok Fortezza Nuova; na miejscu parking i garaż. ③

Milano (Via degli Asili 48; ☎0586/219155). Skromny, przyzwoity hotel po południowej stronie centrum, 600 m od Piazza Grande.

Villa Morazzana (Via di Collinet 68; ☎0586/500076). Schronisko młodzieżowe kilka kilometrów na południowy wschód od portu; obok tani hotel (ten sam numer telefonu). ①

Kemping Miramare (Via del Littorale 220; ☎0586/580402). Przy Via Aurelia (ss1), na południe od miasta, nad morzem.

Gastronomia

W Livorno jest sporo ciekawych lokali serwujących pyszne dania z ryb i owoców morza, choć nie są one tak tanie, jak można by się spodziewać. Warto zamówić ostre *cacciucco*, ulubioną potrawę rybną na toskańskim wybrzeżu.

La Chiave (Scali delle Cantine 52; ☎0586/888609). Bardzo dobra, ale dość droga restauracja rybna.

L'Ancora (Scali delle Ancore 10; ☎0596881401; w południe i wieczorem, wt. zamkn.). Dobra restauracja nad kanałem między Forto Vecchio a Wenezją. Smaczne dania z ryb i owoców morza; ceny powyżej średniej.

Mediterraneo (Scali Ponte di Marmo 14; ☎0586829799; wt. zamkn.). Stosunkowo tania restauracja w dzielnicy Venezia. Kuchnia śródziemnomorska.

ELBA

Przyjazd i informacja

Najkrótsza droga na Elbę wiedzie przez port w Piombino, 75 km na południe od Livorno, skąd kursują promy operatorów Moby i Torremar do Portoferraio i Porto Azzurro (latem co 30–60 min, zimą co 2 godz.; około 1 godz.), a sporadycznie także do Rio Marina i Cavo. Bilet dla jednej osoby w jedną stronę kosztuje 6,50 €, za samochód osobowy z kierowcą płaci się 26 €, a za większy pojazd 31 €. Nie ma zniżek za wykupienie biletu w obie strony. Czas podróży można skrócić do około 30–40 min, korzystając z wodolotów (Moby), które jednak kursują dość rzadko. Trzeba pamiętać, że w szczycie sezonu wakacyjnego (na przełomie VII i VIII oraz około 15 VIII) bilety są wykupywane z dużym wyprzedzeniem – można mieć wówczas poważne problemy z opuszczeniem wyspy. Osoby zostawiające samochody w Piombino powinny wziąć pod uwagę, że w okolicach portu można to robić wyłącznie na płatnych parkingach (średnio 7 € za dzień). Liczne punkty sprzedaży biletów skupiają się w Piombino, przy drodze do portu, oraz w terminalu portowym, a na wyspie w Portoferraio i Porto Azzurro przy nabrzeżach. Te na Elbie są niekiedy zamykane między 13.00 a 16.00, a te w Piombino działają bez przerwy obiadowej. Główne biura przewoźników promowych:

Moby (www.mobylines.it): Piombino (Nuova Strazione Marittima; ☎0565/225211); Portoferraio (Viale Elba 4, Via Ninci 1; ☎0565/9361).

Toremar (www.toremar-elba.it): Piombino (Nuova Stazione Marittima; ☎0565/31100); Portoferraio (Calata Italia 23; ☎0565/918080); Porto Azzurro (Banchina IV Novembre 26; ☎0565/95004).

Z Portoferraio, Marina Marciana i Porto Azzurro są organizowane jednodniowe wycieczki statkiem na mniejsze wyspy archipelagu. Podróż w jedną stronę trwa 1–2 godz., a pobyt w miejscu docelowym 5–7 godz.; bilet kosztuje 24–30 € (dzieci zazwyczaj 15 €). Takie wyprawy urządza m.in. Aquavision (informacja i rezerwacja biletów ☎328/7095470). Na Capraię i Gorgonę można się dostać promami Toremar z Livorno a na Pianosę – z Piombino.

Główne **biurto informacji turystycznej** jest w Portoferraio (Calata Italia 26; ☎0565/914671, fax 0565/916350, info@aptelba.it, www.aptelba.it), przy nabrzeżu. Dobrze zaopatrzony punkt informacyjny działa również w terminalu portowym w Piombino.

Komunikacja

Komunikację na Elbie zapewniają autobusy ATL (www.atl.livorno.it). Funkcjonuje sześć linii miejskich (autobusy pomarańczowe, od #1 do 6), jeżdżących po Portoferraio i okolicach, oraz trzy linie pozamiejskie (autobusy niebieskie, od #116 do 118). Zimą częstotliwość kursów znacznie spada. Główny węzeł komunikacji autobusowej to dworzec w Portoferraio, przy Viale Elba, dwa kroki od portu, gdzie można zaopatrzyć się w bilety (codz. 8.00–20.00). Cena zwykłego biletu zależy od trasy i wynosi 0,80–3,10 €, biletu dziennego 6,50 €, a sześciodniowego 18 €. Bilety kupowane u kierowcy są droższe o co najmniej 0,50 €. Komunikację publiczną skutecznie uzupełniają prywatne minibusy i łodzie motorowe, dowożące turystów do trudniej dostępnych plaż

i osad. Rowery można wypożyczyć przy nabrzeżu w Portoferraio (Calata Italia 43; pn.–sb. 8.00–18.50 nd. 9.30–12.30 i 15.30–18.30; 10 € za dzień).

Noclegi

Pośrednictwo w znalezieniu noclegu oferuje **Associzione Albergatori Elbani** (Calata Italia 20; ☎0565/914754, www.albergatorielbani.it; pn.–pt. 9.00–13.00 i 15.30–19.00, sb. 9.30–12.00). Dom do wynajęcia lub apartament można zarezerwować przez biuro informacji turystycznej, a miejsce na kempingu – przez **Gruppo Gestori Campeggi Elba** (Piazza Virgilio 36; ☎0565/930208, fax 0565/913028, info@campingelba.net, www.campingelba.net). Na wyspie jest wiele kempingów – na ogół są to wielkie miasteczka turystyczne z basenami, bungalowami itd. – nie ma za to schronisk młodzieżowych.

Portoferraio

Ape Elbana (Salita Cosimo de'Medici 2; ☎0565/914245, apelbana@elba2000.it). Wygodny hotel w centro storico.

Villa Ombrosa (Via A. de Gasperi 9; ☎0565/914363, fax 0565/915672, info@villaombrosa.it, www.villaombrosa.it). Komfortowy hotel na skraju miasta, blisko plaży Le Ghiaie. W sezonie trzeba wykupić częściowe wyżywienie. ⑥

Kemping La Sorgente (Loc. Aquaviva; ☎0565/917139). Spokojny kemping pośród akacji, pinii i eukaliptusów, przy wciśniętej między skały plaży, jednej z najładniejszych na półwyspie Enfola.

Kemping Enfola (loc. Enfola; ☎0565/939001, info@campingenfola.it, www.campingenfola.it). Sympatyczny kemping na półwyspie Enfola, pośród drzew, tuż przy piaszczystej plaży.

Lacona

Jedno z największych skupisk kempingów na Elbie znajduje się na

południowym wybrzeżu, w Laconie, w sąsiedztwie wspaniałych plaż.

Kemping Lacona (loc. Lacona; ☎0565/964161, fax 0565/964330, info@camping-lacona.it, www.camping-lacona.it). 100 m od morza; z basenem, bungalowami i sklepem.

Gastronomia

Marciana

Osteria del Noce (Via della Madonna 19; ☎0565/901284; zimą wt. zamkn.). Sympatyczna restauracja; w karcie dania rybne, miejscowe i liguryjskie. Ceny przystępne, wspaniały taras.

Porto Azzurro

La Bella M'Briana (Lungomare Vitaliani 32; ☎0565/920018). Dobry lokal z miejscowymi potrawami; przyjemny ogródek z widokiem na morze; przystępne ceny.

La Caravella (Lungomare Vitaliani; ☎0565/95066). Restauracja z lokalnym jedzeniem (dominują dania rybne) na statku w porcie. Duży wybór znakomitych win z Elby.

Portoferraio

Z trzech głównych skupisk lokali gastronomicznych w Portoferraio – przy głównym nabrzeżu, obok plaży Le Ghiaie oraz w rejonie starego portu i Piazza della Repubblica – zdecydowanie najciekawsze jest to ostatnie.

L'Approdo (Via Roma 16; ☎0565/915004). Sympatyczna trattoria i pizzeria nad Piazza della Repubblica; smacznie i tanio.

La Barca (Via Guerrazzi 60). Bardzo dobra trattoria na skraju centro, blisko starego portu.

PROWINCJA GROSSETO

Przyjazd i komunikacja

Do Grosseto najłatwiej się dostać pociągiem, miasto ma bowiem liczne połączenia kolejowe m.in. z Rzymem, Sieną, Florencją i Pizą. Koleją można

również dojechać w rejon Alberese
i Orbetello (stacje odległe o odpowiednio
6 i 4 km od centrów miejscowości,
dojazd lokalnymi autobusami).
Komunikację wewnątrz prowincji
zapewniają autobusy RAMA
(www.griforama.it), którymi z Grosseto
można dojechać m.in. do Massa
Marittima, Alberese, Obretello, Porto
S. Stefano, Porto Ercole, Pitigliano
i Terme di Saturnia (z przesiadką
w Manciano). Grosseto, Pitigliano
i Massa Marittima mają bezpośrednie
połączenia autobusowe ze Sieną, Massa,
a także z Volterrą.

Alberese
Informacja
Punkt informacyjny **Parco della Maremma**
(☎0564/407098, fax 0564/407 292,
info@parco-maremma.it, www.
parco-maremma.it; III–X codz.
8.00–17.00, XI–II 8.30–13.30).

Grosseto
Informacja
Główne **biuro informacji turystycznej**
prowincji Grosseto (Via Monterosa 206;
☎0564/462611, fax 0564/454606,
info@lamaremma.info, www.
lamaremma.info; pn.–pt. 8.30–24.30
i 15.00–18.00, sb. 8.30–12.30) jest
zlokalizowane poza zabytkowym centrum.

Massa Marittima
Informacja
Biuro informacji turystycznej (Via Todini
3/5; ☎0566/902756, fax 0566/ 940095,
info@altamaremmaturismo.it,
www.altamaremmaturismo.it; pn.–sb.
9.30–12.30 i 15.30–19.30, zimą krócej)
jest w ścisłym centrum, obok Muzeum
Archeologicznego, przy bocznej uliczce.

Noclegi
Oferta hotelowa samego miasta jest
bardzo skromna, ale w okolicy jest sporo

kwater prywatnych i gospodarstw
agroturystycznych oraz pojedyncze hotele
(adresami dysponuje biuro informacji
turystycznej).
Il Sole (Via Libertà 43; ☎0566/901971,
fax 0566/90159,
hotelilsole@massamarittima.info). Jedyny
hotel w mieście, w ścisłym centrum; pokoje
z wszelkimi wygodami. ③
Ostello S. Anna (Via Gramsci 5; ☎/fax
0566/901115, ☎3392/786272, 3290/030
931, leclarisse@libero.it). Schludne
schronisko młodzieżowe w dawnym
klasztorze; pokoje 2-, 3- i wieloosobowe. ①

Gastronomia
Największą popularnością wśród
turystów cieszą się lokale na placu przed
katedrą. Dobrych restauracji trzeba
szukać w bok od głównej trasy
przemarszu wycieczek.
L'Antica Osteria (Via Norma Parenti 23;
☎0566/902644). Smaczne lokalne dannia
w umiarkowanych cenach.
Barbablu (Piazza Matteotti 6; ☎0566/
901362). Za Torre del Candeliere, na skraju
Città Nuova; świetne miejsce na spaghetti
lub pizzę.

Orbetello
Noclegi
Piccolo Parigi (Corso Italia 169; ☎0564/
867233, fax 0584/867211). Skromny hotelik
w centrum miasteczka.
Kemping Africa (Via Aurelia, km 154,
Albinia; ☎0564/870245, fax 0564/870039,
info@campingvillageafrica.it, www.
campingvillageafrica.it). Jeden z wielu
dobrze wyposażonych kempingów na
północnej mierzei łączącej półwysep
Argentario ze stałym lądem; do wynajęcia
domki turystyczne.

Pitigliano
Informacja
Biuro informacji turystycznej działa
w centrum, na Piazza Garibaldi

(☎0564/617111; wt.–nd. 10.20–18.00).
Można też skorzystać z pomocy
biura **Pro Loco** (Via Roma 11;
☎0564/614433).

Noclegi
W mieście działa jeden hotel, a trzy inne
obiekty zapraszają w okolicach.
Ciekawszym sposobem na nocleg jest
poszukanie kwatery w jednym z licznych
gospodarstw agroturystycznych,
oddalonych od Pitigliano od kilku
do kilkunastu kilometrów. Niektóre
z nich, zwane *agricampeggi*, oferują (na
ogół za śmieszne pieniądze, choć
zdarzają się wyjątki) miejsce do rozbicia
namiotu w godziwych warunkach,
z dostępem do łazienki.
Guastini (Piazza Petruccioli 16/34;
☎0564/616065, fax 0564/614106,
htlguastini@katamail.com,
www.albergoguastini.it). 27 pokoi
z łazienkami i TV. ③

Gastronomia
Guastini (Piazza Petruccioli 16/34;
☎0564/616065; pn. zamkn.). Dobra
restauracja z lokalnym jedzeniem.
La Porta (Piazza Petruccioli 1; ☎0564/
617088; czw. zamkn.). Niezła *trattoria*;
w karcie dania kuchni toskańskiej.

Rozrywki
Główne wydarzenia kulturalne
w okolicy:
Balestro del Girifalco – festiwal
średniowieczny: konkurs kuszników, pochód
w strojach historycznych, popisy zręczności
chorążych (www.massamarittima.info/
folklore/girifalco.htm); Massa Marittima,
4. nd. V i 2. nd. VIII.
Palio d'Argentario – regaty, rozgrywane
od 1937 r. u wybrzeży Monte Argentario
(www.palioargentario.it); Porto S. Stefano,
poł. VIII.
Torneo dei Butteri – rodeo pasterzy
z Maremmy; Alberese, 15 VIII.

Umbria

Środkowa i północna Umbria

Środkowa i północna Umbria • GŁÓWNE ATRAKCJE

* **Corso Vannucci w Perugii**
  Główna ulica miasta łączy Piazza Italia
  z Piazza IV Novembre, na której stoi
  najsłynniejszy zabytek miasta i jeden z jego
  symboli – gotycka Fontana Maggiore,
  składająca się z trzech basenów – dwóch
  marmurowych i jednego z brązu.

* **Galeria Nazionale dell'Umbria
  w Perugii**
  Znakomite zbiory malarstwa umbryjskiego
  i toskańskiego. Można tu podziwiać m.in.
  dzieła Duccia, Gentilego da Fabriana, Fra
  Angelica, Piera della Franceski, Pinturicchia,
  przede wszystkim zaś liczne prace Perugina –
  najsławniejszego obywatela miasta
  i najbardziej znanego przedstawiciela
  renesansowego malarstwa umbryjskiego.

* **Basilica di S. Francesco w Asyżu**
  Sanktuarium nad grobem św. Franciszka,
  z urzekającymi freskami Cimabuego, Giotta,
  Simone Martiniego i innych, jest jedną
  z najpiękniejszych świątyń chrześcijańskich na
  świecie.

* **Gubbio**
  Jedno z najlepiej zachowanych
  średniowiecznych miasteczek we Włoszech.

Perugia

W starożytności **Perugia** była liczącym się ośrodkiem kultury etruskiej, a w średniowieczu – ważną rezydencją papieży. Turystom ma do zaoferowania sporo zabytków oraz jedną z najciekawszych w kraju galerii dawnego malarstwa. Charakter miasta jest zdeterminowany przez zagranicznych studentów, których przyciąga Università per Stranieri – renomowany ośrodek nauki języka włoskiego dla cudzoziemców. Dzięki nim w mieście o każdej porze roku dzieje się coś ciekawego, a ulice centrum wypełnia gwarny tłum młodych ludzi.

Zwiedzanie

Sercem miasta jest wspaniała promenada, zapełniająca się w porze *passegiaty* tłumem spacerowiczów – Corso Vannucci. W jej najbliższej okolicy wznosi się większość najciekawszych budowli, stąd też najlepiej rozpocząć zwiedzanie.

Na południowym krańcu deptaku **Corso Vannucci** rozciąga się Piazza IV Novembre, na której stoi najsłynniejszy zabytek miasta i jeden z jego symboli – gotycka **Fontana Maggiore**, składająca się z trzech basenów – dwóch marmurowych i jednego z brązu. Kamienne płaskorzeźby na balustradzie oraz posągi przy obudowie zewnętrznego basenu przedstawiają miesiące, znaki zodiaku, świętych, postaci mitologiczne oraz alegorie nauk i sztuk. Kompozycję wieńczy odlana z brązu grupa trzech nimf (oryginał, przeniesiony do Gallerii dell'Umbria, zastąpiono kopią). Całość jest dziełem Nicolà i Giovanniego ⁰isanich, wykonanym przy udziale

franciszkanina Fra Bevignante w latach 1275–1277, w związku z ukończeniem budowy akweduktu doprowadzającego wodę do miasta z odległego o 4 km źródła.

Tło dla fontanny stanowi **katedra**: gotycka budowla z XIV w. o trzech nawach równej wysokości i nieukończonych elewacjach. Schody prowadzące do kościoła od strony fontanny, okupowane przez studentów i turystów, są jedną z wizytówek miasta. Obok portalu prowadzącego do świątyni wyrasta wielka brązowa statua papieża Juliusza III (XVI w.),

Fontana Maggiore u stóp katedry.

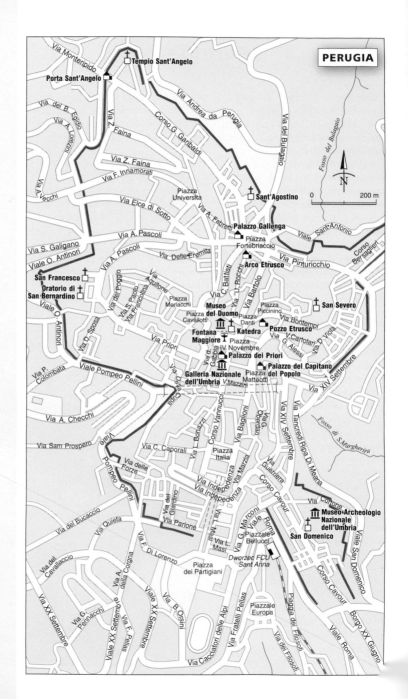

PERUGIA

Tempio Sant'Angelo
Porta Sant'Angelo
Via Montenpido
Via Andrea da Perugia
Corso G. Garibaldi
Via del Bulagaio
Via del B. Egidio
Via A. Lorenzini
Via Z. Faina
Via Z. Faina
Via F. Innamorati
Via A. Vecchi
Piazza Università
Sant'Agostino
Via Elce di Sotto
Via A. Fabretti
Palazzo Gallenga
Via A. Pascoli
Piazza Fortebriaccio
Via S. Galigano
Viale O. Antinori
Via A. Pascoli
Via Delle Eremita
Arco Etrusco
Via Pinturicchio
Viale Sant'Antonio
Corso Bersaglieri
Fosso del Bulagaio
0   200 m
N

San Francesco
Oratorio di
San Bernardino
Viale O. Antinori
Via D. Sposa
Via del Poggio
Via Aquilone
Via S. Paolo
Via Francolina
Via Battisti
Via D. Bocchi
Via Bartolo
Via C.
Piazza Morlacchi
Museo del Duomo
Piazza Cavallotti
Piazza Danti
Piazza Piccinino
San Severo
Via Bontempi
V. Cartolari
Via D. Viola
Via G. Alessi
Fontana Maggiore
Katedra
Pozzo Etrusco
Via Priori
Via d. Gabbia
Via IV Novembre
Palazzo dei Priori
Viale Pompeo Pellini
Galleria Nazionale dell'Umbria
Piazza del Popolo
Palazzo del Capitano
V. Mazzini
Piazza Matteotti
Via XIV Settembre
Via XIV Settembre
Via P. Colombata
Via A. Checchi
Corso Vannucci
Via L. Bonazzi
Piazza Italia
Via Baglioni
Via G. Oberdan
Via Tancredi Ripa Di Meana
Fosso di S. Margherita

Via Sam Prospero
Via C. Caporali
Via delle Forze
Via Pompeo Pellini
Via del Bucaccio
Via Quieta
Via del Giardino
Via Parione
Via F. Di Lorenzo
Via L. Masi
Via della Corgna
Via dei Priori
Via Indipendenza
Via Indipendenza
Via Marzia
Via G. Marconi
Viale Roma
Corso Cavour
Via Corione
Museo Archeologio Nazionale dell'Umbria
San Domenico
Viale San Domenico

Piazza dei Partigiani
Piazzale Bellucci
Dworzec FCU Sant Anna
Piazzale Europa
Via Cacciatori delle Alpi
Via Fratelli Pellas
Viale Roma
Piaggia dei Filosofi
Borgo XX Giugno
Corso Cavour

Via XX Settembre
Via G. Pennacchi
Viale XX Settembre
Via F. Pellas
Viale XX Settembre
Via B. Orsini
Via del Filosofi

• **Museo del Duomo**;
wt.–nd. 10.00–13.00
i 14.30–17.30; 3,50 €

przypominająca o duchowej i świeckiej władzy następców św. Piotra. Ze stojącej nieopodal ambony św. Bernardyn ze Sieny wzywał niegdyś mieszkańców Perugii do nawrócenia. Wewnątrz zwraca uwagę, wydzielona kratą w lewej nawie, kaplica, w której przechowuje się najcenniejszą relikwię w katedrze – ślubną obrączkę Maryi, zwaną Sant'Anello. Jest to niewielki pierścień z agatu, ukryty w kilku kolejnych relikwiarzach, a pokazywany wiernym raz do roku, 30 lipca. Większość bogatego niegdyś wyposażenia, w tym sławny obraz Perugina *Zaślubiny Maryi*, zagrabiły wojska napoleońskie pod koniec XVIII w. (malowidło znajduje się dziś w Luwrze). Czego nie zrabowali Francuzi, można zobaczyć w **Museo del Duomo**, w pałacu należącym do

kapituły katedralnej, na tyłach kościoła. Eksponuje się tutaj m.in. manuskrypty, szaty i naczynia liturgiczne oraz kilka cennych obrazów malarzy ze szkoły umbryjskiej, w tym znakomitą *Madonnę* Luki Signorellego.

Po drugiej stronie placu przyciąga uwagę monumentalny **Palazzo dei Priori**, siedziba władz komunalnych Perugii, uznawana za jeden z najznakomitszych średniowiecznych pałaców miejskich we Włoszech. Od strony Corso widoczne są załamania elewacji oraz inne nieregularności świadczące o kolejnych rozbudowach gmachu. Monumentalne schody prowadzą na I piętro, do udekorowanej freskami **Sala dei Notari**. Ta najbardziej reprezentacyjna aula w budynku służyła obradom

• **Palazzo dei Priori: Sala dei Notari** ;
VI–IX wt.–nd. 9.00–13.00 i 15.00–19.00; bezpł.

Arkady Palazzo dei Priori.

•Palazzo dei Priori:
Collegio del Cambio;
Corso Vannucci 25; III–X
pn.–sb. 9.00–12.30
i 14.30– 17.30, nd.
9.00–12.30, XI–II wt.–sb.
8.00–14.00, nd.
9.00–13.00; 2,60 €,
z Collegio della Mercanzia
3,10 €.

•Palazzo dei Priori:
Collegio dell
Mercanzia;
Corso Vannucci 15;
otwarte jak Collegio del
Cambio; 1,03 €, bilet
łączony z Collegio del
Cambio 3,10 €.

•Palazzo dei Priori
Galleria Nazionale
dell'Umbria
Corso Vannucci 19, kasa
na parterze, galeria na
III piętrze; wt.–nd.
8.30–19.30; 6,50 €.

miejskich jurystów, a dziś zapełnia się
w czasie uroczystych sesji władz
samorządowych. W Palazzo dei Priori
mieściła się także siedziba związku
właścicieli kantorów, **Collegio del**
Cambio, dostępna od strony Corso
Vannucci. Niewielką salę zdobi cykl
wspaniałych fresków Perugina,
przedstawiających chrześcijańskich
świętych i pogańskich filozofów. W ten
sposób wyrażono typowe dla
renesansu przekonanie o wzajemnym
uzupełnianiu się dwóch tradycji:
judeochrześcijańskiej i pogańskiej,
grecko-rzymskiej. W tym samym
pomieszczeniu można obejrzeć
autoportret malarza, a obok
w kaplicy – malowidła wykonane przez
któregoś z jego naśladowców. W tym
samym budynku jest jeszcze **Collegio**
dell Mercanzia, czyli miejsce obrad
gildii kupieckiej – handlowego lobby
dawnej Perugii. Jej wnętrze pokrywa
rzeźbiona i intarsjowana boazeria
z XV w.

Główne wejście do Palazzo dei
Priori od strony deptaku prowadzi do
Galleria Nazionale dell'Umbria.
Muzeum chlubi się jednym
z najbogatszych we Włoszech zbiorów
umbryjskiego i toskańskiego malarstwa,
w mniejszym stopniu także rzeźby, od
XIII do początku XVI w. W sali
I można podziwiać prace
anonimowego Mistrza św. Franciszka
– warto zatrzymać się przed
wywierającym wielkie wrażenie
ogromnym malowanym krucyfiksie,
zaraz przy wejściu do galerii.
W kolejnych salach są prezentowane
m.in. dzieła Duccia (poruszająca
Madonna z Dzieciątkiem), Gentilego da
Fabriana, Fra Angelica, Piera della
Franceski, Pinturicchia, przede
wszystkim zaś liczne prace Perugina,
najsławniejszego obywatela miasta
i najbardziej znanego przedstawiciela

renesansowego malarstwa
umbryjskiego. Większość wystawianych
obrazów zdobiła niegdyś kościoły
Perugii i pobliskich miasteczek. Ze
względu na prace przy powiększeniu
galerii, część sal może być czasowo
wyłączona ze zwiedzania – przed
wykupieniem biletu warto się upewnić,
co można aktualnie zobaczyć.

Opuściwszy Palazzo dei Priori, warto
rzucić okiem na stojący niemal
naprzeciw, przy Piazza Matteotti (blisko
biura informacji turystycznej), **Palazzo**
del Capitano del Popolo. To drugi

średniowieczny gmach związany z samorządem miejskim Perugii, wyróżniający się pięknym portalem głównym.

Na północnym krańcu Corso Vannucci rozciąga się **Piazza Italia**, plac sięgający krawędzi wzniesienia, na którym leży *centro*. Widok, jaki rozpościera się ze znajdującego się tam tarasu, zawieszonego niczym balkon nad stromym stokiem wzgórza, sam w sobie jest atrakcją, dla której warto przyjechać do Perugii. Dobrze jest skorzystać z mapy, pozwalającej zidentyfikować widoczne góry, miasteczka i kościoły. Znakomicie przedstawia się stąd Asyż, a przy dobrej pogodzie można rozpoznać bazyliki San Francesco i Santa Maria degli Angeli.

200 m na północ od katedry stoi najstarsza budowla miasta – wciśnięta między dwa masywne pylony – brama z wielkich bloków kamienia, zwana **Arco Etrusco**. Jest to jeden z niewielu zachowanych fragmentów fortyfikacji antycznej Perugii. Etruską konstrukcję, datowaną na IV lub III w. p.n.e., przebudowali później Rzymianie,

Panorama Perugii.

a loggia na szczycie powstała dopiero w XV w. Umieszczona na bramie inskrypcja upamiętnia nadanie miastu nazwy Perusia Augusta, na cześć cesarza Oktawiana Augusta. Naprzeciw łuku, po drugiej stronie ulicy wznosi się XVIII-wieczny **Palazzo Gallenga**, siedziba najbardziej znanego we Włoszech uniwersytetu dla cudzoziemców. Idąc dalej na północ Corso Garibaldi, mija się dawny kościół Augustianów (**Sant'Agostino**) z pięknym intarsjowanym chórem dla zakonników w prezbiterium, po czym dociera się do **Porta Sant'Angelo**, największej średniowiecznej bramy w Perugii, pochodzącej z XIII w. W wieży bramnej jest muzeum poświęcone fortyfikacjom miejskim. Nieopodal bramy, na północnym krańcu *centro storico* wznosi się **Tempio Sant'Angelo**. Ta archaiczna budowla miała powstać już w V w. na miejscu pogańskiej świątyni, której pozostałością jest kolisty rzut budowli i ustawione we wnętrzu antyczne kolumny.

Znacznie bliżej katedry, przy Piazza Piccinino 1 zwraca uwagę kolejny starożytny zabytek – kamienna cysterna z III w. p.n.e., włączona później w średniowieczną rezydencję i znana jako **Pozzo Etrusco**. Nieopodal, przy Piazza Raffaello, stoi kaplica **San Severo**, gdzie zachował się jedyny fresk, jaki pozostawił w Perugii Rafael. Malarz przybył do stolicy Umbrii z rodzinnego Urbino i mieszkał w niej kilka lat, doskonaląc umiejętności pod okiem Perugina. Około 1505 r. rozpoczął dekorowanie kaplicy San Severo, pracę jednak przerwał, gdyż został wezwany do Rzymu. Do Perugii nie powrócił już nigdy. Po przedwczesnej śmierci Rafaela dokończenie fresku

powierzono staremu Peruginowi, który domalował kilka postaci do obrazu ucznia.

Idąc z Piazza Italia na południowy wschód, wchodzi się po chwili na Corso Cavour, ulicę, która mijając Tre Archi (jedną z bram w głównym pierścieniu murów miejskich), wiedzie do ogromnego kamiennego **kościoła San Domenico**, jednego z najciekawszych, choć rzadko odwiedzanych zabytków. W pustym, dość mrocznym wnętrzu przyciągają wzrok ogromne wielobarwne witraże. W jednej z kaplic, tej na prawo od głównego ołtarza, znajduje się nagrobek Benedykta XI (zm. 1324), dominikanina i papieża, który zmarł podczas pobytu w mieście. Nagrobek, będący wybitnym dziełem sztuki, wyszedł z pracowni Arnolfa di Cambia. Obok kościoła, w dawnym klasztorze Dominikanów, ulokowano **Museo Archeologio Nazionale dell'Umbria**. To największe w regionie muzeum archeologiczne chlubi się bogatymi zbiorami zabytków etruskich i rzymskich, w tym wykutą w trawertynie inskrypcją, jedną z najdłuższych, jakie zachowały się w języku etruskim, zwaną *Cippo perugino*. Wyjątkową wartość mają też starożytne wyroby z brązu, w tym etruskie rydwany z Castel San Marino z VI w. p.n.e. oraz rzymski posąg członka dynastii julijsko-klaudyjskiej – Germanika. Na uwagę zasługuje wreszcie bogata kolekcja amuletów, zgromadzona przez Giuseppe Belluciego.

Za San Domenico Corso Cavour prowadzi przez bramę w kolejnym pierścieniu miejskich murów (za którą zmienia nazwę na Borgo XX Giugno) do dawnego opactwa Benedyktynów z **kościołem San Pietro**. Świątynia wyróżnia się w panoramie miasta charakterystyczną wysoką wieżą ze

• **Porta Sant'Angelo**;
Cassero di Porta
Sant'Angelo; IV–X codz.
10.00–13.30
i 14.30–18.30, XI–V
codz. 10.00–13.30
i 14.30–17.00; 2,50 €,
w tym wstęp do Pozzo
Etrusco i San Severo.

• **Pozzo Etrusco**;
IV–X codz. 10.00–13.30
i 14.30–18.30, XI–V codz.
10.00–13.30 i 14.30–
17.00; 2,50 €, bilet
uprawnia do wstępu do
San Severo i Cassero di
Porta S. Angelo.

• **San Severo**;
IV–X pn.–nd.
10.00–13.30 i 14.30–
18.30, XI–V codz.
10.00–13.30
i 14.30–17.00; 2,50 €,
w tym San Severo
i Cassero di Porta
S. Angelo.

• **Museo Archeologio
Nazionale
dell'Umbria**;
www.archeopg.arti.benicul
turali.it; wt.–nd.
8.30–19.30, pn.
14.30–19.30; 4 €.

Porta Sant'Angelo.

Etruski grobowiec.

spiczastym hełmem. Budynki klasztorne
zajmuje dziś uniwersytet. Kościół wart
jest odwiedzin ze względu na
nastrojowe, wspaniale wyposażone

wnętrze, które w ciągu wieków
szczęśliwie uniknęło rabunków.
W prezbiterium zachwyca intarsjowany
chór – drewniane stalle dla zakonników

Również na obrzeżach centrum, ale na wschód od Piazza Italia, wyrasta dawny zespół klasztorny Franciszkanów. Wielki średniowieczny kościół San Francesco, uszkodzony przez kolejne trzęsienia ziemi i dawno opuszczony, jest od lat w remoncie, po którym ma pełnić funkcje sali koncertowej. Czynna jest za to stojąca tuż obok renesansowa kaplica – **Oratorio di San Bernardino**. Fasada tej niewielkiej budowli z 1461 r. jest pokryta płaskorzeźbami poświęconymi osobie jej patrona, św. Bernardyna ze Sieny, odnowiciela zakonu. Reliefy to popis wirtuozerii ich autora, Agostina di Duccia.

Spośród atrakcji za murami warto wymienić **Ipogeo dei Volumni**. Jest to datowany na II w. p.n.e. podziemny grobowiec, stanowiący niegdyś fragment rozległej etruskiej nekropolii. Wywiera spore wrażenie, choć jest pozbawiony malowideł czy rzeźbionych dekoracji, znanych ze sławnych cmentarzysk etruskich w Lacjum. Nekropolia leży 7 km na południowy wschód od centrum (dojazd do Ponte San Giovanni autobusem z Piazza Partigiani lub lokalnym pociągiem ze Stazione Santa Anna; ostatni, niezbyt długi odcinek trzeba pokonać pieszo).

Deruta Przy drodze z Perugii do Todi leży Deruta, najważniejszy w Umbrii ośrodek produkcji malowanej ceramiki. W miasteczku roi się od straganów i warsztatów rzemieślniczych oferujących swe wyroby. Górujące nad współczesną zabudową wzgórze zajmuje *centro storico*, gdzie w dawnym klasztorze Franciszkanów ma siedzibę **Museo Regionale della Ceramica**, należące do najciekawszych we Włoszech.

i pulpit dla prowadzącego śpiew kantora. Wśród zdobiących ołtarze i ściany obrazów są m.in. prace Perugina i Fiorenza di Lorenza.

•**Ipogeo dei Volumni**;
Ponte San Giovanni, Via
Assiana 53; codz.
VII i VIII 9.00–13.00
i 16.30–19.00,
IX–VI 9.00–13.00
i 15.30–18.30; 3 €.

•**Museo Regionale
della Ceramica**;
www.museoceramicaderuta.
it; IV–VI codz.
10.30–13.00
i 15.00–18.00,
VII–IX codz. 10.00–13.00
i 15.30–19.00,
X–III śr.–pn. 10.30–13.00
i 14.30–17.00; 3 €.

Jezioro Trazymeńskie

•**Statkiem po jeziorze**
Rejsy organizuje Servizio
Provinziale di Navigazione
del Lago Trasimeno
(Passignano sul Trasimeno,
☎/fax 075/827157,
info@apmperugia.it,
www.apmperugia.it).
Przystanie statków
znajdują się w Passignano,
Castiglione, Tuoro, San
Feliciano i na wszystkich
trzech wyspach. Koszt
rejsu, w zależności od
trasy, to 3–4,10 €, w obie
strony (andata e ritorno)
4,60–7,50 €; dostępne są
również bilety ważne cały
dzień na wszystkich trasach
(11,30 € od osoby,
w przypadku rodzin zniżki
dla jednego rodzica
i dzieci).

Malowniczo położone pośród wzgórz Jezioro Trazymeńskie (**Lago Trasimeno**), największy zbiornik wodny w środkowych Włoszech, jest dobrym miejscem na krótki odpoczynek i świetną bazą do zwiedzania Umbrii i południowej Toskanii. Po uregulowaniu w połowie XX w. akwen liczy 125 km^2 i ma 53 km obwodu. Jest bardzo płytki – maksymalna głębokość nie przekracza 6,3 m. Latem oblegają go turyści, ale niewielu jest wśród nich Włochów – ci odpoczywają nad morzem – dominują za to przybysze z Holandii i Niemiec. Okolica jest znakomitym terenem dla pieszych, rowerowych lub konnych eskapad, można również uprawiać sporty wodne albo popływać statkiem po jeziorze. Woda jest czysta i niemal zawsze ciepła, ale kąpiel, choć możliwa, dostarcza umiarkowanych wrażeń ze względu na miejscami bujną florę. Brzegi jeziora są siedliskiem wielu gatunków ptaków i przedmiotem szczególnej troski ornitologów. Pewną niedogodność stanowią maleńkie muszki, które mogą pojawiać się wieczorami, są jednak zupełnie niegroźne.

Położony w tektonicznej depresji i pozbawiony naturalnych dopływów zbiornik stosunkowo niedawno stał się terenem rekreacyjnym. Brzegi tworzyły niegdyś rodzaj wielkiego bagna, osuszanego stopniowo w ciągu wieków. Dopiero w XV w. powstał pierwszy kanał odprowadzający wodę, następne przekopano w XIX i XX w. Trazymeńskie błota wyjątkowo źle zapisały się w pamięci Rzymian. W 217 r. p.n.e. nad północnym brzegiem jeziora, w okolicy dzisiejszej miejscowości Tuoro, doszło do wielkiej bitwy między dowodzoną przez Hannibala armią Kartaginy a rzymskimi legionami. Legioniści prowadzeni byli przez konsula Gajusza Flaminiusza, zdolnego polityka, lecz fatalnego wodza. W wyniku starcia wojska konsula zostały zepchnięte w stronę przybrzeżnych grzęzawisk, w których utonęło 15 tys. Rzymian. Hannibal, który stracił jedynie 1500 żołnierzy, triumfował. W biurach informacji turystycznej można się zaopatrzyć w mapkę pozwalającą odszukać miejsce sławnej bitwy.

Wokół jeziora

Castiglione del Lago było w XVII w. stolicą miniaturowego księstwa. Miasteczko dzieli się na niżej położoną nowszą część oraz zabytkowe centrum na wyniesionym cyplu, wytyczone po zdobyciu i zniszczeniu miejscowości przez wojska cesarza Fryderyka II w 1247 r. Via Vittorio Emanuele przecina *centro* z zachodu na wschód. To świetne miejsce na krótki spacer albo zakupy typowych umbryjskich przysmaków, dostępnych w licznych sklepach. Warto zajrzeć na widokowy taras, z którego roztaczają się piękne widoki na jezioro. Na końcu półwyspu, wysoko ponad wodą wznosi się dumnie zamek (Rocca del Leone), zbudowany około połowy XIII w. Po zakończeniu spaceru można się udać na pobliską, dość skromną plażę (*lido comunale*), obok przystani statków.

Na północnym brzegu jeziora leży **Tuoro**, odcięte od wody ruchliwą dwupasmówką, łączącą Perugię z autostradą do Florencji i Rzymu.

Urządzono tu centrum dokumentacyjne bitwy z 217 r p.n.e. Większym powodzeniem cieszy się sąsiednie **Passignano**, z zabytkowym *centro* na wzgórzu, u stóp którego rozciąga się nowsza zabudowa, plaże oraz przystanie dla jachtów i statków. Miasteczko, łatwo dostępne z pobliskiej Perugii, przeżywa w weekendy najazd turystów wypełniających tutejsze restauracje i dyskoteki.

Południowo-wschodnia część zbiornika zachowała w znacznym stopniu nieskażone środowisko przyrodnicze. W pobliżu miejscowości San Feliciano i San Savino urządzono **rezerwat ptactwa Oasi Naturalistica La Valle**; ochroną objęto także część pobliskiej Isola Polvese. Rezerwat można zwiedzać indywidualnie lub z przewodnikiem.

Na południe od jeziora, w stronę Todi i Orvieto, ciągnie się pas ładnych, choć niezbyt wysokich wzgórz – najwyższe, Monte Peglia, osiąga 837 m n.p.m. W tym rejonie są co najmniej dwie warte wzmianki miejscowości. Pierwsza to oddalone o 8 km od południowego krańca zbiornika sympatyczne **Panicale**, z kościołem San Sebastiano kryjącym cenny obraz patrona pędzla Perugina. Ten umbryjski artysta, wybitny przedstawiciel renesansu, był nauczycielem Rafaela (którego przeżył i którego wpływowi uległ), a zasłynął jako autor pełnych wdzięku, niekiedy przesłodzonych

• Rezerwat ptactwa Oasi Naturalistica La Valle; ☎075/8476007; latem 9.00–13.00 i 15.00–20.00, wiosną i jesienią 10.00–13.00 i 15.00–18.00, zimą 10.00–13.00 i 14.00–17.00.

Jezioro Trazymeńskie.

• Circuito museale;
codz. IV–IX 9.30–13.00
i 16.00–19.30,
X–III 10.00–12.30
i 15.00–18.00; 3 €.

kompozycji religijnych. Przyszedł na świat w 1445 r. w leżącym na południowy wschód od Jeziora Trazymeńskiego **Città della Pieve**. Miasteczko, malowniczo przycupnięte na grzbiecie wysokiego wzgórza, przy bliższym poznaniu może rozczarować, ciekawiej przedstawia się bowiem z daleka niż z bliska (szczególnie efektownie z wieży katedralnej w toskańskim Chiusi). Mimo to ma do zaoferowania kilka atrakcji, które sprawiają, że warto je odwiedzić. Jest wśród nich uliczka, Via della Bacciadonna, uchodząca za najwęższą we Włoszech, XVI-wieczny pałac (Palazzo della Corgna) i kilka starych

kościołów, w których można oglądać dzieła Perugina – najważniejsze z nich to znakomity *Pokłon Trzech Króli* w Oratorio S. Maria dei Banchi. Kościoły i pałac tworzą **Circuito museale** i są dostępne ze wspólnym biletem. Tym, którzy nie boją się krętych szos, a lubią rozległe widoki, można polecić przejazd ciekawą krajobrazowo ss71 z Castiglione del Lago do Orvieto, właśnie przez Città della Pieve. Niezmotoryzowani mogą dotrzeć do miasteczka koleją, ale trzeba wiedzieć, że stacja jest u stóp wzgórza, dobrych kilka kilometrów od centrum, do którego można dotrzeć pieszo lub lokalnym autobusem.

Tradycyjne łodzie rybackie na Jeziorze Trazymeńskim.

Asyż i okolice

Dla wielu spośród milionów osób co roku odwiedzających Włochy głównym celem podróży jest maleńki **Asyż** (Assisi), 23 km na wschód od Perugii. Trudno się temu dziwić – to nie tylko jedna z wielu malowniczych miejscowości o pięknej i starej zabudowie, ale przede wszystkim miasto św. Franciszka, w którym jego wołanie o miłość i pokój do dziś brzmi z niezwykłą siłą. Pomimo tłumu turystów i pielgrzymów Asyż wciąż emanuje niezwykłym klimatem, a jego autentyzm pozostawia niezatarte wspomnienia.

Choć Asyż jest niemal mikroskopijnym miastem, kto chce dokładnie go poznać oraz odwiedzić wszystkie miejsca związane ze św. Franciszkiem i św. Klarą, powinien przeznaczyć na to półtora dnia. Większość przyjezdnych poprzestaje na kilkugodzinnej wizycie, ograniczając się do bazylik San Francesco, Santa Chiara i Santa Maria degli Angeli. Zdecydowanie należy polecić wizytę w rzadziej odwiedzanych San Damiano czy pustelni Carceri, które z dala od uczęszczanych tras, zachowały intymną atmosferę i pierwotny, niczym niezmącony urok.

Widok na Asyż – na trawniku napis PAX.

• Bazylika
św. Franciszka;
www.sanfrancescoassisi.or
g; codz. 6.30–19.30;
bezpł.

Zwiedzanie

Imponująca **bazylika św. Franciszka** (San Francesco), zaliczana do najpiękniejszych chrześcijańskich świątyń, składa się z dwóch kościołów – dolnego i górnego, pod którymi mieści się jeszcze krypta. Okazała, ozdobiona wspaniałymi dziełami sztuki, może wydawać się sprzeczna z surowymi zasadami Franciszka, należy jednak pamiętać, że miała pełnić funkcję kościoła papieskiego i sanktuarium, obliczonego na przyjmowanie wielkiej liczby pielgrzymów. Prace rozpoczęto w 1228 r., a już dwa lata później do wzniesionego częściowo kościoła przeniesiono relikwie świętego.

Uroczysta konsekracja odbyła się w 1253 r. Jak żadna inna budowla, bazylika dokumentuje rozwój malarstwa europejskiego w przełomowym dlań czasie II połowy XIII i I połowy XIV w., gdy włoscy artyści zaczęli porzucać sztywne formuły sztuki bizantyjskiej i kierować się ku obserwacji natury. Religijny geniusz św. Franciszka stał się inspiracją dla kilku pokoleń uzdolnionych malarzy, dekorujących poświęconą mu bazylikę.

Zwiedzanie najlepiej rozpocząć od **kościoła dolnego**, do którego wejście otwiera się na placu przed boczną elewacją świątyni. W mrocznym, niewysokim wnętrzu warto się przyjrzeć uszkodzonym,

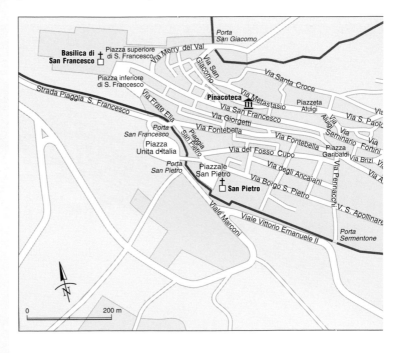

lecz pięknym malowidłom na ścianach nawy. Te **najstarsze freski**, zachowane fragmentarycznie, układają się w dwa cykle: po prawej stronie przedstawiono Mękę Chrystusa, a po lewej sceny z życia Biedaczyny z Asyżu – wyrzeczenie się dóbr, gdzie biskup miasta okrywa płaszczem nagiego Franciszka; sen Innocentego III; kazanie do ptaków; otrzymanie stygmatów oraz śmierć świętego. Taki układ obrazów wybrano celowo, by służył wyeksponowaniu tezy o św. Franciszku jako najdoskonalszym naśladowcy Chrystusa. Za tą ostatnią sceną zwraca uwagę charakterystyczny balkon. Jest to **kaplica św. Stanisława**,

ufundowana przez kapitułę katedry na Wawelu. Stanisława kanonizowano w Asyżu w bazylice św. Franciszka w 1253 r., a ówczesny biskup Krakowa przesłał do Asyżu jego relikwie. Malowidła obok balkonu (XIV w.) przedstawiają dzieje św. Stanisława.

Nie jest to jedyna kaplica przylegająca do nawy. Inne również pochodzą z XIV w., gdy po trzęsieniu ziemi postanowiono wzmocnić konstrukcję kościoła. Właśnie wtedy uszkodzono częściowo najstarsze freski w nawie. Najciekawsza jest pierwsza kaplica po lewej stronie, dedykowana św. Marcinowi, ze znakomitymi freskami Simona Martiniego.

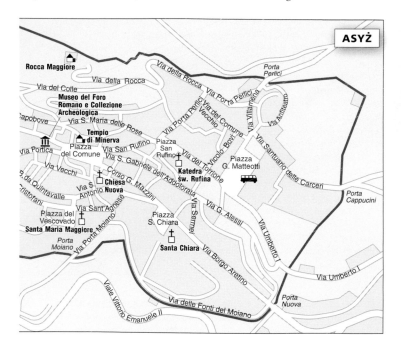

Św. Franciszek

Św. Franciszek urodził się w Asyżu około 1181 r. jako syn bogatego kupca Pietra Bernardone. Na chrzcie otrzymał imię Giovanni (Jan), ale od dzieciństwa mówiono nań Francesco (Francuzik) – być może za sprawą ojca, który dorobił się fortuny na handlu suknem we Francji. Obdarzony wesołym usposobieniem, szczery i hojny, szybko zdobył sobie pozycję wśród miejscowej młodzieży. Życie upływało mu na hulankach, do czasu, gdy podczas wojny Asyżu z Perugią został wzięty do niewoli. Więzienie i kłopoty ze zdrowiem radykalnie zmieniły jego stosunek do życia. Nawrócenie przypieczętowała wizyta w zrujnowanym kościółku San Damiano pod Asyżem. Wiszący tam krucyfiks przemówił do Franciszka słowami: „Idź i odbuduj mój kościół, który jak widzisz, popada w ruinę". Impulsywny młodzieniec sprzedał należące do ojca sukno i przeznaczył je na odbudowę świątyni. Potem oddał się pokucie i opiece nad chorymi. Pietro Bernardone, który całkiem inaczej wyobrażał sobie przyszłość syna, wtrącił go do domowego karceru, a potem wydziedziczył, bojąc się roztrwonienia pracowicie gromadzonego majątku. W odpowiedzi Franciszek wyrzekł się wszelkich dóbr, a zrobił to, rozbierając się publicznie do naga na głównym placu miasta.

Franciszek postanowił całkowicie się poświęcić życiu duchowemu, ale nie było jego intencją zakładanie zakonu, nigdy też nie przyjął świeceń kapłańskich. Wszelkie sformalizowane formy działalności były obce jego spontanicznej naturze. Pragnął dzielić los najuboższych i odrzuconych, rezygnując z jakiejkolwiek własności i troski o jutro, zachęcać do pokuty i miłosierdzia. Jego całkowite ubóstwo sprawiło, że nazywano go Poverello (Biedaczyna). Szybko zgromadził wokół siebie towarzyszy, co postawiło go przed koniecznością uzyskania zgody papieskiej na dalszą działalność. Ówczesną Europę przemierzało wielu samozwańczych kaznodziei wytykających Kościołowi chciwość i żądzę władzy. Papież Innocenty III, zobaczywszy odzianych w łachmany entuzjastów ubóstwa, mógł dostrzec w nich niebezpiecznych radykałów, potraktował ich jednak przychylnie, zobaczył bowiem we śnie walącą się bazylikę laterańską podpieraną przez Franciszka (siedziba biskupa Rzymu znajdowała się wówczas na Lateranie). Sen był obrazem krytycznej sytuacji Kościoła i ratunku, który miał dlań przyjść dzięki Biedaczynie z Asyżu.

Uzyskawszy papieską zgodę, Franciszek pieszo przemierzał Włochy, znajdując licznych naśladowców. Udał się też do Egiptu, gdzie starał się doprowadzić do pokoju między krzyżowcami a sułtanem. Chcąc nawrócić tego ostatniego, zadeklarował gotowość poddania się próbie ognia, by dowieść słuszności swojej wiary. Choć sułtana to nie nawróciło, Poverello zyskał jego sympatię i zgodę na odwiedzenie Ziemi Świętej. Tymczasem doszły go wieści o rozłamie wśród uczniów, co skłoniło go do powrotu.

Gwałtownie rosnąca liczba braci sprawiła, że Franciszek, naciskany przez kurię papieską, wbrew własnym intencjom musiał ustanowić regularny zakon. Na znak pokory nazwał go zakonem braci mniejszych – franciszkanie to tylko potoczna nazwa tego zgromadzenia. Poverello szybko zrezygnował z kierowania wspólnotą, by całkowicie oddać się życiu ubogiego wędrowca. W Greccio urządził pierwszą szopkę betlejemską, na górze Alwernii otrzymał stygmaty, w Asyżu ułożył *Pieśń słoneczną*, w której najpełniej zawarł swój radosny stosunek do życia i zachwyt nad pięknem stworzenia. Przeczuwając, że jego ideały nie będą realizowane, napisał dramatyczny testament, w którym wezwał braci do zachowania całkowitego ubóstwa. Zmarł w 1226 r., a dwa lata później został kanonizowany. Mówi się, że jest to jedyny święty katolicki, do którego pielgrzymują ateiści.

W transepcie warto zwrócić uwagę na malowidła dekorujące sklepienie nad głównym ołtarzem. Wyobrażają w symboliczny sposób franciszkańskie ideały. Szczególnie ciekawa jest scena, w której św. Franciszek w obecności Chrystusa zaślubia Panią Biedę. Równie interesująca *Madonna z aniołami i św. Franciszkiem*, w prawym ramieniu transeptu, to dzieło Cimabuego. Freski braci Lorenzettich: sceny z życia założyciela zakonu oraz cykl pasyjny z wielkim Ukrzyżowaniem, znajdują się w lewym ramieniu. Poniżej zwraca uwagę *Madonna między św. Janem a św. Franciszkiem*. Obraz jest również zwany *Madonną zachodzącego słońca*, ze względu na to, że o zachodzie oświetlają go wpadające przez okno promienie.

Z nawy głównej dolnego kościoła schodzi się do **krypty** z **grobem św. Franciszka**. Kiedy w 1230 r. jego ciało przeniesiono do bazyliki, ukryto je w niedostępnym miejscu z obawy przed kradzieżą; drogocenne relikwie spoczywały nietknięte przez sześć wieków. W 1818 r. na polecenie papieża Piusa VII rozpoczęto poszukiwania grobu Biedaczyny z Asyżu. Po długich badaniach odkryto go pod głównym ołtarzem dolnego kościoła. Wkrótce zbudowano pomieszczenie

umożliwiające wiernym dostęp do relikwii.

Lokalizacja grobu pozostała niezmieniona. Surowy kamienny sarkofag również jest autentyczny. W latach międzywojennych do krypty przeniesiono szczątki czterech towarzyszy Franciszka, które złożono w niszach.

Z transeptu dolnego kościoła przechodzi się do dawnego **kapitularza**, w którym urządzono **Cappella delle Reliquie**, kaplicę relikwii św. Franciszka. Obejrzeć w niej można pamiątki po Biedaczynie, m.in. słynny połatany habit, oryginał bulli Honoriusza III, zatwierdzającej regułę zakonu braci mniejszych, czy błogosławieństwo wypisane własnoręcznie przez świętego.

Bazylika św. Franciszka – kościół górny.

**Bazylika
św. Franciszka –
kościół dolny.**

Eksponowane są także przedmioty ofiarowane Franciszkowi, z których jednak nie korzystał ze względu na ich drogocenny charakter, np. róg z kości słoniowej – dar egipskiego sułtana, czy biała tunika – prezent od możnej Rzymianki Jacopy dei Settesoli. Wśród pamiątek znalezionych w grobie przy świętym jest też kamień, który miał pod głową. Schody obok wejścia do kaplicy prowadzą na krużganek, do skarbca oraz do kościoła górnego.

Nieco młodszy od dolnego **kościół górny** jest jednym z najwcześniejszych przykładów architektury gotyckiej we Włoszech. Budowla została uszkodzona w czasie ostatniego trzęsienia ziemi we wrześniu 1997 r.: zginęły wówczas cztery osoby, przebywające właśnie w kościele, w tym jeden Polak, kandydat do zakonu. Świątynia nie ucierpiała aż tak bardzo, jak się pierwotnie wydawało – runęła jedynie część sklepień w transepcie oraz nawie. Większość sławnych malowideł oraz XIII-wieczne witraże uniknęły poważniejszych uszkodzeń.

Wyjątkowe miejsce w dziejach sztuki zajmują freski na ścianach nawy. Jest to jedno z pierwszych dzieł, w których dokonano nowatorskiej próby nadania obrazom trójwymiarowego charakteru, połączenia postaci ludzkiej z otaczającym ją pejzażem, a także zerwania z obowiązującą wcześniej zasadą frontalnego przedstawiania osób.

Malowidła są powszechnie znane jako **freski Giotta**, choć tak naprawdę nie wiadomo, jaki udział w ich powstaniu miał mistrz. Nie ulega wątpliwości, że są dziełem kilku artystów, wśród których był i Giotto, jednak to nie w nim, lecz w nieznanym z imienia artyście, pochodzącym być może z Rzymu, większość specjalistów widzi mistrza, który miał decydujący wpływ na formę dzieła. Niezależnie od problemu autorstwa, który zapewne nigdy nie zostanie definitywnie rozstrzygnięty, freski zasługują na szczególną uwagę.

Głównym tematem dekoracji nawy są dzieje św. Franciszka. Opowiedziano je na 28 obrazach, nad którymi

Bazylika św. Franciszka – dziedziniec z kolumnadą.

**Bazylika
św. Franciszka –
wnętrze.**

przedstawiono sceny z Pisma Świętego.
Narracja rozpoczyna się na prawej
ścianie, od transeptu ku fasadzie, by
następnie lewą ścianą powrócić ku
transeptowi. Odnaleźć tu można
wszystkie najważniejsze momenty życia
św. Franciszka, jak np. modlitwę przed
krzyżem w San Damiano, próbę ognia
przed sułtanem czy zatwierdzenie

reguły zakonu przez papieża.
Niewątpliwie najsłynniejszym freskiem
w tym cyklu, a także najbardziej
znanym malowidłem w kościele jest
obraz po lewej stronie głównego
wejścia, na wewnętrznej ścianie fasady.
Przedstawia Biedaczynę z Asyżu
przemawiającego do ptaków, które
traktował, podobnie jak wszystkie

stworzenia, jak swoich braci. W *Kazaniu do ptaków* genialnie oddano charakterystyczne cechy franciszkanizmu: silną uczuciowość i afirmację stworzenia. Wielu turystów, skupiając się na freskach Giotta, pomija pozostałe. To poważny błąd, gdyż obrazy **Cimabuego** w absydzie oraz transepcie

zasługują na taką samą uwagę. W scenach poświęconych Chrystusowi i Maryi artysta osiągnął niebywałe natężenie nastroju, który w zależności od tematu jest liryczny lub dramatyczny. Niezwykłe wrażenie, jakie wywierają, jest dodatkowo pogłębione przez częściową utratę barw, co było wynikiem eksperymentów technicznych autora oraz wpływu światła i wilgoci.

Za bazyliką jest dziedziniec klasztorny, a przy nim sklep z pamiątkami oraz ciekawy **skarbiec** z cennymi relikwiarzami i kolekcją malarstwa.

Przy Via S. Francesco, w połowie drogi na Piazza del Comune stoi Palazzo Vallemani, mieszczący **pinakotekę** z cennymi zbiorami umbryjskiego malarstwa. Przechodząc Via Portica, warto wstąpić do **Museo del Foro Romano e Collezione Archeologica**, gdzie można obejrzeć m.in. pozostałości forum antycznego Asyżu, ukryte pod brukami miasta. Przy **Piazza del Comune** – głównym placu *centro storico* – stoi dawna świątynia Minerwy (**Tempio di Minerva**) z I w. p.n.e., która pierwotnie wznosiła się na wysokim postumencie, górując nad forum. W średniowieczu przemianowano ją na kościół i taką funkcję budowla pełni do dziś. Zmienione gruntownie w XVIII w. wnętrze nie jest już tak interesujące. Nieopodal placu wyrasta **Chiesa Nuova**, kościół zbudowany w 1615 r. w miejscu, w którym stał rodzinny dom św. Franciszka. Wewnątrz, w pierwszym filarze po lewej jest eksponowane małe pomieszczenie, Carcere di S. Francesco, gdzie przyszły święty został uwięziony przez rozgniewanego ojca i skąd wydostał się dzięki matce. Przez otwór w następnym filarze wychodzi się na zewnątrz, na „uliczkę

•**Skarbiec;**
Museo del Tesoro
e Collezione F.M. Perkins;
IV–X pn.–sb. 9.30–17.00;
wolne datki.

•**Pinakoteka;**
poł. III–poł. X codz.
10.00–13.00
i 14.00–18.00, poł. X–
poł. III 10.00–13.00
i 14.00–17.00; 2,20 €,
bilet łączony z Foro
Romano i Rocca Maggiore
5,20 €.

•**Museo del Foro Romano e Collezione Archeologica;**
codz. 10.00–13.00
i 14.30–18.00; 2,50 €
lub bilet łączony
z pinakoteką i Rocca
Maggiore 5,20 €.

•**Chiesa Nuova;**
6.30–12.00
i 14.30–18.30; bezpł.

•Bazylika św. Klary;
9.00–12.00
i 14.00–19.00; bezpł.

z czasów Biedaczyny". Niezależnie od tego, w jakim stopniu miejsce to się zmieniło od początków XIII w., warto tu zajrzeć. Z uliczki można wejść do pomieszczenia, w którym mieścił się niegdyś sklep Piotra Bernardonego, ojca Franciszka. Zbaczając z głównej trasy, warto wstąpić do ładnych średniowiecznych kościołów **San Pietro** i **Santa Maria Maggiore**, przy murach miasta.

Drugą co do ważności świątynią Asyżu jest **bazylika św. Klary** (Santa Chiara) na miejscu dawnego kościółka San Giorgio, w którym pochowano św. Franciszka i w którym papież Grzegorz IX ogłosił go świętym. Tutaj złożono również w 1253 r. ciało św. Klary. Po jej kanonizacji przystąpiono do budowy obecnego kościoła, który został ukończony w 1265 r. Rzut bazyliki oraz jej fasada nawiązują w uproszczonej formie do kościoła górnego bazyliki św. Franciszka. Wielkie łuki przy północnej elewacji dostawiono, gdy w XIV w., po trzęsieniu ziemi, budowli groziło zawalenie. Po przeciwnej stronie do świątyni przylega klasztor Klarysek. Wnętrze bazyliki zdobią XIV-wieczne malowidła. Nad ołtarzem wisi piękny krucyfiks z XIII stulecia. Tego rodzaju wizerunki, ukazujące cierpiącego Chrystusa, łączą się z typowym dla zakonów franciszkańskich rozpamiętywaniem Męki Pańskiej. W kaplicy po prawej stronie nawy jest przechowywany inny sławny krucyfiks – krzyż z San Damiano, który miał przemówić do Franciszka i spowodować przełom w jego życiu. Z nawy schodzi się do XIX-wiecznej krypty z grobem św. Klary; jest tu kryształowy relikwiarz, w którym przechowuje się jej zasuszone ciało, oraz kamienny

prosty sarkofag – pierwotny grobowiec.

W **górnej części miasta** zachowała się **katedra św. Rufina**, jednego z pierwszych biskupów Asyżu. Jej romańska fasada należy do najbardziej okazałych w Umbrii. Przy bocznej elewacji stoi dzwonnica, obok której był kiedyś dom rodzinny św. Klary.

Wnętrze świątyni przebudował w stylu manierystycznym Galeazzo Alessi. Z placu przed katedrą schodzi się do **Museo Capitolare**, gdzie m.in. widnieją fragmenty krużganka oraz romańskiej krypty – pozostałości po wcześniejszej katedrze z XI w. **Rocca Maggiore** to górująca nad miastem potężna forteca, służąca niegdyś

namiestnikom cesarza. W 1198 r., kiedy potęga cesarstwa chwilowo osłabła, twierdza została zdobyta i zburzona, co oznaczało przekształcenie się Asyżu w samorządną komunę miejską. Po przejęciu przez papiestwo kontroli nad miastem, Roccę odbudowano. Warto tu dotrzeć, nawet jeżeli nie planuje się

• **Museo Capitolare;**
poł. III–poł. X codz.
10.00–13.00
i 15.00–18.00, poł. X–
poł. III 10.00–13.00
i 14.30–17.30; 3 €.

• **Rocca Maggiore;**
codz. 10.00–13.00
i 14.00–18.00, zimą do
17.00; 2,50 € lub bilet
łączony z pinakoteką i Foro
Romano 5,20 €.

Bazylika św. Klary.

Św. Klara

Historia żeńskiej gałęzi franciszkańskiego zakonu łączy się z imieniem Klary Favarone. Jako kilkunastoletnia dziewczyna, zafascynowana postawą Franciszka, postanowiła wyrzec się świata i wstąpić do zakonu. Nie było to proste, gdyż pochodziła z bardzo zamożnej rodziny, która pragnęła dobrze wydać ją za mąż. Klara potajemnie spotykała się z Franciszkiem, który stał się jej ojcem duchowym. Pewnej nocy uciekła z domu do Porcjunkuli, kazała tam obciąć sobie włosy i przyjęła habit z rąk Franciszka. Wkrótce dołączyła do niej jej młodsza siostra, Agnieszka. Próba zmuszenia dziewcząt do powrotu do domu przez krewnych wskutek boskiej interwencji zakończyła się niepowodzeniem – jeden z napastników nie był w stanie podnieść Klary, drugi stracił władzę w ręce, gdy chciał spoliczkować Agnieszkę. Przykład obu panien zainspirował następne kobiety z Asyżu. Przy kościółku San Damiano powstał klasztor, który dał początek zakonowi klarysek.

Według relacji współczesnych, św. Klara posiadała zdolności telepatyczne, umiała np. odtworzyć ze szczegółami nabożeństwo, w którym nie mogła wziąć udziału ze względu na chorobę. Z tego właśnie powodu Jan Paweł II ogłosił ją patronką telewizji.

zwiedzania ruin. Ze szczytowego tarasu, na którym wzniesiono twierdzę, rozciąga się wspaniała panorama. Okolica jest idealnym miejscem na piknik.

Kościół **San Damiano** wyrasta tuż za murami miasta, kilka minut spacerem od Porta Nuova, na porośniętym cyprysami i drzewami oliwnymi zboczu, z którego roztaczają się urzekające widoki na okolicę. Stara i opuszczona kaplica św. Damiana stała się w 1205 r. miejscem nawrócenia Franciszka. W 1212 r. przy kościele zamieszkała pierwsza grupa klarysek; wtedy też rozpoczęto wznoszenie maleńkiego klasztoru, który mimo upływu prawie ośmiu stuleci zachował pierwotny charakter. San Damiano był jednym z ulubionych miejsc św. Franciszka – tutaj przybył wycieńczony po otrzymaniu stygmatów i zamieszkał na jakiś czas w szałasie obok klasztoru. Schorowany i powoli tracący wzrok, napisał wówczas *Pieśń słoneczną* (według tradycji, w ogrodzie po prawej stronie fasady).

Trasa zwiedzania prowadzi przez przedsionek do urzekającego prostotą kościółka, w którym wisi kopia

sławnego krucyfiksu (oryginał w Santa Chiara). Następnie przechodzi się obok chóru, gdzie w czasie nabożeństw przebywały mniszki. Surowa reguła ograniczała do minimum kontakty klarysek ze światem, stąd też nie zajmowały one miejsc w kościele. Wychodząc na piętro, mija się tzw. ogród św. Klary na miniaturowym tarasie. Następne pomieszczenie to jej oratorium, pokryte XIV-wiecznymi freskami. Stąd przechodzi się do dormitorium, czyli klasztornej sypialni. Oznaczono w niej miejsce, które Klara zajmowała przez ponad 40 lat spędzonych w San Damiano; tutaj krótko przed śmiercią odwiedził ją papież Innocenty IV, chcąc wytargować zmianę surowej reguły zakonu: ubóstwo mniszek budziło niechęć wielu dostojników Kościoła. Po wyjściu z dormitorium przechodzi się na uroczy krużganek. Na poziomie dziedzińca warto zajrzeć do refektarza, czyli jadalni, której drewniane stoły pamiętają czasy założycielki zakonu.

Stojące przy drodze do kościoła oraz w przyklasztornym ogrodzie współczesne figury wyobrażające św. Franciszka

•**San Damiano**;
latem 10.00–12.00
i 14.00–18.00, zimą
do 16.30; bezpł.

wykonał w 1988 r. włoski rzeźbiarz F. Bicci. Przedstawiając Biedaczynę, oparł się na badaniach antropologicznych jego szkieletu, wedle których święty miał zaledwie 160 cm wzrostu. Dane te zgadzają się z informacjami najstarszego biografa, Tomasza z Celano, który opisał go jako osobę drobnej postury i niskiego wzrostu.

Okolice Asyżu

Carceri Nazwa **pustelni** na stokach Monte Subasio, nieco powyżej Asyżu, oznacza dosłownie „więzienie", co oczywiście należy metaforycznie rozumieć jako miejsce, gdzie w odosobnieniu od świata można się pogrążyć w kontemplacji. Pierwotnie stała tu kaplica, jedna z kilku

odbudowanych przez Franciszka, a za siedzibę klasztoru służyły sąsiednie groty. W XV w. inny sławny franciszkanin, św. Bernardyn ze Sieny, założył w tym miejscu erem. Wtedy też wzniesiono większość zachowanych budowli, zaskakujących miniaturowymi rozmiarami, idealnie oddającymi ducha skromności i pokory, oraz znakomitym wkomponowaniem w otoczenie. Carceri otacza pierwotny las porastający niegdyś Półwysep Apeniński. Dobrze oznaczone ścieżki ułatwiają spacer po okolicy. Jedną z tras dociera się do dawnego opactwa Benedyktynów (**San Benedetto**), którzy ofiarowali Franciszkowi pustelnię.

• **Pustelnia;**
6.00–19.30, zimą do 17.00; bezpł.; dojazd od Piazza Properzio, obok Porta Cappuccini i dalej za strzałkami kilka kilometrów w górę; pod eremem płatny parking.

**Bazylika
św. Franciszka –
fragment portalu.**

Uliczka w Asyżu.

Santa Maria degli Angeli Bazylika
Matki Boskiej Anielskiej to nazwa
miejscowości 4 km na południowy
wschód od Asyżu, gdzie stoi olbrzymia
bazylika Matki Boskiej Anielskiej.
Budowla powstała w XVI i XVII w.
według projektu Galeazza Alessiego,
jako swego rodzaju relikwiarz
mieszczący **Porcjunkulę** – ukochaną
kaplicę św. Franciszka. Później była
wielokrotnie niszczona przez trzęsienia
ziemi. Po jednym z nich, w 1832 r.,

trzeba było odbudować całą nawę
i fasadę. Także w 1997 r. została
uszkodzona, a przez następne półtora
roku trwał jej generalny remont. Od
XVI w. kościół należy do bernardynów,
jednego z licznych zakonów opartych na
regule franciszkańskiej. Są oni również
właścicielami znajdującego się obok
klasztoru.
    Na początku działalności
św. Franciszek i jego towarzysze
mieszkali w kamiennej chacie w Rivo

Torto pod Asyżem. Napływ kandydatów i papieska zgoda na działalność sprawiły, że późniejszy święty zaczął szukać kaplicy, przy której mógłby założyć stałą siedzibę dla swojej wspólnoty. Wtedy otrzymał od benedyktynów kapliczkę *Porziuncola* (Porcjunkula, czyli „cząsteczka"), obok której wzniesiono skromne zabudowania dla braci. Stojąca dziś pod olbrzymią kopułą maleńka kaplica urzeka autentyzmem i miniaturowymi rozmiarami. W XIX w. na jej fasadzie wykonano dekoracyjne malowidło oraz dobudowano neogotycką wieżyczkę. Wnętrze zdobią freski z końca XIV w.

Za Porcjunkulą, po prawej stronie, w kaplicy **Transitus** oznaczono miejsce, w którym w 1226 r. Poverello zakończył życie. Umierał na nagiej ziemi, wyrzekłszy się wszelkich wygód, błogosławiąc Siostrę Śmierć – nieodłączną towarzyszkę życia. Warto zajrzeć do sławnego ogrodu różanego, dostępnego z prawego ramienia transeptu. Według legendy, św. Franciszek, chcąc pewnej nocy uwolnić się od pokus, rzucił się nago w krzaki róż, które cudem straciły wówczas kolce.

Z Asyżu w stronę Spoleto Jeżeli ktoś chce zobaczyć, jak wyglądał Asyż, zanim opanowali go turyści, powinien się udać do **Spello**. Leżące u stóp Monte Subasio miasteczko o wąskich uliczkach zachowało naturalny charakter. Główne wejście do *centro storico* jest usytuowane obok antycznej Porta Consolare, za którą zaczyna się gąszcz średniowiecznych zaułków. Podobnie jak w Asyżu, wiele budowli wzniesiono z białego i różowego wapienia, wydobywanego od stuleci w masywie Monte Subasio. Przy głównym placu (Piazza Matteotti) stoi kościół Santa Maria Maggiore

z odnowioną niedawno Cappella Baglioni, dekorowaną freskami Pinturicchia. W sąsiednim pałacu mieści się **Pinacoteca Civica** z ciekawą kolekcją lokalnego malarstwa i rzeźby. Inne miejsca warte uwagi to starożytna Porta Venere, antyczny łuk przerzucony nad Via dei Cappuccini, oraz gotycki kościół Sant'Andrea z kolejnymi cennymi dziełami Pinturicchia. Warto też odwiedzić antyczny amfiteatr (Anfiteatro) za miastem, gdzie odbywały się niegdyś walki gladiatorów.

6 km za Spello leży **Foligno**, które poważnie ucierpiało w czasie ostatniej wojny i trzęsienia ziemi w 1997 r. Oprócz nowych, raczej nieciekawych osiedli, w miasteczku jest co najmniej kilka ładnych budowli: katedra San Feliciano, wznoszona od XIV w., średniowieczny Palazzo Trinci, a także kościoły San Domenico i Santa Maria Infraportas. Szczególnie ten ostatni, pochodzący z VIII w., jest godny uwagi – jego wnętrze kryje piękną bizantyjską ikonę. Przez miasto przebiegała jedna z najważniejszych dróg wytyczonych przez Rzymian – Via Flaminia. Obecnie jej trasą biegnie wygodna, ale dość ruchliwa szosa (ss3), omijająca miejscowość od wschodu.

W rejonie Foligno skupia się jeszcze kilka ładnych, ciekawych miasteczek i wiosek. Na południowy wschód od miasta, w bok od Via Flaminia, w górzystej okolicy przycupnęły dwie miniaturowe osady – **Bevagna** i **Montefalco**, obie warte osobnych wycieczek ze względu na zabytkowy charakter zabudowy i malownicze położenie. Niecałe 10 km dzieli Foligno od **Trevi**, kolejnej ładnej osady na wzgórzu, tym razem bezpośrednio nad Via Flaminia. W zacisznym *centro storico* przetrwało kilka ładnych zabytkowych kościołów. Około 5 km za Trevi

•**Pinacoteca Civica**;
IV–IX wt.–nd.
10.30–13.00
i 15.00–18.30,
X–III wt.–nd. 10.30–17.30
i 15.00–17.00; 3 €.

Uliczka w Spello.

w stronę Spoleto, po przeciwnej stronie szosy stoi kościółek San Salvatore, znany także pod nazwą Tempietto di Clitunno. Tę ładną budowlę wzniesiono prawdopodobnie w V w., nie szczędząc jej antycznych detali. Godne uwagi są: zgrabna fasada, eleganckie rzymskie kolumny, a w środku – freski z VIII w. Kawałek dalej po tej samej stronie drogi wyrasta starożytne sanktuarium **Fonti del Clitunno**, popularne dzięki leczniczym źródłom. Nazwa pochodzi od jednego z rzymskich bogów, którego świątynia wznosiła się nieopodal, i którego imieniem ochrzczono też miejscowy strumień. Okolica była natchnieniem dla pokoleń poetów i malarzy. Choć wskutek trzęsień ziemi zasobność źródeł poważnie się zmniejszyła, a w letnie weekendy przyjeżdża tu stanowczo zbyt wiele osób, miejsce zachowało urok, a krystaliczna woda – wspaniały, orzeźwiający smak.

Gubbio i okolice

Gubbio, największy ośrodek północnej Umbrii, to najlepiej zachowane, a być może również najpiękniejsze średniowieczne miasto w regionie. Położone na odludziu, przytulone do porośniętych lasem, stromych zboczy Monte Ingino, wywiera na zwiedzających bardzo silne wrażenie. Aby poznać zabytkowe śródmieście, pełne starych pałaców, kościołów i malowniczych zaułków, potrzeba mniej więcej pół dnia. W północnej Umbrii są jeszcze co najmniej trzy godne odwiedzin miejscowości: Nocera Umbra i Gualdo Tadino na wschodzie, przy Via Flaminia, oraz Città di Castello w dolinie Tybru. Wszystkie są od wieków znanymi ośrodkami produkcji ceramiki, w którą obecnie masowo zaopatrują się turyści.

Historia

Protoplastą miasta było starożytne Iguvium, „stolica" Umbrów, potem rzymska kolonia i municypium. W XI w. Gubbio stało się niepodległą komuną, a od 1384 do 1508 r. należało do książąt Montefeltro z pobliskiego Urbino. Od XIII w. było silnym ośrodkiem ruchu franciszkańskiego. Św. Franciszek z Asyżu, w czasie jednego z pobytów w mieście, miał dokonać jednego ze swych najbardziej znanych cudów – oswojenia wilka pustoszącego okolicę i będącego postrachem mieszkańców. W 1624 r. Gubbio zostało wcielone do Państwa Kościelnego, w którego granicach pozostawało aż do zjednoczenia Włoch W 1944 r., w odwecie za ataki partyzantów ukrywających się w okolicznych górach, Niemcy

Średniowieczna uliczka w Gubbio

Palazzo dei Consoli.

rozstrzelali 40 mieszkańców. Wydarzenie to upamiętnia nazwa jednego z głównych placów – Piazza Quaranta Martiri.

Zwiedzanie

Zabytkowe centrum, stosunkowo rozległe, otacza pierścień **murów obronnych**, wzniesionych w końcu XIII w. i modernizowanych w następnych stuleciach. Głównym punktem jest **Piazza Grande** – efektowny, prostokątny plac zbudowany w I połowie XIV w. na dominującym nad okolicą naturalnym tarasie. Posępne, kamienne bryły średniowiecznych pałaców, zaskakująco rozległy widok na rozciągającą się niżej równinę, a często także kłębiące się nad okolicznymi górami zwały chmur sprawiają, że sceneria placu na długo pozostaje w pamięci.

Przy jednym z krótszych boków placu stoi zwieńczony blankami i wieżą **Palazzo dei Consoli** – dawny ratusz, mieszczący dziś **Museo Civico**. W jego zbiorach jest prawdziwy rarytas – **Tavole Eugubine** (tablice iguwińskie) – siedem płyt z brązu, datowanych na III–I w. p.n.e., pokrytych napisami w alfabecie etruskim i łacińskim. Sam tekst – jedyny znany zabytek archaicznego języka, zwanego *lingua ikuvina*, używanego przez starożytnych Umbrów – powstał kilkaset lat przed przeniesieniem go na tablice i opisuje prastare ceremonie religijne. Dużą atrakcją muzeum jest też loggia, z której rozciąga się imponująca panorama okolic. Nieco powyżej placu stoi stosunkowo skromna XIII-wieczna **katedra**. W sąsiednim pałacu kanoników urządzono **Museo Diocesano**, gdzie warto zobaczyć renesansową flamandzką kapę, średniowieczne freski oraz gigantyczną beczkę na wino o pojemności ponad 20 tys. litrów. Nieopodal katedry stoi rezydencja książąt Montefeltre – **Palazzo Ducale**. Gmach, którego projektantem był Francesco di Giorgio Martini, warto obejrzeć ze względu na znakomitą renesansową architekturę. Wnętrza są niemal zupełnie pozbawione wyposażenia.

Poniżej Piazza Grande, w gąszczu uliczek chowa się sporo ładnych, średniowiecznych kościołów. W dużym **San Francesco** przetrwał cykl XV-wiecznych malowideł, z których najciekawsze są freski Ottaviana Nelli, koncentrujące się na życiu Maryi. W **Santa Maria Nuova** przetrwała piękna *Madonna del Belvedere* (1413) tego

• **Museo Civico**;
IV–IX codz. 10.00–13.00 i 15.00–18.00, X–III codz. 10.00–13.00 i 14.00–17.00; 5 €.

• **Museo Diocesano**;
www.museogubbio.it; codz. 10.00–18.00, latem do 19.00; 4,50 €.

• **Palazzo Ducale**;
codz. 9.00–19.30; 2 €.

Festa dei Ceri

Co roku w połowie maja w Gubbio odbywa się jeden z najbardziej widowiskowych festynów ulicznych we Włoszech. Tydzień przed głównymi uroczystościami trzy dziwaczne konstrukcje, zwane *ceri*, składające się z dwóch smukłych „cylindrów" ustawionych jeden na drugim i zwieńczonych figurami świętych, ubieranymi na tę okazję w sukienki, są przenoszone w pozycji horyzontalnej z bazyliki na główny plac miasta. 15 maja o 18.00, przy akompaniamencie dzwonów i w towarzystwie wielkich tłumów, ma miejsce podniesienie *ceri* do pionu i udzielenie błogosławieństwa przez biskupa. Teraz następuje gwóźdź programu, *corsa dei ceri*, czyli wyścig figur ulicami miasta. Trasa prowadzi przez wszystkie kwartały *centro* i dzieli się na kilka etapów, przy czym ostatni wiedzie z Via dei Consoli z powrotem do San Ubaldo. Tradycyjnie zawody wygrywa ekipa biegnąca z *ceri* patrona miasta. Według różnych wersji, festyn upamiętnia zwycięską dla mieszkańców Gubbio bitwę z 1154 r., śmierć św. Ubalda Baldassiniego, miejscowego biskupa (1160), lub uroczystość złożenia jego ciała w bazylice (1194).

samego artysty. Najstarszy zabytek
Gubbio – **rzymski teatr** z I w. n.e. – leży
za murami. Z kolei powyżej centrum, na
szczycie Monte Ingino wznosi się
bazylika **San Ubaldo**, z relikwiami
patrona Gubbio, św. Ubalda, i sławnymi
ceri (zob. ramka) w prawej nawie.
Z centrum można się tu dostać pieszo
albo **kolejką linową**, startującą sprzed
Porta Romana, na wschodnim krańcu
śródmieścia. Podróż dostarcza wielu
wrażeń, bowiem zabezpieczenia przed
wypadnięciem z wagoników są mocno
wątpliwe. Nagrodą są piękne i bardzo
rozległe widoki spod szczytu na Gubbio
i dalszą okolicę.

Okolice Gubbio

Gualdo Tadino Miasteczko przy
granicy Umbrii i Marche, 20 km na
południowy wschód od Gubbio,
zostało poważnie uszkodzone przez
trzęsienie ziemi w 1997 r. Dziś wydaje
się być skromną miniaturą
sławniejszego sąsiada. Ładne centrum
na wzgórzu jest otoczone nowszą,
nieciekawą zabudową. Główne zabytki
powstały w okresie największego
rozkwitu, w XIII i XIV w.: katedra San
Benedetto, kościół San Francesco,
Palazzo del Podestà, wreszcie
imponujący zamek – Rocca Flea.
Urządzono w nim **Museo Civico** ze
zbiorami dawnej sztuki umbryjskiej,
przede wszystkim ceramiki i malarstwa.
Jadąc z Gualdo Tadino na północny
zachód ss3 (Via Flaminia), dojeżdża się
na skraj **Parco Nazionale del Monte
Cucco**. Można tu także dotrzeć na
skróty z Gubbio, krętą ss298, obfitującą
w piękne widoki. Park obejmuje jeden
z najładniejszych fragmentów
środkowych Apeninów – zgarbiony
grzbiet Monte Cucco (1566 m n.p.m.),
pokryty soczystymi pastwiskami
i pięknym lasem. Na terenie parku
wytyczono szereg szlaków pieszych

o zróżnicowanym stopniu trudności.
Punktem wyjścia na najwyższy szczyt
masywu może być wioska
Costacciaro przy Via Flaminia.

Nocera Umbra To kolejne ładne
umbryjskie miasteczko, 14 km na
południe od Gualdo Tadino, szczyci się
ładną kamienną zabudową chronioną
średniowiecznymi murami. Większej
uwagi jest godna **katedra** – antyczna
rzymska budowla, gruntownie
przekształcona w połowie XV w.

Città di Castello Na północ od
Perugii rozciąga się dolina górnego
Tybru, której większa część należy do
Umbrii, a mniejsza – do Toskanii.
Blisko granicy regionów leży Città di
Castello (dojazd z Perugii regionalnym
pociągiem FCU lub autobusem APT),
z ładną starówką chronioną białym
murem obronnym. Turyści zatrzymują
się tu na ogół w drodze z Perugii do
San Sepolcro. Miasteczko chlubi się
najlepszą w północnej Umbrii galerią
malarstwa późnośredniowiecznego
i renesansowego, z obrazami Rafaela,
Ghirlandaia i Signorellego,
płaskorzeźbą della Robbii
i relikwiarzem Gibertiego (**Pinacoteca
Comunale**). Galerię ulokowano
w Palazzo Vitelli alla Cannoniera,
XVI-wiecznym gmachu z parkiem na
tyłach i sgraffitami Vasariego na jednej
z elewacji. W **Museo del Duomo**
obok katedry można zobaczyć
olśniewający **skarb z Canoscio**
(zbiór drogocennych naczyń
liturgicznych z VI w., odkryty
w 1935 r.) i równie wspaniały ołtarz
ofiarowany katedrze przez
pochodzącego z Città di Castello
papieża Celestyna II w 1142 r.,
wykonany ze srebra i złocony. Spośród
obrazów wyróżniają się dzieła
Pinturicchia, Rossa Fiorentina i Giulia

Nocera Umbra.

Romana. W inny świat przenosi zwiedzających **Tela Umbra**, muzeum przedstawiające dzieje lokalnego przemysłu tekstylnego. Można w nim zobaczyć m.in. oryginalny warsztat tkacki (za dopłatą 1 €, tylko pn.–pt.). Muzealną ofertę uzupełnia zbiór dzieł Alberta Burriego, współczesnego artysty rodem z Città di Castello. Prace tego czołowego przedstawiciela tzw. sztuki biednej (*arte povera*) można oglądać w ramach **Collezione Burri**, rozbitej na dwie ekspozycje, w Palazzo Albizzini i w Ex Seccatoi del Tobacco.

•**Tela Umbra** ;
wt.–sb. 10.00–12.00
i 15.30–17.30, nd.
10.30–13.00
i 15.00–17.30; 2,60 €.

•**Collezione Burri**;
te same godz. i bilet:
wt.–sb. 9.00–12.30
i 14.30–18.00, nd.
10.30–12.30
i 15.00–18.00; 7 €.

Środkowa i północna Umbria • INFORMACJE PRAKTYCZNE

PERUGIA

Przyjazd, orientacja, informacja

Perugia składa się zabytkowego centrum na wysokim wzgórzu, o zwartej i zagmatwanej zabudowie, oraz niżej położonych nowych dzielnic, luźno rozrzuconych na znacznej przestrzeni. W centrum wyróżnia się historyczne jądro miasta, z reprezentacyjnym deptakiem (Corso Vannucci), katedrą i budowlami municypalnymi oraz dawne przedmieścia (borghi), sukcesywnie wiązane z centrum kolejnymi pierścieniami murów, w znacznym stopniu zachowanymi.

Główny dworzec kolejowy FS znajduje się w nowej części miasta, oddalony znacznie od *centro*, do którego trzeba dojechać autobusem. Blisko centrum leży Stazione Sant'Anna, skąd odjeżdżają pociągi regionalne FCU. Autobusy dalekobieżne i regionalne zatrzymują się na Piazza Partigiani, u stóp zabytkowego centrum, skąd na Piazza Italia powadzi ciąg ruchomych schodów.

Biuro informacji turystycznej (Piazza Matteotti 18; ☎075/5736458, fax 075/5739386, info@iat.perugia.it, www.perugia.umbria2000.it; IV–IX pn.–sb. 8.30–18.30, nd. 9.00–13.00, X–IV pn.–sb. 8.30–13.30 i 15.30–18.30, nd. 9.00–13.00) działa w pobliżu Corso Vannucci. Dla przyjeżdżających autobusem pierwszym źródłem informacji może być Infoturist Point na Piazza Partigiani (☎075/5757, www.infoumbria.com; pn.–pt. 9.00–13.30 i 14.30–18.30, sb. 9.00–13.00), gdzie można uzyskać poradę w sprawie noclegu. Komunalne

biuro InformaGiovanni (Via Idalia 1; ☎075/5720646, www.comune.perugia.it; pn.–pt. 10.00–13.30 pn. i śr. także 15.30–17.30) jest nastawione na pomoc studentom, także zagranicznym. Informacje dotyczące Universitf per Stranieri di Perugia są dostępne na stronie www.unistrapg.it. Warto zaopatrzyć się w miesięcznik „Vivaperugia" (0,80 €), przynoszący wiadomości o aktualnych imprezach w mieście, dostępny w kioskach z prasą.

Komunikacja

Do Perugii najłatwiej dojechać pociągiem państwowych kolei Trenitalia, np. z Rzymu (od ponad 2 godz. do 3 godz. 20 min; do 6 razy dziennie) lub z Florencji (2 godz. 10 min; 7 dziennie). Z Rzymem i Florencją miasto ma także bezpośrednie połączenia autobusowe (www.sulga.it). Zwiedzenie Umbrii z Perugii ułatwiają pociągi regionalnej sieci Ferrovia Centrale Umbra (www.fcu.it), m.in. do Ponte San Giovanni, Todi, Terni, Cittf di Castello i Sansepolcro. Po mieście kursują autobusy APM (www.apmperugia.it), dzięki którym z Perugii można dostać się również do wszystkich ważniejszych miejscowości regionu. Zwykły bilet komunikacji miejskiej, ważny 70 min, kosztuje w kiosku 1 €, u kierowcy 1,50 €. W sprzedaży są też karnety 24-godzinne (Card turistico; 3,60 €). Zmotoryzowani najlepiej zrobią, wybierając któryś z płatnych parkingów na obrzeżach centrum (np. przy Piazza Partigiani, Piazzale Europa czy Viale Pellini) – o ile będą na nich wolne miejsca, o co w dni robocze niełatwo.

Noclegi

Perugia ma dobrze rozwiniętą bazę noclegową. Oprócz hoteli i schronisk są jeszcze kwatery prywatne, których najlepiej szukać z pomocą biur informacji turystycznej. Tańsze i dogodnie zlokalizowane miejsca są zajmowane przez studentów i trzeba je rezerwować z dużym wyprzedzeniem, albo mieć dużo szczęścia. Pokoje przy klasztorach (*case religiose*) są często wynajmowane na miesiące i z tego powodu dostępne przede wszystkim dla studentów. Na ogół są tanie, ale trzeba liczyć się z wysoką kaucją, zwracaną przy wyjeździe. Ceny noclegów idą w górę w lipcu, podczas festiwalu jazzowego.

Hotele

Anna (Via die Priori 48; ☎075/5736304, fax 075/5722671, info@albergoanna.it, www.albergoanna.it). Skromny hotelik w centrum.

Eden (Via C. Caporali 9; ☎075/5728102, fax 075/5720342, eden@hoteleden.191.it, www.hoteleden.191.it). W *centro storico*; pokoje z łazienkami.

Fortuna (Via Bonazzi 19; ☎075/5722845, fax 075/5735040, fortuna@umbriahotels.com, www.umbriahotels.com). W średniowiecznym pałacu; pokoje z łazienkami, na dachu ogródek z wldokiem na *centro*. ③

Umbria (Via Boncambi 37; ☎075/5721203, fax 075/5737952, info@hotel-umbria.com, www.hotel-umbria.com). Skromny hotel o średnim standardzie, w centrum.

Case religiose

Istituto Don Bosco (Via Don Bosco 7; ☎075/5733880, fax 075/5730471,

accolienza@donbosco.it). Przy liceum salezjanów; 12 jedynek i jedna dwójka, wszystkie z łazienkami; dla mężczyzn. ①
Suore della Provvidenza (Via Francolina 18; ☎075/5724623, 075/5738700). Pokoje z łazienkami lub bez, jedynki i dwójki; dla kobiet.

Schroniska

Centro Internazionale di Accoglienza per la Gioventù (Via Bontempi 13; ☎075/5722880, fax 075/5739449, ostello@ostello.perugia.it, www.ostello.perugia.it; poł. I–poł. XII). W ścisłym centrum, blisko Corso Vannucci. 134 miejsca w salach 4–8-os. ①
Ostello Internazionale per la Gioventù Maria Luisa Spagnoli (Via Cortonese 4; ☎075/5011366, fax 075/5026805, perugiahostel@tiscali.it, www.umbriahostels.org). Wielkie schronisko przy dworcu kolejowym; 186 miejsc w pokojach 3- i 4-os. ①

Kempingi

Oba kempingi są w Colle della Trinitf, 5 km od centrum (dojazd autobusem z tabliczką Colle della Trinità z Piazza Partigiani lub z dworca kolejowego linią #9). Planując nocleg pod namiotem, lepiej jednak wybrać rejon Jeziora Trazymeńskiego, ze względu na dużą liczbę kempingów i ładną okolicę.
Il Rocolo (Strada Fontana – Trinità 1/N; ☎075/5178550, 075/5178550, ilrocolo@ilrocolo.it, www.ilrocolo.it; IV -X).
Paradise d'Eté (Strada Fontana – Trinità 29/H; ☎/fax 075/5173121, jnlagu@ tin.it, www.wel.it/cparadis). Mały całoroczny kemping z trzema bungalowami.

Gastronomia

Ze względu na licznych studentów, w centrum Perugii stosunkowo łatwo znaleźć niedrogi lokal. Miejscowe specjalności to dania oparte – jak zwykle

w środkowych Włoszech, w głębi półwyspu – na wieprzowinie, dziczyźnie, truflach i grzybach. Do kawy warto spróbować *baci* – małych czekoladek z orzechowym nadzieniem, wyłożonych w każdym barze. *Baci* są dostępne w całych Włoszech, ale pochodzą właśnie z Perugii.
Cesarino (Piazza IV Novembre 45; ☎075/5728974; śr. zamkn.). Ciesząca się dobrą opinią restauracja w ścisłym centrum. Ceny powyżej średniej.
Da Peppe (Via Baldeschi 4; ☎075/5726329). Pizza i dania kuchni umbryjskiej.
Falchetto (Via Bartolo 20; ☎075/5731775; śr. zamkn.). Dobra restauracja z tradycyjnym umbryjskim jedzeniem, w dwóch zabytkowych salach.
Il Baldo (Via Baldo 11; ☎075/5733099). Tanie obiady, pizza.
Turreno (Piazza Danti 16; ☎075/5721976; nd.–pt. tylko w porze obiadu). Bar – w sam raz na szybki i tani posiłek.

Rozrywki

Umbria Jazz to festiwal jazzowy, jeden z najlepszych w Europie, organizowany od 1973 r. przez Associazione Umbria Jazz (Piazza Danti 28; ☎075/5732432, fax 075/5722656, info@umbriajazz.com, www.umbriajazz.com) i przyciągający światowe sławy; VII.

Informator

Internet Point, Via Rocchi 4, między katedrą a Arco Etrusco.
Straż miejska (Vigili Urbani); ☎075/5723232.
Szpital Piazza S. Francesco (na wsch. obrzeżach *centro*), centrala ☎075/5411.
Targ i sklepy Mercato Coperto z produktami spożywczymi jest blisko Corso – na tyłach Piazza Matteotti (pn.–sb. do 13.00). Przy Piazza Matteotti jest duży supermarket Coop.
Wymiana pieniędzy W Banca dell'Umbria, Corso Vannucci 39; ☎075/5693110

(w okienkach lub automatach), w kantorze przy Piazza IV Novembre, nieopodal katedry, lub na poczcie (Piazza Matteotti, pn.–sb. 8.10–17.30, ostatni dzień miesiąca do 12.00, ☎075/5720395).

JEZIORO TRAZYMEŃSKIE

Przyjazd, orientacja, informacja

Jezioro leży około 30 km na zachód od Perugii, a w jego najbliższym otoczeniu nie ma żadnych większych miast. Turystyczną stolicą regionu jest Castiglione del Lago na południowym brzegu, przy drodze Arezzo–Orvieto (ss71). Drugim ważnym ośrodkiem jest Passignano sul Trasimeno, po północnej stronie zbiornika. Trzecie miasteczko, Maggione, leży odsunięte o kilka kilometrów na zachód odakwenu. Prócz tego nad jeziorem jest jeszcze tylko kilka miniaturowych miejscowości; znaczną część wybrzeża zajmują kempingi. Na akwenie leżą trzy wyspy: Isola Polvese, Isola Maggiore oraz Isola Minore.

Główne **biuro informacji turystycznej** mieści się w Castiglione del Lago (Servizio Turistico Territoriale, IAT del Trasimeno, Piazza Mazzini 10; ☎075/9652484, 075/9652738, fax 075/9652763, info@iat.castiglione-del-lago.pg.it, urat@lagotrasimeno.net, www.lagotrasimeno.net, www.trasimeno.umbria2000.net; pn.–sb. 8.30–13.00 i 15.30–19.00, nd. 9.00–13.00), mniejsze są w Passignano i Magione.

Komunikacja

Wzdłuż północnego brzegu przebiega ruchliwa, dwupasmowa ss75b, łącząca Perugię z autostradą do Rzymu i Florencji, a wzdłuż zachodniego – ss71

Arezzo–Orvieto. Pociągiem można dojechać do Passignano (stacja kolejowa blisko centrum i jeziora) i Castiglione del Lago (ze stacji do centrum ponad kilometr). Autobusy linii APM wożą z Perugii do Castiglione del Lago (przez Passignano i Tuoro; 1 godz. 10 min; 4,70 €) oraz Magione (30–40 min). Do mniejszych miejscowości warto wybierać się w zasadzie tylko własnym środkiem lokomocji – lokalne autobusy kursują rzadko i nie wszędzie docierają.

Noclegi

Wokół jeziora dominują duże kempingi, usytuowane zazwyczaj nad samą wodą i wyposażone we własne plaże, w związku z tym dość drogie. Dwa największe zgrupowania znajdują się na zachodnim brzegu, w rejonie Castiglione del Lago i na wschodnim, koło Magione. Co do hoteli, w szczycie sezonu mogą być problemy ze znalezieniem wolnego miejsca w znośnej cenie. Tym, którzy zamierzają spędzić nad akwenem kilka dni i którym nie przeszkadza oddalenie od wody, można polecić nocleg w którymś z licznych gospodarstw agroturystycznych; o wolne miejsca trzeba pytać w biurach informacji turystycznej.

Gastronomia

Wśród miasteczek nad jeziorem szerokim wachlarzem lokali może się poszczycić Passignano. Obok typowo umbryjskich, dość ciężkich dań z dziczyzny i wieprzowiny przyprawionych ziołami lub truflami nad akwenem podaje się ryby słodkowodne i rozmaite odmiany dojrzewającego owczego sera *pecorino* – od słodkawych po bardzo pikantne.

Castiglione del Lago
Hotele
Fazzuoli (Piazza Marconi 11; ☎075/951119, fax 075/951112, info@hotel-trasimeno.it). Średniej wielkości hotel z pokojami 1- i 2-os.
La Torre (Via Vittorio Emanuele 50; ☎075/951666, fax 075/951666, latorre@trasinet.com, www.trasinet.com/latorre). Mały, schludny pensjonat; pokoje 2-os. z łazienkami. ③
Trasimeno (Via Roma 174; ☎075/9652494, fax 075/9525258, info@hotel-trasimeno.it, www.hotel-trasimeno.it). Pokoje z łazienkami. ③

Kempingi
La Badiaccia (Loc. Badiaccia; ☎075/9659097, fax 075/9659019, info@badicaccia.com, www.badicaccia.com; IV–IX). Największy na zachodnim brzegu jeziora, świetnie wyposażony.
Listro (Loc. Lido Arezzo, Via Lungolago; ☎075/951193, fax 075/951193, listro@listro.it, www.listro.it; IV–IX). Duży, dobrze wyposażony kemping.

Gastronomia
L'Acquario (Via Vittorio Emanuele II 69; ☎075/9652432; wt. zamkn.). Znakomite dania rybne, dziczyzna, trufle; ceny nieznacznie powyżej przeciętnej.

Rozrywki
Trasimeno Blues Festiwal – koncerty bluesowe w Castiglione i okolicznych miejscowościach; www.trasimenoblues.net; ostatni tydzień VII.
Rassegna Internazionale del Folklore – ważny festiwal folklorystyczny, na który przybywają zespoły z zagranicy, niekiedy także z Polski; VII/VIII.

Magione
Kempingi
Eden Park (Loc. Torricella, Via del Lavoro 18, ☎075/843320, fax 075/840

485). Całoroczny kemping średniej wielkości.
Villagio Italgest (Loc. Sant'Arcangelo, Via Martiri di Cefalonia; ☎075/848238, fax 075/848085, camping@italgest.com, www.italgest.com; IV–IX). Ogromny kemping, prawdziwe miasteczko turystyczne z wszelkimi wygodami.

Passignano
Gastronomia
Il Molo (Via A. Pompili 9; ☎075/827151; zimą pn. zamkn.). Restauracja obok portu, specjalizująca się w potrawach z ryb i kuchni umbryjskiej (doskonała *porchetta*); bogata karta win, dość drogo.

Rozrywki
Palio delle Barche – trwający kilka dni festyn historyczny, upamiętniający oblężenie miasta przez Sieneńczyków w 1495 r.; w ostatnim tygodniu VII.

Città della Pieve
Rozrywki
Palio dei Terzieri – festiwal historyczny, w którym rywalizują przedstawiciele trzech dawnych dzielnic; przedostatnia nd. VIII.

ASYŻ I OKOLICE

Przyjazd, orientacja, informacja
Do Asyżu najłatwiej dotrzeć z Perugii autobusem (30–50 min, ok. 20 kursów dziennie; w jedną stronę 3 €), przez Santa Maria degli Angeli. Miasto ma też bezpośrednie połączenia autobusowe z Rzymem i Florencją (www.sulga.it). Najbliższa stacja kolejowa jest w Santa Maria degli Angeli (liczne połączenia z Perugią). Większość autokarów zatrzymuje się na Piazza Unitf d'Italia, przy murach miejskich, pod bazyliką św. Franciszka, część także na

Piazza Matteotti w pobliżu katedry (gdzie jest dworzec autobusowy). Największy z kilku płatnych parkingów jest na Piazza Unitř d'Italia (do ścisłego centrum mogą wjeżdżać tylko miejscowi). Główna trasa turystyczna wiedzie od bazyliki św. Franciszka przez Via S. Francesco i Piazza del Comune do bazyliki św. Klary.

Biuro informacji turystycznej APT (Piazza del Comune 12; ☎075/812534, fax 075/813727, info@iat.assisi.pg.it, www.assisi.umbria2000.it; IV–X pn.–sb. 8.00–18.30, nd. 9.00–13.00, XI–III pn.–pt. 8.00–14.00 i 15.00–18.00, sb. 9.00–13.00 i 15.00–18.00, nd. 9.00–13.00) znajduje się na głównym placu *centro*.

Noclegi

W Asyżu jest bardzo dużo hoteli (na ogół niewielkich), domów prowadzonych przez zgromadzenia lub zakony i kwater prywatnych. Informacji o noclegach udziela **Consorzio Albergatori ed Operatori Turistici di Assisi** (Via A. Cristofani 22/a; ☎075/816566, fax 075/812315, info@visitassisi.com, www.visitassisi.com), które ma punkty informacyjne na Largo Properzio (przed Porta Nuova; ☎075/816766), na Viale Marconi (☎075/813599, 075/815388) i w Santa Maria degli Angeli (☎075/8044570).

Hotele

Anfiteatro Romano (Via Anfiteatro Romano 4; ☎075/813025, fax 075/815 110). Hotelik na skraju centrum; pokoje z łazienkami lub bez.

Il Duomo (Vicolo S. Lorenzo 2; ☎/fax 075/812742, ilduomo@hotelsanrufino.it,

www.hotelsanrufino.it). Malenki hotel w pobliżu katedry, pokoje 1- lub 2-os., na ogół z łazienkami.

Il Palazzo (Via S. Francesco 8; ☎075/816841, 075/812370, info@hotelilpalazzo.it, www.hotelilpalazzo.it). Komfortowy hotelik w ścisłym centrum. ③

Italia (Vicolo della Fortezza; ☎075/812 625, fax 075/8043749). Nieduży hotel, pokoje na ogół z łazienkami. ①

Schroniska i kempingi

Fontemaggio (Via S. Rufino Campagna 8; ☎075/813636, fax 075/813749, www.fontemaggio.it). Oficjalne schronisko młodzieżowe i wielki kemping, 3 km za miastem w stronę Carceri. ①

Ostello della Pace (Via di Valecchie 177; ☎/fax 075/816767, assisi.hostel@tiscalinet.it, www.assisihostel.com). Duże schronisko młodzieżowe. ①

Campeggio Internazionale Assisi (San Giovanni in Campiglione 110; ☎075/ 813710, fax 075/813235, info@campingassisi.it, www.campingassisi.it). Przy ss147, między Asyżem a Bastia Umbria; droższy i bardziej oddalony od *centro* od *Fontemaggio*.

Gastronomia

W centrum Asyżu jest sporo lokali na każdą kieszeń, od dobrych i drogich *trattorii* po serwujące pizzę *al taglio*.

I Monaci (Via Scalette 10; ☎075/812512; śr. zamkn.). Bardzo dobre dania lokalne oraz pizza, 100 m od Piazza del Comune.

Il Duomo (Via Porta Perlici 11; ☎075/ 816326; codz. 9.30–23.30). Kuchnia umbryjska w domowym wydaniu i pizza z pieca opalanego drewnem w zabytkowych wnętrzach; ceny powyżej średniej.

Foro Romano (Via Portica 47). Popularna restauracja samoobsługowa.

Pallotta (Vicolo della Volta Pinta; ☎075/ 812649; wt. zamkn.). Świetna *trattoria*

z tradycyjnym naprzeciw Tempic Comune; znakomite z królika; ceny powyżej *Sensi* (Corso Mazzini 14) i c Mazzini 16a) to dobre miejsca

Rozrywki

Calendimaggio (www.calendimaggiodiassisi.it; 6–8 V) jeden z najważniejszych festiwali historycznych we Włoszech. W Asyżu hucznie obchodzi się także Wniebowstąpienie oraz odpust na św. Franciszka (4 X).

GUBBIO I OKOLICE

Przyjazd, orientacja, informacja

Do Gubbio jest najłatwiej dojechać autobusem z Perugii (70–90 min, pn.–sb. 13 kursów dziennie, nd. 4; w jedną stronę 4,30 €). Do miasta nie docierają pociągi – najbliższa stacja jest w Fossato di Vico, 17 km na południowy wschód od Gubbio, skąd można kontynuować podróż autobusem (do 10 kursów dziennie). Najładniejszą drogą dojazdową jest ss298 (z Perugii, 42 km).

Główny cel turystów – Piazza Grande – leży na wysokim tarasie górującym nad *centro storico*. Dworzec autobusowy jest zlokalizowany w niżej położonej części śródmieścia, przy Piazza Quaranta Martiri. Obok placu przebiega Via della Repubblica, wiodąca w stronę Piazza Grande (10 min marszem). Ważnym orientacyjnie punktem jest skrzyżowanie dwóch głównych ulic śródmieścia: Via della Repubblica i Corso Garibaldi.

Biuro informacji turystycznej działa przy Via della Repubblica 15 (☎075/9220693, fax 075/9273409, info@iat.gubbio.pg.it, www.gubbio-

, pn.–pt.
.00, sb.
–18.00, nd.

...egowa Gubbio jest bogata,
...czyt sezonu i czas obu
...vych festynów miejsca trzeba
...erwować z dużym wyprzedzeniem.
Bosone (Via XX Settembre 22; ☎075/9220688,
fax 075/9276604, info@rosatihotels.com,
www.rosatihotels.com). Nieduży, dobrze
wyposażony hotel. ③
Locanda del Duca (Via Piccardi 1; ☎075/
9220662, fax 075/9220663,
info@rosatihotels.com,

www.rosatihotels.com). Skromny,
dogodnie zlokalizowany hotelik. Pokoje
z łazienkami. ③
Maestre Pie Filipini (Corso Garibaldi 100;
☎075/9273768). *Casa religiosa*; gościny
udzielają siostry zakonne. ①–
Città di Gubbio (Loc. Ortoguidone;
☎075/9272037, fax 075/9276620,
info@gubbiocamping.com,
www.gubbiocamping.com; IV–IX). Duży
kemping z kortami i basenem, 2 km na
południe od miasta, przy ss298.

Gastronomia

W żyjącym z turystyki Gubbio nie brakuje
lokali wszelkiej maści, zwłaszcza
w *centro storico*.

Taverna del Lupo (Via Ansidei 21; ☎075/
9274368; pn. zamkn.). Dość drogi, elegancki
lokal ze znakomitymi daniami regionalnymi
w zmodernizowanych wersjach.
Alla Balestra (Via della Repubblica 41;
☎075/9273810; wt. zamkn.). Dobra
restauracja z lokalnym jedzeniem (m.in.
mięso z rusztu, dania z trufli) i pizzeria
w średniowiecznym budynku z drewnianymi
stropami; latem uroczy ogródek.

Rozrywki

La Corsa dei Ceri (www.ceri.it; zob. ramka);
15 V.
Palio della Balestra – popis sprawności
kuszników w strojach historycznych, na
Piazza Grande; 28 V.

Południowa Umbria

Południowa Umbria • GŁÓWNE ATRAKCJE

• **Katedra w Orvieto**
XIII-wieczna katedra została wybudowana
jako forma podziękowania za tzw. cud
bolseński, kiedy podczas mszy w pobliskiej
wiosce Bolsena z hostii zaczęła kapać krew.
Jej olśniewająca fasada, obsypana misternymi
ornamentami, rzeźbami i mozaikami, wydaje
się być dziełem raczej złotnika niż architekta.

• **Todi**
Świetnie zachowane średniowieczne
miasteczko, zaliczane do najpiękniejszych we
Włoszech, przycupnęło na wzniesieniu
górującym nad doliną Tybru. Jego
najcenniejszym zabytkiem jest kościół Santa
Maria della Consolazione, jedna
z najwspanialszych renesansowych budowli
w Europie. Od kilkunastu lat Todi cieszy się
wielką popularnością jako miejsce
wypoczynku znanych osobistości.

• **Spoleto**
Pięknie położone i pełne zabytków miasto ze
sławnym festiwalem sztuki. Wyróżnia się
imponującym XIV-wiecznym Ponte delle Torri
(most Wież), o wysokości 80 m i długości
240 m, który spina brzegi wąwozu Tessino
między Spoleto a Monteluco.

Orvieto

Orvieto ma wiele powodów do dumy: spektakularną lokalizację, zabytkowe centrum z niebywale piękną katedrą, wreszcie kuchnię, z pierwszorzędnym białym winem. Miasteczko przycupnęło na wysokim, skalistym płaskowyżu, podziurawionym jak sito podziemnymi tunelami, wykuwanymi przez setki lat, już od czasów Etrusków. Minimalny plan zwiedzania obejmuje spacer po *centro storico* i obejrzenie katedry, co zajmuje jakieś 2 godz., ale w miejscowości warto zatrzymać się na dłużej.

Wielu uczonych identyfikuje starożytne Orvieto ze znanym z przekazów pisanych miastem Volsinii, jednym z głównych ośrodków Etrusków. Od końca VIII w. miejscowość należała do Państwa Kościelnego – w XII i XIII w. bardzo często bywał tutaj papieski dwór. Uciekając z niespokojnego i malarycznego Rzymu, papieże znajdowali w Orvieto spokój i zdrowszy klimat. Od XVII w. miasto powoli, lecz nieuchronnie zaczęło się chylić ku upadkowi, odżyło jednak ponownie w XX w. za sprawą przemysłu turystycznego.

Zwiedzanie

Większość turystów przybywa do Orvieto tylko po to, by zobaczyć gotycką katedrę – jeden z najwspanialszych zabytków architektury sakralnej we Włoszech. Kościół stoi w południowej części centrum, w bok od głównego deptaku, czyli Corso Cavour.

Wspaniała katedra według tradycji powstała jako dziękczynienie za **cud bolseński z 1263 r.** Oto pewien czeski kapłan, który nie wierzył, że w czasie eucharystii dokonuje się przemiana chleba i wina w Ciało i Krew Chrystusa, podróżując do Rzymu odprawiał nabożeństwo w pobliskiej Bolsenie. Podczas konsekracji z opłatka trysnęła krew, plamiąc rozłożony na ołtarzu korporał (kwadratową chustę, na której ustawia się kielich i patenę). Relikwię przesłano do rezydującego właśnie w Orvieto papieża Urbana IV, który potwierdził jej autentyczność i złożył w miejscowej katedrze. Rok później, na pamiątkę cudu, ustanowiono święto Bożego Ciała (do dziś jest tu obchodzone bardzo uroczyście). W 1290 r. papież Mikołaj IV zainicjował w Orvieto budowę nowej katedry, godnej wyjątkowej relikwii.

• Katedra;
7.30–12.45
i 14.30–19.15, zimą do 17.15, w nd. i święta zwiedzanie wyłącznie po południu; bezpł.

Panorama Orvieto.

Karta Orvieto Unica

Karta Orvieto Unica
(12,50 €) to karnet
uprawniający do wstępu
do większości płatnych
atrakcji Orvieto (Cappella di
San Bizio w katedrze,
Museo „Claudio Faina",
Orvieto Underground, Torre
del Moro), bezpłatnego
przejazdu autobusem
i kolejką z Orvieto Scalo do
centrum (tam
i z powrotem), bezpłatnego
korzystania z miejskich
elektrycznych minibusów
(linie A i B), bezpłatnego
5-godzinnego postoju na
krytym parkingu Campo
della Fiera i zniżek
w niektórych sklepach,
restauracjach i hotelach.
Karnet jest ważny cały rok;
można go kupić w biurach
informacji turystycznej, na
Campo della Fiera
i w muzeach.

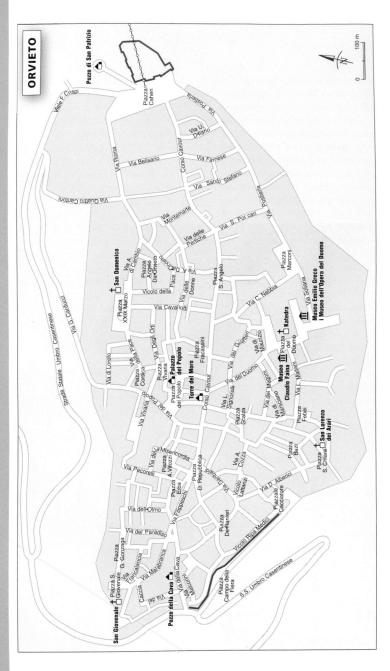

Pasiaste elewacje świątyni przypominają architekturę niedalekiej Toskanii, a zwłaszcza katedrę sieneńską – jednym z budowniczych kościoła był Sieneńczyk, Lorenzo Maitani. Olśniewająca **fasada**, obsypana misternymi ornamentami, rzeźbami i mozaikami, wydaje się być dziełem raczej złotnika niż architekta. Godne uwagi są umieszczone po bokach portali kamienne płyty, pokryte rzeźbioną dekoracją. Wśród misternych zwojów roślinności przedstawiono sceny ze Starego i Nowego Testamentu oraz z Sądu Ostatecznego. To arcydzieło rzeźby gotyckiej powstało w pracowni Maitaniego około 1330 r. Z tego samego stulecia pochodzi Madonna z Dzieciątkiem ze środkowego portalu oraz umieszczona wyżej koronkowa rozeta. Mozaiki fasady pochodzą z XVII–XIX w., a wielkie drzwi z brązu w głównym wejściu są dziełem współczesnego artysty, Emilia Greca.

Po obejrzeniu fasady, wnętrze – bardzo przestronne, wysokie (34 m) i puste – może rozczarowywać. Większość wyposażenia przeniesiono do

Wspniała katedra w Orvieto.

Museo dell'Opera del Duomo.
W prezbiterium warto rzucić okiem na
średniowieczne malowidła ścienne
i drewniane intarsjowane stalle (XIV w.)
z miejscami dla kanoników i biskupa.
W kaplicy po lewej stronie transeptu
w gotyckim relikwiarzu jest
przechowywany święty korporał. Ściany
i sklepienie zdobią XIV-wieczne freski
opowiadające m.in. historię
bolseńskiego cudu.
Po drugiej stronie transeptu otwiera
się **Cappella di San Brizio** z cyklem
znakomitych fresków obrazujących
Apokalipsę. Dzieło rozpoczął
w I połowie XV w. dominikanin Fra
Angelico, który zdążył namalować tylko
Chrystusa i proroków na sklepieniu. Po
kilkudziesięciu latach dokończeniem
cyklu zajął się Luca Signorelli. Efekt
jego pracy był zaskakujący. Dzieło,
powstałe w klimacie psychozy związanej
z rokiem 1500, jest jedną z najbardziej
sugestywnych wizji końca świata, jakie
kiedykolwiek stworzono. Na ścianie po
lewej stronie od wejścia Antychryst,
przybrawszy postać Jezusa, obłudnie
głosi kazanie, słuchając podszeptów
szatana i znajdując licznych słuchaczy.
Wokół dokonują się brutalne mordy
i rozboje. Dwie postaci w czerni

w lewym rogu sceny to Signorelli oraz
jego poprzednik, Fra Angelico.
Po przeciwnej stronie dokonuje się
niesamowite zmartwychwstanie ciał, ze
szkieletami i nagimi postaciami
zmarłych wynurzającymi się spod
ziemi. Kolejne sceny przedstawiają Sąd
Ostateczny: diabły z furią maltretują
potępieńców, zbawieni w zachwycie
słuchają koncertu aniołów. Warto
zwrócić uwagę na postać Chrystusa
(autorstwa Fra Angelica, na sklepieniu),
gestem dłoni wydającego wyrok na
grzeszników (100 lat później motyw
powtórzył Michał Anioł w *Sądzie
Ostatecznym* w Kaplicy Sykstyńskiej).
W surowym pałacu papieskim,
zbudowanym obok katedry pod koniec
XIII w., mieści się muzeum ze zbiorami
średniowiecznej rzeźby oraz obrazami,
m.in. Simona Martiniego i Luki
Signorellego (**Museo dell'Opera del
Duomo**). Muzeum jest od lat
zamknięte z powodu prac
konserwatorskich, bez ograniczeń
można jedynie oglądać kolekcję dzieł
współczesnego włoskiego rzeźbiarza
Emilia Greca (**Museo Emilio Greco**).
Etruską przeszłość miasta prezentują
**Musei Archeologici „Claudio Faina"
e Civici**, naprzeciw katedralnej fasady,

•**Cappella di San
Brizio;**
3 € lub Carta Orvieto
Unica; bilety w biurze
informacji turystycznej,
naprzeciw katedry.

•**Museo Emilio Greco;**
codz. 14.30–17.30;
2,50 €.

Koronkowa fasada
katedry.

Przysmaki z Orvieto

Orvieto to także nazwa sławnego białego wina, występującego w wersjach: wytrawnej (*secco*), półwytrawnej
(*amabile*) i słodkiej (*dolce*). Najbardziej cenione są gatunki Classico, pochodzące z winnic na północny zachód
i południowy wschód od miasta. Najsłynniejsze miejscowe piwnice – Bigi, Barberani, Freddiano i Sambia –
mają swoje sklepy w centrum.

Dobrym pomysłem na szybki posiłek jest zakup kilku plastrów *porchetty*, która z chlebem stanowi
znakomitą i pożywną przekąskę. *Porchetta* to upieczone na ciemnobrązowo prosię, faszerowane
obficie aromatycznymi ziołami, jedna ze specjalności kuchni umbryjskiej i toskańskiej. Znakomitą
porchettę przygotowują w Macelleria Roticiani *Roberto* na Piazza San Angelo 1 (róg Corso Cavour).
Chleb można kupić w jednym z okolicznych *alimentari* (np. na Corso Cavour 363). Prócz *porchetty*
Orvieto jest znane z wędlin z dzika i jelenia, dostępnych w sklepach spożywczych z produktami
regionalnymi, szczególnie licznych w okolicy Corso i Via Duomo. Kolejny miejscowy specjał to szynka
z białymi lub czarnymi truflami.

- **Musei Archeologici
„Claudio Faina"
e Civici**;
IV–IX codz. 9.30–18.00,
X–III 10.00–17.00 XI–II
pn. zamkn.; 4,50 € albo
Carta Orvieto Unica.

- **Podziemna trasa
turystyczna**;
Orvieto Underground –
Parco delle Grotte;
oprowadzanie w różnych
językach;
www.orvietounderground.
it; 5,50 € albo Carta
Orvieto Unica.

- **Torre del Moro**;
III–IV i IX–X codz.
10.00–19.00, V–VIII
10.00–20.00, XI–II
10.30–13.00
i 14.30–17.00; 2,80 € lub
Carta Orvieto Unica.

- **Pozzo della Cava**;
www.pozzodellacava.it;
wt.–nd. 8.00–20.00;
3 €.

- **Pozzo di San
Patrizio**;
IV–IX codz. 10.00–18.45,
X–III 10.00–17.45; 4,50 €.

Uliczki w Orvieto.

z bogatymi zbiorami starożytnej ceramiki i rzemiosła. W sąsiednim biurze informacji turystycznej można zapytać o możliwość **zwiedzenia systemu podziemnych korytarzy** i cystern, wykuwanych w starożytności i rozbudowywanych w późniejszych stuleciach. Podziemną trasę turystyczną pokonuje się wyłącznie w grupach z przewodnikiem.

Spośród zabytków poza rejonem katedry warto wymienić stojącą pośrodku *centro*, przy Corso Cavour, **Torre del Moro**, wysoką na 47 m wieżę z końca XIII w., doskonały punkt widokowy. Nieopodal, przy placu, który każdego ranka zapełniają stragany sprzedawców owoców i warzyw, piętrzy się **Palazzo del Popolo**. Historia pałacu sięga połowy XII w.,

kiedy to rozpoczęto budowę okazałej siedziby dla papieża. Pod koniec XIII w. papież zrezygnował z rezydencji, przenosząc się w pobliże katedry i przekazując pałac samorządowi miejskiemu.

Poza katedrą warto odwiedzić **San Domenico** z nagrobkiem kardynała dc Braye, arcydziełem Arnolfa di Cambia (koniec XIII w.). Godzien wizyty jest również romański kościółek **San Lorenzo dei Arari** w południowej części śródmieścia. Jego nazwa pochodzi od starożytnego kamiennego ołtarza (po łacinie *ara*), na którym niegdyś składali ofiary Etruskowie, a których dziś służy katolickiej liturgii. **San Giovenale**, na zachodnim krańcu miasta, gdzie rzadko docierają tłumne wycieczki, to z kolei gotycki gmach o skromnej fasadzie i nastrojowym wnętrzu, z cennymi malowidłami z XIII–XV w. W tej samej części śródmieścia leży **Pozzo della Cava**. Jest to wykuta w tufie etruska studnia, pogłębiona w latach 1527–1530 na zlecenie papieża Klemensa VII, który schronił się w Orvieto przed armią cesarza i obawiał się oblężenia (do którego nie doszło). Trasa zwiedzania obejmuje podziemne pomieszczenia wydrążone przez Etrusków, głównie dla gromadzenia wody opadowej, a użytkowane później w innych celach, np. jako spichlerze, warsztaty itd. Jeszcze ciekawszym zabytkiem jest **Pozzo di San Patrizio**, studnia wykonana według projektu Antonia da Sangalla młodszego w ramach tych samych przygotowań do odparcia ataku wojsk cesarza. Podziemna konstrukcja składa się z cylindrycznego tunelu pełniącego rolę świetlika dla dwóch obiegających go klatek schodowych, które wiodą do leżącego 62 m niżej źródła i nie przecinają się ani razu.

Todi

30 km na północy wschód od Orvieto leży **Todi**. Miasteczko, zaliczane do najpiękniejszych w Italii, przycupnęło na wzniesieniu górującym nad doliną Tybru. Choć od kilkunastu lat cieszy się wielką popularnością jako miejsce wypoczynku znanych osobistości, nie uległo komercjalizacji, zachowując swojskie, prowincjonalne (w dobrym znaczeniu tego słowa) oblicze i przyjazną atmosferę. Na pobieżne poznanie najważniejszych zabytków wystarczą dwie godziny, na dokładniejsze – pół dnia.

Panorama Todi.

Zwiedzanie

Zabytkowe centrum o trójkątnym kształcie (wynikającym z ukształtowania terenu) to malownicza plątanina stromych średniowiecznych uliczek z wiekowymi kościołami i domami o zmurszałych ze starości fasadach. Wspinając się ku szczytowi wzgórza, można się natknąć na fragmenty trzech kolejnych

pierścieni **murów obronnych**: zewnętrznego (średniowiecznego), środkowego (rzymskiego) i najstarszego, wewnętrznego (etruskiego).

Na południowo-wschodnich obrzeżach śródmieścia stoi samotnie najcenniejszy zabytek Todi – kościół **Santa Maria della Consolazione**, jedna z najpiękniejszych renesansowych budowli w Europie. Wznoszona niemal 100 lat (1508–1606), prezentuje się zaskakująco jednolicie, gdyż kolejni architekci trzymali się wiernie pierwotnego założenia, inspirowanego nigdy nie zrealizowanym projektem watykańskiej Bazyliki św. Piotra autorstwa Bramantego. Rygorystyczna symetria planu i harmonijna gradacja brył, zwieńczonych monumentalną kopułą, czynią z tej budowli doskonałe wcielenie ideałów epoki odrodzenia.

W najwyższej części miasta wznosi się franciszkański **kościół San Fortunato**. Choć frontowa elewacja nie wygląda zbyt zachęcająco (nigdy jej nie ukończono), warto wspiąć się długimi schodami do świątyni. Gotyckie halowe wnętrze, podzielone rzędami smukłych filarów, zachwyca lekkością i przestronnością. Uwagę zwracają drewniane stalle oraz zachowane fragmentarycznie freski (najciekawszy, autorstwa Masolina da Panicale, w kaplicy na prawo od prezbiterium). Na prawo od kościoła stoi dawny klasztor Franciszkanów, z ładnymi krużgankami. Kierując się za klasztorem na szczyt wzgórza, dochodzi się do **Parco della Rocca**, założonego na miejscu średniowiecznego zamku (dobre miejsce na piknik). Sercem Todi jest **Piazza del Popolo**, 100 m na północ od San Fortunato, jedno z najbardziej scenograficznych założeń urbanistycznych w całych Włoszech.

• **Kościół Santa Maria della Consolazione**;
codz. 13.00–15.00
zamkn.; bezpł.

Palazzo del Popolo na piazza del Popolo w Todi.

• **Museo Pinacoteca Comunale**;
IV–X wt.–nd. 10.30–13.00 i 14.30–18.30,
XI–II 10.30–13.00 i 14.00–16.30; 3,50 € lub bilet łączony z innymi muzeami za 6 €.

Perspektywiczne zamknięcie placu tworzy wznosząca się na wysokim cokole **katedra**, do której można się dostać, pokonując kolejne, długie i szerokie schody. W romańskiej świątyni, wzniesionej w XII w. i rozbudowanej w następnych stuleciach, zasługują na uwagę rzeźbione głowice kolumn w głównej nawie, drewniane stalle w prezbiterium i takież drzwi w portalach fasady (XVI w.). Posępna fasada **Palazzo dei Priori** (naprzeciw katedry) pochodzi z XIV– XVI w. Tuż obok, w południowo-wschodnim narożniku placu stoją równie surowe XIII-wieczne gmachy **Palazzo del Popolo** i **Palazzo del Capitano**. Ze schodów łączących obie budowle roztacza się

ciekawy widok na plac i katedrę. Wszystkie wymienione pałace wzniesiono jako rezydencje władz miejskich. W zabytkowych komnatach Palazzo del Capitano i Palazzo del Popolo mieści się **Museo Pinacoteca Comunale**, z ekspozycją poświęconą dziejom miasta, zbiorami ceramiki, wykopalisk i galerią malarstwa. Za najcenniejszy eksponat uchodzi *Koronacja Maryi* (1507), której autorem był osiadły w Spoleto malarz Lo Spagna. Warto zajrzeć na kolejny plac, Piazza del Mercato Vecchio, gdzie zachował się fragment atyckiej konstrukcji z trzema niszami o zagadkowym przeznaczeniu (**Nicchioni Romani**). Nieopodal widać średniowieczne ujęcie wody – **Fonte Scarnabecco** (1241).

Spoleto

Spoleto należy do najsympatyczniejszych i najciekawszych miast środkowych Włoch. Miejscowość leży na trasie Via Flaminia, pomiędzy Terni a Foligno. Urocza okolica, liczne i znakomite zabytki oraz słynny Festival dei due Mondi co roku przyciągają doń licznych turystów. Choć są ich tysiące, i tak jest ich na ogół znacznie mniej niż w Asyżu czy Orvieto – a to kolejny powód, dla którego warto się zatrzymać właśnie w Spoleto.

Historia

Już w III w. p.n.e. Rzymianie podbili plemiona Umbrów, zamieszkujące dolinę i założyli w niej kolonię, która z czasem przekształciła się w znaczące miasto. W VI w. zajęli je germańscy Longobardowie, ale najazd ten nie oznaczał bynajmniej jego upadku, lecz początek rozkwitu. Longobardowie uczynili Spoleto stolicą księstwa, które przez kilkaset lat było ważnym ośrodkiem politycznym. W IX w., gdy wymarła włoska linia dynastii Karolingów, miejscowi książęta

Brama miejska.

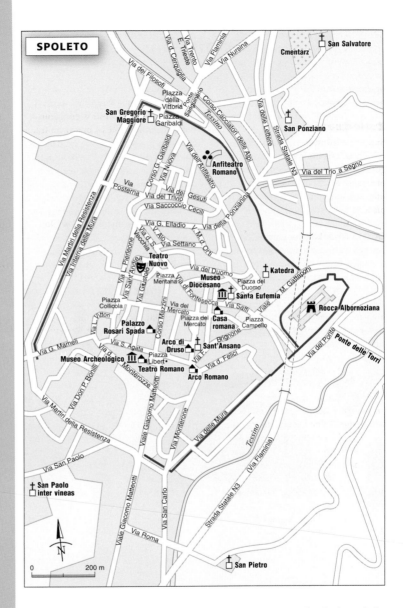

SPOLETO

San Salvatore
Cmentarz
Via dei Filosofi
Via d. Cerquiglia
Via d. Trieste
E. Trento
Via Flaminia
Via Nursina
Via delle Lettere
Strada Statale N3
San Ponziano
Piazza della Vittoria
San Gregorio Maggiore
Piazza Garibaldi
Corso G. Garibaldi
Via Nuova
Via dell'Anfiteatro
Ponte Sanguinario
Corso Cacciatori delle Alpi
Tessino
Anfiteatro Romano
Via del Trio a Segno
Via Posterna
Via dei Gesuti
Via del Trivio
Via Saccoccio Cecili
Via G. Elladio
V. M. d'Orti
Via della Ponzianina
Via Interna delle Mura
Via Martiri della Resistenza
Via d. S. Vecchia
Via Settano
Via L. Pietleone
Via Sant'Andrea
Teatro Nuovo
Via del Duomo
Katedra
Viale M. Gattaponi
Piazza Mentana
Via di Fontesecca
Museo Diocesano
Piazza del Duomo
Santa Eufemia
Rocca Albornoziana
Via Giusto
Corso Mazzini
Piazza Collicola
Vitton
Palazzo Rosari Spada
Via del Mercato
Via Saffi
Piazza del Mercato
Casa romana
Piazza Campello
Via G. Mameli
Via S. Agata
Via d.
Arco di Druso
Piazza Liberti
Sant'Ansano
Via Brignone
Via del Ponte
Ponte delle Torri
Museo Archeologico
Teatro Romano
Via d. Felici
Arco Romano
Via Monterozze
Viale Giacomo Matteotti
Via Monterone
Via delle Mura
Via Martiri della Resistenza
Via San Paolo
San Paolo inter vineas
Tessino
(Via Flaminia)
Strada Statale N3
Via Roma
Via San Carlo
Viale Giacomo Matteotti
San Pietro

0   200 m

przywłaszczyli sobie na krótko tytuł cesarski. Schyłek świetności zaczął się od oblężenia i zdobycia miasta przez armię cesarza Fryderyka Barbarossy w 1155 r. W XIII w. doszło do aneksji księstwa przez papieża. Zepchnięte do rangi peryferyjnego miasteczka Spoleto przeżyło długotrwały okres zastoju i dopiero od niedawna zaczyna się znowu liczyć, tym razem jako ważny ośrodek turystyczny. Podczas ostatniej wojny miasto było bombardowane przez aliantów – ucierpiały głównie nowsze, prawobrzeżne dzielnice.

Zwiedzanie

Spacer po mieście najlepiej rozpocząć od **Piazza della Vittoria**, nad którą górują kamienne **mury obronne**, otaczające średniowieczne miasto nieprzerwanym dwukilometrowym pierścieniem.

Górne Miasto Przekroczywszy bramę miejską, dobrze skierować się w prawo, do pięknego **kościoła San Gregorio Maggiore** z XI/XII w., przy Piazza Garibaldi. Po przeciwnej stronie placu widnieje wylot Via Anfiteatro, ulicy prowadzącej do ruin rzymskiego **amfiteatru**, który przez kilka stuleci służył miejscowym za kamieniołom i skład budowlany. W labiryncie stromych uliczek i placów prowadzących ku szczytowi wzgórza mija się liczne średniowieczne i nowożytne kościoły, monumentalne wieże mieszkalne i fragmentarycznie zachowany wewnętrzny pierścień murów. Warto też rzucić okiem na XIX-wieczny **Teatro Nuovo**.

Doszedłszy do Piazza Mentana, można skręcić w Corso Mazzini, ulicę wiodącą na południowy zachód. W połowie jej długości stoi Palazzo Rosari Spada, gdzie ulokowano **pinakotekę** ze zbiorami umbryjskiego malarstwa. Wyróżniają się w nich prace osiadłego w Spoleto naśladowcy Perugina i Rafaela, zwanego Lo Spagno. Corso Mazzini zamyka Piazza della Libertŕ z okazałym **rzymskim teatrem**, w który wbudowano kościół i **klasztor Sant'Agata**, z absydą wznoszącą się tuż nad sceną. Obejrzenie

starożytnej spuścizny umożliwia **Museo Archeologico**, prezentujące wykopaliska z okolic Spoleto. Najciekawszym eksponatem są starożytne tablice z łacińskimi napisami surowo zabraniającymi wyrębu drzew w świętym gaju Jowisza w Monteluco, nieopodal miasta. Tekst precyzuje też, jaką ofiarę należy złożyć w przypadku naruszenia zakazu, aby nie ściągnąć na siebie gniewu bóstwa. Kilka przecznic dalej stoi XVII-wieczny **kościół Sant'Ansano**. Pod prezbiterium znajduje się archaiczna krypta San Isaaco z freskami datowanymi na XI w. Do bocznej elewacji przylega **Arco di Druso**, łuk triumfalny, wyznaczający niegdyś główne wejście na rynek antycznego Spoleto. Wzniesiono go na cześć Druzusa, zmarłego w 23 r. n.e. syna cesarza Tyberiusza. Nad jedną z sąsiednich ulic przerzucono inny antyczny łuk, zwany **Arco Romano** lub Arco di Monterone. Kolejny starożytny zabytek – pozostałości rzymskiego domu przy Via Visiale 9 – jest już znacznie mniej spektakularny (**Casa romana**). Pobliski plac targowy (**Piazza del Mercato**), przed południem wypełniony gwarnym tłumem kupujących i sprzedawców, to jedno z najciekawszych miejsc w całym Spoleto.

Katedra wznosi się nieopodal Piazza del Mercato, nieco poniżej górującego nad okolicą zamku. Ozdobą frontowej elewacji są: elegancki przedsionek i koronkowe kamienne rozety powyżej, otaczające piękną **mozaikę**, z Chrystusem między Madonną a Janem Chrzcicielem (1207). Wewnątrz warto zwrócić uwagę na wielki malowany **krucyfiks** z XI w. (na lewo od wejścia), **kaplicę rodu Eroli** z 1497 r., zdobioną malowidłami Pinturicchia (pierwsza po prawej), oraz **bizantyjską ikonę**, przechowywaną na końcu prawej nawy – dar Fryderyka

•**Pinakoteka** ;
poł. III–poł. X śr.–pn.
16.00–19.00, poł. X–
poł. III śr.–pn.
14.30–17.00; 3 €.

•**Museo Archeologico**;
codz. 9.00–19.00; 2, 60 €.

•**Casa romana**;
codz. 10.30–13.00
i 15.00–18.30; 2,50 €.

•**Katedra**;
codz. 7.30–12.30
i 15.00–18.00; bezpł.

Barbarossy jako zadośćuczynienie za zniszczenie miasta. Absydę za głównym ołtarzem zdobi cykl wyśmienitych **fresków Fra Filippina Lippiego** poświęconych Madonnie. Dzieło jest doskonałym przykładem subtelnego stylu, któremu hołdował ten florencki malarz. W prawym ramieniu transeptu, na wschodniej ścianie można obejrzeć nagrobek artysty, który zmarł w Spoleto tuż po ukończeniu fresków (1469). Prócz katedry przy Piazza Duomo zwraca uwagę romański **kościółek Santa Eufemia**. Świątynia i sąsiedni pałac arcybiskupi stanowią dziś **Museo Diocesano**, w którym udostępnia się cenne zbiory sztuki religijnej, z pełną czaru *Madonną* Filippina Lippiego.

W najwyższym punkcie miasta piętrzy się **Rocca Albornoziana** – posępna twierdza, wybudowana w XIV w. przez kardynała Albornoza, który na rozkaz papieża pacyfikował zbuntowane przeciw jego władzy miasta w środkowych Włoszech. Urzędowali tam później papiescy namiestnicy, a także słynna Lukrecja Borgia. Ta piękna kobieta, o której niemoralnym prowadzeniu się do dziś krążą legendy (na ogół zresztą bezpodstawne), była córką Aleksandra VII Borgii, jednego z najsłynniejszych papieży renesansu. Później zamek zamieniono na więzienie; przetrzymywano w nim m.in. terrorystów z Czerwonych Brygad i Mohameda Alego Agcę, niedoszłego zabójcę Jana Pawła II. Kilka lat temu, po relegowaniu zakładu penitencjarnego i trwającym 20 lat remoncie, obiekt udostępniono zwiedzającym. Ogrom fortecy i wspaniałe widoki na okolice to wystarczające powody, aby wejść do środka. Jeśli ktoś nie ma zamiaru zwiedzać twierdzy, powinien przynajmniej ją obejść, aby zobaczyć imponujący średniowieczny most, **Ponte delle Torri**. Przerzucona nad czeluścią wąwozu Tessino konstrukcja ma niemal

80 m wysokości, 230 m długości i łączy Roccę z sąsiednim wzgórzem. Mostem można przejść na drugą stronę wąwozu, gdzie wytyczono kilka ścieżek spacerowych.

Dolne Miasto i peryferia Mając więcej czasu, warto odszukać kilka ciekawych budowli poza ścisłym centrum. Na prawym brzegu Tessino, niedaleko Via Flaminia, stoją dwa stare kościoły: **San Ponziano** i **San Salvatore**. Szczególnie interesujący wydaje się ten drugi, otoczony miejskim cmentarzem, zbudowany podobno już w IV w. W zakurzonym wnętrzu, nadgryzione zębem czasu kolumny sprawiają wrażenie, jakby za chwilę miały runąć. Poobijane starożytne głowice i nagie surowe ściany tworzą niezwykły klimat.

Na południowo zachodnich obrzeżach Spoleto wznosi się XIII-wieczny **San Paolo inter vineas**. Kolejnym ciekawym obiektem sakralnym jest **San Pietro**, po przeciwnej stronie doliny, na stokach wzgórza **Monteluco** (804 m n.p.m.), 200 m od Via Flaminia. Ci, którzy tu dotrą, z pewnością zwrócą uwagę na intrygujące, późnoromańskie płaskorzeźby na fasadzie (XIII w.). Biegnąca obok kościoła szosa prowadzi do miejscowości **Monteluco** – rekreacyjnego zaplecza Spoleto (8 km od centrum). Warto się do niej wybrać, choćby dla ciekawych widoków roztaczających się z drogi (dojazd autobusem #9 z Piazza della Libertà). Na szczycie jest ładny las, który w starożytności był świętym gajem Jowisza. Obok stoi mały klasztor założony w XIII w. przez św. Franciszka na miejscu starszej benedyktyńskiej pustelni. Minusem, szczególnie w letnie weekendy, są hałaśliwe tłumy szukające w lesie ochłody lub opalające się na pobliskiej polanie.

• **Museo Diocesano**;
wejście od strony Via
A. Saffi; IV–IX pn. i śr.–sb.
10.00–13.00
i 16.00–19.00, nd.
10.00–18.00, X–III pn.
i śr.–sb. 10.00–12.30
i 15.00–18.00, nd.
11.00–17.00; 3 €.

• **Rocca Albornoziana**;
w grupach
z przewodnikiem; IV–
poł. VI i poł. IX–X pn.–pt.
10.00–13.00
i 15.00–19.00, sb. i nd.
10.00–19.00, poł. VI–
poł. IX codz. 10.00–20.00,
XI–III pn.–pt. 10.00–12.30
i 15.00–17.00; 6,50 €.

• **Kościół San Salvatore**;
10 min z Piazza della
Vittoria; codz. 7.00–19.00;
bezpł.

Arkady w Spoleto.

Od Gór Sybilińskich do Narni

Z Gór Sybilińskich spływa największa rzeka wschodniej Umbrii – **Nera**. Płynie wzdłuż wschodniej i południowej granicy regionu, mija miasta Terni i Narni, by wpaść do Tybru nieopodal Orte, u granic Lacjum. Górna i środkowa część doliny, porośnięta lasami i pozbawiona większych miejscowości, należy do najwdzięczniejszych zakątków prowincji. W dolnym biegu rzeki, w rejonie Terni, krajobraz wyraźnie traci urok za sprawą przemysłu i nowej, miejscami bezładnej zabudowy. Jednak nawet tu wystarczy tylko zboczyć z głównej drogi, by natrafić na bardzo ciekawe miejsca, takie jak wodospady Marmore czy otoczona cyklopowymi murami Amelia.

Termi

Największe miasto w południowej Umbrii i całej dolinie Nery, **Terni**, nie należy do najciekawszych. Jeszcze przed wojną poddane intensywnej industrializacji, stało się znaczącym ośrodkiem przemysłu zbrojeniowego, co ściągnęło nań bombardowania aliantów w 1944 r. Wśród tego, co ocalało, wymienić trzeba przede wszystkim rzymski amfiteatr i kilka odbudowanych średniowiecznych kościołów. Najbardziej znanym synem Terni był żyjący w III w. biskup tego miasta, Walenty, którego święto (14 lutego) jest obecnie obchodzone jako dzień zakochanych. Biskup miał zginąć w Rzymie podczas prześladowania chrześcijan. Na obrzeżach Terni, 2 km na południowy zachód od centrum, stoi XVII-wieczny **kościół San Valentino**. Jest w nim urna z relikwiami świętego, odnalezionymi w 1605 r. Zdecydowanie ciekawsze są okolice Terni. Osoby zatrzymujące się tu na dłużej mogą np. pojechać 15 km na północny zachód, do ruin starożytnego miasta **Carsulae** z I–III w. p.n.e.

Cascate delle Marmore

7 km na południe od Terni leży zespół kilku niezwykle efektownych **wodospadów**, których łączna wysokość wynosi 165 m (dojazd z Terni pociągiem lub autobusem; na miejscu duże płatne parkingi; na tarasy widokowe wstęp płatny). Tysiące hektolitrów spienionej wody spływają z hukiem po skalistych progach wśród bujnej zieleni, a tryskające wokół krople wody tworzą mgiełkę rozświetlaną promieniami słońca. Ten fascynujący spektakl jest wspólnym dziełem natury i człowieka. W 271 r. p.n.e. Rzymianie skierowali rzekę Velino na krawędź urwiska, by mogła stąd bez przeszkód podążać do Nery (wcześniej rzeka zasilała mokradła w rejonie Rieti). W XIV–XVI w. system kanałów udoskonalono, a w XX stuleciu podjęto decyzję o przekształceniu rozlewisk powyżej kaskad w uregulowany zbiornik (Lago di Piediluco) i budowie elektrowni. Ta ostatnia inwestycja nie zepsuła na szczęście wspaniałego widoku na wodospad, pozwoliła za to na regulowanie ilości przepływającej przezeń wody. Obecnie jest ona kierowana bądź na turbiny elektrowni, bądź – ku uciesze turystów – do koryta rzeki. W pierwszym przypadku kaskady tracą na widowiskowości, ale nawet wtedy warto je zobaczyć. Włosi kochają biurokrację, dlatego godziny, w których

Ponte delle Torri.

**• Pinacoteca
Comunale**;
Piazza Cavour 8; wt.–czw.
11.00–13.00
i 15.00–19.00, pt.–nd.
10.00–13.30
i 14.30–17.00; 2 €.

• Piazza Matteotti;
sb. 10.30–19.30,
nd. 10.30–12.30
i 16.30–19.30; 2 €.

**• Museo di Pittura
Murale**;
nd., pn., śr. i czw.
9.00–13.00, pt. i sb.
9.00–13.00
i 15.00–18.00; 4 € lub
bilet łączony.

• Museo Archeologico;
IV, V i IX wt.–nd.
10.30–13.00
i 16.00–19.00,
VI–VIII wt.–nd.
10.30–13.00
i 16.00–19.00,
X–III pt.–nd. 10.30–13.00
i 15.30–18.00; 5 €.

**• Abbazia di San
Pietro in Valle**;
codz. 10.00–12.00
i 14.00–17.00; bezpł.

można oglądać wodospad w pełnej krasie, zmieniają się mniej więcej co miesiąc. Lepiej zawczasu się upewnić, kiedy można przyjechać, by uniknąć ewentualnego rozczarowania. Informacji powinny udzielić wszystkie większe biura turystyczne na terenie Umbrii.

Kaskady można podziwiać z tarasu górnego (Belvedere superiore, przy ss209) lub z dolnego (Belvedere inferiore, przy ss79). Połączono je widokową ścieżką, wytyczono też łatwiejsze szlaki spacerowe. Na miejscu jest mały ogród botaniczny. Orzeźwiający chłód bijący od wodospadu sprawia, że latem chce się tu zostać jak dłużej.

Lago di Piediluco powyżej kaskad, na granicy Umbrii i Lacjum, jest doskonałym miejscem na krótki odpoczynek. Jezioro raczej nie nadaje się do kąpieli, można jednak popływać na rowerze wodnym czy w kajaku albo poopalać się. Głównym ośrodkiem turystycznym jest kameralne Piediluco na północnym brzegu zbiornika, przy ss79 (dojazd autobusami z Terni i Rieti).

Narni i okolice

Osaczone zakładami przemysłowymi i nową, brzydką zabudową **Narni** (12 km na południowy zachód od Terni), wywiera w pierwszej chwili niekorzystne wrażenie i jest rzadko odwiedzane przez turystów. Na prawym brzegu rzeki leży nieciekawa miejscowość Narni Scalo, ze stacją kolejową, na lewym – wzgórze z ładnym *centro storico* (dojazd spod dworca lokalnym autobusem). Najciekawsze zabytki – imponujące średniowieczne gmachy municypalne – grupują się wokół malowniczego wąskiego placu, Piazza dei Priori. W pobliskim muzeum (**Pinacoteca Comunale**), w dawnym pałacu

biskupim, można obejrzeć ciekawe przykłady średniowiecznego i renesansowego umbryjskiego i toskańskiego malarstwa, w tym prace Benozza Gozzolego i Lorenza di Crediego. Poza *centro* wart uwagi jest rzymski most nad Tybrem (Ponte di Augusto) i ufortyfikowany romański klasztor – Abbazia di San Cassiano.

Amelia, 12 km na północny zachód od Narni, to jedno z wielu ładnych, starych umbryjskich miasteczek na wzgórzach. Jego wizytówką są przedrzymskie mury obronne z gigantycznych wielobocznych bloków wapienia (*mura poligonale*), datowane na VI i IV w. p.n.e. (najdłuższy zachowany odcinek ma 800 m!). Zaopatrzenie antycznej Amelii w wodę zapewniała podziemna cysterna (**Piazza Matteotti**) z II w. n.e., składająca się z 10 pomieszczeń gromadzących wody opadowe. Do **Museo Archeologico** warto zajrzeć dla odlanej w brązie figury rzymskiego wodza Germanika z I w. n.e., odnalezionej w Amelii w 1963 r.

Valnerina

Choć teoretycznie **Valnerina** to cała dolina Nery, w praktyce określenie to jest wyłącznie stosowane w odniesieniu do jej najpiękniejszej krajobrazowo części, powyżej Terni. Wzdłuż rzeki biegnie wspaniała widokowa droga, ss209, mijając ciekawe osady i zabytki. Jednym z nich jest **Abbazia di San Pietro in Valle**, opactwo oddalone o 20 km od Terni, założone przez longobardzkiego księcia Spoleto, Faroalda II, w 720 r. 20 km dalej leży niezwykle malownicza wioska **Vallo di Nera**, z kamiennymi domami stłoczonymi na szczycie wzgórza, opasanym wysokim murem. Jadąc w górę doliny, mija się **Triponzono** z zachowaną średniowieczną zabudową. Najwyżej położoną dużą osadą w dolinie jest **Visso**, należące już do regionu Marche, w granicach **Parco Nazionale del Monti Sibillini**. Zmotoryzowani mogą stąd przejechać wąską i krętą szosą, przez kompletne pustkowie, na przepiękny płaskowyż – **Piano Grande**, otoczony nagimi grzbietami Gór Sybilińskich. Pokonując kilka przełęczy, można dojechać z tej śródgórskiej kotliny, wśród oszałamiających widoków, do niedalekiej Nursji.

Nursja

Ładna **Nursja** (Norcia), rodzinne miasto św. Benedykta – założyciela najstarszego zakonu łacińskiego chrześcijaństwa – jest najbardziej wysuniętą na wschód miejscowością Umbrii. Zachwyca pięknym położeniem, urodą zaułków zabytkowego centrum i przyjemną bezpretensjonalną atmosferą. Główny plac, Piazza S. Benedetto, zajmuje miejsce forum antycznego prekursora obecnego miasteczka. Stoi tu **pomnik św. Benedykta**, ładna **katedra** i niegdysiejsza twierdza papieska, **Castellina** – dziś muzeum z dziełami dawnej sztuki sakralnej. Pobliski **kościół San Benedetto** zbudowano według tradycji na miejscu domu przyszłego świętego; istotnie, w krypcie zachowały się resztki

• **Castellina**;
V–IX wt.–nd. 10.00–13.00 i 16.00–19.30; 3 €.

Parco Nazionale del Monti Sibillini.

rzymskiego domu z pierwszych
wieków naszej ery.

Nursja jest szczególnie atrakcyjna
dla zwolenników tzw. turystyki
kulinarnej, od wieków bowiem słynie
z wybornych dań z dziczyzny, trufli
a przede wszystkim – doskonałych
wędlin. Jest wielce wymowne, że

w całych Włoszech dobre masarnie to
norcerie, co powstało właśnie od nazwy
Norcia. Będąc w Nursji, można
wreszcie odwiedzić odległą o 18 km
największą w tej okolicy osadę,
Cascia, z wielkim współczesnym
sanktuarium św. Rity, które wymaga
dłuższej wizyty.

Krajobraz w okolicy
Nursji.

Południowa Umbria • INFORMACJE PRAKTYCZNE

ORVIETO

Przyjazd, orientacja, informacja

Do Orvieto najłatwiej dotrzeć pociągiem z Rzymu (60–80 min; do 18 kursów dziennie) lub Florencji (min. 1 godz. 30 min; do 19 kursów). Połączenia z Perugią są niedogodne: jest tylko jeden autobus dziennie, a jadąc pociągiem, trzeba się przesiadać w Torontoli; w każdym przypadku podróż trwa min. 2 godz. Najładniejsza widokowo droga dojazdowa do Orvieto wiedzie z Bolseny. Większość przyjezdnych trafia od razu do Orvieto Scalo – nowego osiedla przy dworcu kolejowym, u stóp wzgórza, na którym leży *centro*.

Biuro informacji turystycznej (Piazza Duomo 4; ☎0763/341772, fax 0763/344433, info@iat.orvieto.tr.it, www.orvieto.umbria2000.it; pn.–pt. 8.15–14.00 i 16.00–19.00, sb. i nd. 10.00–13.00 i 15.00–18.00) działa naprzeciw katedry.

Komunikacja

Spod dworca do śródmieścia można dotrzeć autobusem (3 km serpentynami) albo kolejką linową (Funicolare). Zarówno autobusy, jak i kolejka zatrzymują się na Piazza Cahen, na wschodnim krańcu centrum, gdzie jest także duży płatny parking. Drugi, duży parking to Campo della Fiera, po wschodniej stronie śródmieścia (skąd piesi mogą się dostać do ścisłego centrum systemem schodów ruchomych i wind); kolejne, mniejsze skupiają się w obrębie śródmieścia (m.in. na Piazza Marconi, na tyłach katedry). Bezpłatnie można zaparkować w Orvieto Scalo.

Spacer z Piazza Cahen pod katedrę Corso Cavour i Via del Duomo zajmuje nie więcej niż kwadrans.

Noclegi

W Orvieto jest dużo hoteli i kwater prywatnych (o te ostatnie trzeba pytać w biurze informacji turystycznej). O noclegi, zwłaszcza tańsze, najłatwiej w nowszej i brzydszej części miasta – Orvieto Scalo.

Corso (Corso Cavour 343; ☎0763/342020, fax 0763/342020, info@hotelcorso.net, www.hotelcorso.net). Wygodny, niezbyt duży hotel w spokojniejszej części Starego Miasta. ③

Duomo (Vicolo di Maurizio 7; ☎0763/394973, hotelduomo@tiscali.it, www. orvietohotelduomo.com). Średniej wielkości, komfortowy hotel w ścisłym centrum. ③

La Magnolia (Via del Duomo 29; ☎0763/342808, info@bblamagnolia.it, www.bblamagnolia.it). Hotelik typu B&B; trzy pokoje z łazienkami, doskonała lokalizacja. ③

Posta (Via L. Signorelli 18; ☎/fax 0763/341909, hotelposta@orvietohotels.it). W *centro*; 10 pokoi z łazienkami lub bez.

Gastronomia

Dobrych lokali z korzystnym cennikiem najlepiej szukać na obrzeżach *centro*. W rejonie katedry najczęściej skupiają się drogie restauracje.

L'Asino d'Oro (Vicolo del Popolo 9; ☎0763/344406; 11.30–24.00, pn. zamkn.). Tradycyjne miejscowe jedzenie. Miło i smacznie, ceny trochę powyżej średniej.

La Grotta (Via Signorelli 5; ☎0763/ 341348; pn. zamkn.). Jedna z najbardziej znanych *trattorii* w Orvieto. Kuchnia lokalna, w karcie dobre wina; nie dla oszczędnych.

Hescanas (Piazza Duomo 31; codz. 6.30–1.00). Restauracja samoobsługowa.

Główny atut to lokalizacja (obok katedry), bo jakość jedzenia jest umiarkowana; w porze obiadu bywa tłoczno.

Pizzeria Paoleri (Corso Cavour 49; śr. zamkn.). Dobre miejsce na tanią pizzę.

TODI

Przyjazd, orientacja, informacja

Najwygodniej tu dojechać z Perugii pociągiem FCU (linia Perugia–Terni; 45 min, do 15 dziennie; w jedną stronę 2,55 €) lub autobusem sieci APM (75 min; 8 kursów dziennie; w jedną stronę 5,20 €). Autobusy stają na skraju centrum, przy kościele Santa Maria della Consolazione. Pociągi zatrzymują się kilka kilometrów od miasta; najdogodniej wysiąść na Ponte Rio, skąd do centrum dojeżdża się autobusem.

Biuro informacji turystycznej (Piazza del Popolo 34/35, ☎075/8945416, fax 075/8942526, info@iat.todi.pg.it, www.todi.umbria2000.it; codz. 9.00–13.00 i 16.00–19.00, nd. zimą po południu zamkn.) jest w ścisłym centrum, pod kościołem S. Fortunato.

Noclegi

Oferta noclegowa Todi nie wygląda imponująco. Nieliczne hotele są drogie, często poza centrum, nie ma schroniska młodzieżowego i kempingu (najbliższe nad Lago di Corbara, w drodze do Orvieto).

Villa Luisa (Via A. Cortesi 147; ☎075/8948571, 075/8948472, villaluisa@villaluisa.it, www.villaluisa.it). Komfortowy hotel z restauracją i basenem, w ogrodzie, 1,5 km od Piazza del Popolo; standard pokoi zróżnicowany. ③

Gastronomia

Umbria (☎075/882390; śr. zamkn.). Droga restauracja w rejonie muzeum. Kuchnia lokalna.

Pane e Vino (Via Ciuffelli 33; ☎075/8945448; śr. zamkn.). Rejon kościoła San Fortunato. Proste potrawy umbryjskie; przystępne ceny.

SPOLETO

Przyjazd, orientacja, informacja

Dolina potoku Tessino rozcina Spoleto na dwie części: po południowej stronie wyrasta wzgórze z zabytkowym centrum (**Górne Miasto**), a po północnej – dawne przedmieścia z kilkoma starymi kościołami, nowszą zabudową i dworcem kolejowym (**Dolne Miasto**). Obie dzielnice spina główny most, **Ponte Sanguinario**, obok którego rozciąga się Piazza della Vittoria, na lewym (południowym) brzegu potoku. Z dworca idzie się tu około 10 min (można skorzystać z autobusu), a do katedry drugie tyle.

Spoleto ma regularne połączenia kolejowe z Perugią (podróż trwa 60 min), Terni (20–30 min), Rzymem (80–120 min) i Ankoną (120–180 min). Autobus z Perugii jedzie do Spoleto niespełna półtorej godziny (5 dziennie), a z Rzymu – około 2 godz. 30 min (1 dziennie). Autobusy dalekobieżne zatrzymują się pod dworcem kolejowym lub w centrum, na Piazza Garibaldi albo na Piazza della Libertŕ.

Biuro informacji turystycznej (☎0743/238921, 0743/238941, info@iat.spoleto.pg.it, www.spoleto.umbria2000.it; IV–IX pn.–pt. 9.00–13.00 i 16.00–19.00, sb. i nd. 10.00–13.00 i 16.00–19.00, X–III pn.–pt. 9.00–13.00 i 15.00–18.30) jest na Piazza della Libertŕ 7, w ścisłym centrum.

Noclegi

Informacje o noclegach i rezerwacja miejsc: Conspoleto Consorzio Operatori Turistici, Piazza della Libertŕ 7 (☎/fax 0743/220773, info@conspoleto.com, booking@conspoleto.com, www.conspoleto.com, www.spoletohotels.com).

Due Porte (Piazza della Vittoria 5). Pokoje. 1- i 2-os. z łazienkami.

Ferretti (Monteluco 20; ☎0743/49849, fax 0743/222344, info@albergoferretti. com, www.albergoferretti.com). Średniej wielkości wygodny hotel w ustronnym miejscu, 7 km od centrum Spoleto (dojazd autobusem #9 z Piazza della Libertŕ). ③

Gattapone (Via del Ponte; ☎0743/223447, 0743/223448, info@hotelgattapone.it, www.hotelgattapone.it). Znakomity hotel, nieduży i komfortowy, w efektownym sąsiedztwie (Rocca i Ponte delle Torri). ⑤

Ostello Villa Redenta (Via di Villa Redenta 1; ☎0743/224936, fax 0743/202399, villaredenta@hotmail.com, www.villaredenta.com). W zabytkowym budynku stojącym w XVIII-wiecznym parku, przy zjeździe Spoleto Nord z Via Flaminia. 16 pokoi 1–4-os., niektóre z łazienkami. Wygodnie i dość drogo (jak na schronisko młodzieżowe).

Monteluco (Loc. San Pietro; ☎/fax 0743/220358, campeggiomonteluco@libero.it, www.geocities.com/monteluco). Mały i sympatyczny kemping w południowej części miasta, dojazd od Via Flaminia obok kościoła S. Pietro.

Il Girasole (Loc. Petrognano; ☎0743/51335). Znacznie większy i dużo lepiej wyposażony kemping, 10 km na północny zachód od Spoleto.

Gastronomia

W Spoleto jest sporo drogich restauracji nastawionych na bogatych, eleganckich gości festiwalowych, ale nie brakuje również ciekawych lokali z rozsądnym cennikiem.

Apolinare (Via S. Agata 14; ☎0743/223256; wt zamkn.). Jedna z najlepszych restauracji w mieście; specjalność: kuchnia umbryjska. Nastrojowe wnętrze z drewnianym stropami; drogo.

Del Festival (Via Brignone 8; ☎0743/220993; pt. zamkn.). Dobra *trattoria* z lokalnym jedzeniem i pizzą.

Il Panciolle (Via del Duomo 3; ☎0743/520415; śr. zamkn.). Dobra, niedroga restauracja przy hoteliku o tej samej nazwie, we wspaniałej scenerii.

Rozrywki

Festival dei Due Mondi (biuro festiwalowe: Piazza Duomo 8; ☎0743/54028, www.spoletofestival.it; rezerwacja biletów: zielona linia, tylko we Włoszech ☎800565600 oraz ☎0743/220320, fax 0743/220321, boxoffice@spoletofestival.it; główna kasa: Piazza della Libertŕ 12; ☎0743/44700, fax 0743/46416, codz. 10.00–23.00 podczas festiwalu) to jeden z największych festiwali artystycznych we Włoszech, organizowany od 1958 r. Muzyka klasyczna, jazz, opera, taniec, balet, film, wystawy, spektakle teatralne; I poł. VII.

OD GÓR SYBILIŃSKICH DO NARNI

Przyjazd

W Narni i Terni zatrzymują się autokary z Rzymu i Ankony oraz (nieliczne) z Perugii. Terni ma regularne połączenia autobusowe z Perugią, Orvieto i Rzymem. Do Nursji najłatwiej dojechać autobusem ze Spoleto (70 min; pn.–sb. do 7 dziennie, nd. 3), ewentualnie z Terni, Perugii i Rzymu (po 1 kursie dziennie). Po drogach Gór Sybilińskich trudno poruszać się inaczej niż własnym środkiem transportu.

Terni
Informacje
Biuro informacji turystycznej (Viale Cesare Battisti 7a; ☎0744/423047, fax 0744/427259, info@iat.terni.it, www.terni.umbria2000.it; pn.–sb. 9.00–13.00 i 16.00–19.00) działa w połowie drogi z dworca kolejowego do centrum; dojście przez Viale della Stazione i Piazza Tacito, gdzie trzeba skręcić w prawo, w Viale Cesare Battisti (w sumie 500 m).

Valnerina
Informacje
Główne biuro informacji turystycznej jest nie w Nursji, lecz w miasteczku

Cascia (Piazza Garibaldi 1; ☎0743/71147, fax 0743/71401, info@iat. cascia.pg.it, www.valnerina.umbria2000.it).

Nursja
Noclegi
Casa Religiosa S. Benedetto (Via della Vergini 13; ☎/fax 0743/828208, monastero.s.antonio@tiscali.it). W czynnym klasztorze, ale dostępny dla obu płci. Pokoje z łazienkami.

Salicone (Via Montedoro; ☎0743/828076, fax 0743/828001, info-booking@bianconi.com, www.bianconi.com). Średniej wielkości komfortowy hotel. ③

Ostello Noria (Via Uffente 1/b; ☎3493002091, fax 0743/817487, ostellonorcia@montepatino.com, www.montepatino. com). Schronisko młodzieżowe; 52 miejsca w pokojach 2–5- i 10-os. ①

Gastronomia
Granaro del Monte
(Via Alfieri 12; ☎0743/816513). Stylowa, renomowana restauracja w zabytkowych wnętrzach, dobre miejsce na degustację lokalnych smakołyków. Nie dla oszczędnych.

INDEKS

www.pascal.pl

spotkajmy się

- zaplanujesz wakacje i weekend
- pogadasz o podróżach
- kupisz literaturę turystyczną
- otrzymasz rabaty i oferty promocyjne

Pascal

Travel Club

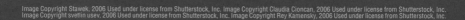

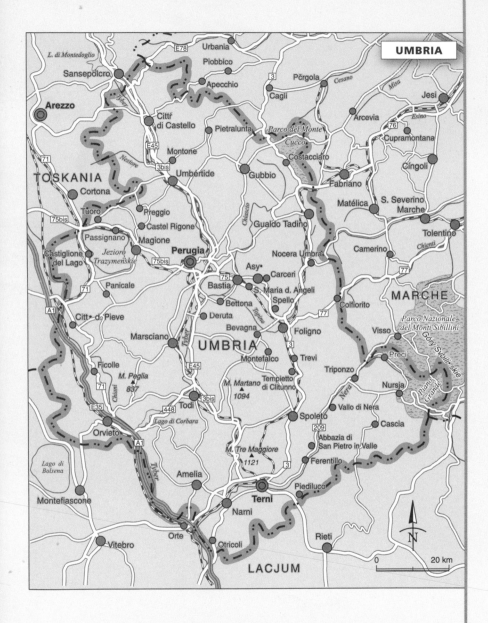